예수 세미나 학자들이 '제5복음'으로 높이 평가하는 〈도마복음〉의 깊은 가치와 숨겨진 진리를 비교종교의 지혜와 통찰력으로 부드럽고 쉽게 깨닫게 해주는 예수 어록 해설서다. 또 예수님에 대한 교조·교리적 신앙에 안주해 있는 기독교 신자들에게 갈릴리 예수의 그 따뜻한 체취와 숨결 그리고 심오한 지혜를 새롭게 볼 수 있도록 해주는 길잡이다. 오강남 선생다운 깨우침의 마당이 마냥 따뜻하다.

한완상 《예수 없는 예수 교회》 저자, 전 대한적십자사 총재

〈도마복음〉이 다른 사람이 아니라 오강남 교수에 의해 소개됨은 그 자체로 충분히 반가운 사건이요 하늘 은총이다. 하느님께서 한국 교회 내면에 도사리고 있는 괜한 두려움과 거기서 나오는 맹목적 호전성을 치유하기 위하여 이 책을 크게 활용하시리라고 기대한다.

이현주 목사, 동화작가, 번역문학가

하느님을 섬기는 일이 권력이 되고, 하느님을 따르는 일이 화폐 증식의 욕망에 물들게 되고, 하느님을 모시는 자가 타인을 해하는 일이 다반사인 오늘날에 이 책은 한국 기독교 신도들에게 내리친 죽비이자 한국 교회에 투하된 메가톤급 원폭이다. "내 안에 빛으로 계신 하느님을 아는 것, 이것이 참 깨달음이요 구원이다"라고 하는 〈도마복음〉 말씀과 명쾌한 설명에 합장으로 화답한다.

이도흠 한양대 국어국문학과 교수 《불교평론》 편집위원

살아 계신 예수의 비밀의 말씀

오강남의 도마복음 풀이

살아 계신 예수의 비밀의 말씀

1판 1쇄 인쇄 2022. 4. 1.
1판 1쇄 발행 2022. 4. 8.

지은이 오강남

발행인 고세규
편집 김동현 디자인 박주희 마케팅 윤준원 홍보 최정은
발행처 김영사
등록 1979년 5월 17일(제406-2003-036호)
주소 경기도 파주시 문발로 197(문발동) 우편번호 10881
전화 마케팅부 031)955-3100, 편집부 031)955-3200 | 팩스 031)955-3111

값은 뒤표지에 있습니다.
ISBN 978-89-349-4915-2 03200

홈페이지 www.gimmyoung.com   블로그 blog.naver.com/gybook
인스타그램 instagram.com/gimmyoung   이메일 bestbook@gimmyoung.com

좋은 독자가 좋은 책을 만듭니다.
김영사는 독자 여러분의 의견에 항상 귀 기울이고 있습니다.

The
of
Gospel
Thomas

오강남 지음

오강남의
도마복음 풀이

살아 계신 예수의
비밀의 말씀

김영사

일러두기

1. 외래어는 국립국어원 외래어 표기법을 원칙으로 삼았습니다.
2. 인용한 한글 성경은 '표준새번역'을 기준으로 했습니다.
3. 문맥상 '하느님'과 '하나님'을 적절히 혼용했습니다.
4. 인용된 영문은 Stephen Patterson and Marvin Meyer와 Steven L. Davies의 번역을 주로 하고 기타 번역을 참조하여 작성했습니다.

이것은 살아 계신 예수께서 말씀하시고
디두모 유다 도마가 받아 적은 비밀의 말씀들입니다.
"이 말씀의 뜻을 올바르게 풀이하는 사람은
결코 죽음을 맛보지 아니할 것입니다."

〈도마복음〉서언, 제1절

"언제 새 세상이 이르겠습니까?"
예수가 그들에게 말씀하셨습니다.
"여러분이 기다리는 것이 이미 와 있지만,
여러분들이 이를 알지 못하고 있을 뿐입니다."

〈도마복음〉제51절

독자들께

지금 여러분이 들고 계시는 이 〈도마복음〉은 일상에서 쉽게 접할 수 있는 보통 책이 아닙니다. 그것은 〈도마복음〉에서 '또 다른 예수'를 만나게 되고, 그가 여기에서 전하는 메시지가 우리가 일반적으로 알고 있는 그리스도교에 대한 생각을 혁명적으로 바꾸어놓는다는 점 때문입니다.

22세에 옥스퍼드 대학교 교수가 되고 그 후 신비주의에 대해 방대한 저술을 펴낸 앤드루 하비Andrew Harvey 같은 이는 1945년에 발견된 이 〈도마복음〉이 같은 해 히로시마와 나가사키에 투하된 원자폭탄에 버금가는 폭발력을 가진 문헌이라고까지 하면서 〈도마복음〉의 중요성을 강조했습니다.° 여러분은 지금 그런 책을 손에 들고 계신 것입니다.

우선 이렇게 중요한 문서가 어떻게 우리 손에 들어오게 되었고, 그 문서의 특징은 무엇인지 잠깐 알아보고 지나가기로 합시다.

〈도마복음〉의 발굴

1945년 12월 어느 날, 무함마드 알리라는 이집트 농부가 다른 몇 사람과 함께 카이로에서 남쪽으로 약 500km 떨어진 나일강 상류 나그함마디Nag Hammadi라는 곳 부근 산기슭에서 밭에다 뿌릴 퇴비를 채취하려고 땅을 파다가 땅속에 토기 항아리가 있는 것을 발견했습니다. 혹시 귀신 jinn이라도 들어 있으면 어떻게 하나 무서웠으나 금덩어리가 있을지도 모른다는 생각에 항아리를 열어보았습니다. 귀신이 나오지는 않아 안심은 되었지만, 실망스럽게 금덩어리도 없었습니다. 그 안에는 오로지 가죽으로 묶은 열세 뭉치의 파피루스 문서뿐이었습니다. 문서가 들어 있는 그

○　　Stevan Davies, *The Gospel of Thomas: Annotated and Explained* (Boston: Shambhala, 2004), p. x.

항아리가 금으로 가득한 항아리보다 더 귀중하다는 사실을 알 턱이 없던 그는, 고문서도 골동품으로 값이 나갈 수 있을 것이라는 생각에, 이를 시장에 가지고 나가 오렌지, 담배, 설탕 등과 맞바꾸었습니다. 그 후 많은 우여곡절 끝에 이 문서는 고문서 전문가의 손에 들어가게 되었습니다.

이것이 바로 '나그함마디 문서'의 발굴 경로입니다.° 그런데 이 문서가 왜 땅에 묻혀 있었을까요? 4세기 초 로마 제국을 통일한 콘스탄티누스 황제는 제국을 통치할 하나의 종교적 이데올로기로서 기독교를 공인하고, 그리스도교 지도자들에게 그리스도교를 '하나의 하느님, 하나의 종교, 하나의 신조, 하나의 성서'로 통일할 것을 요청했습니다. 325년, 그는 약 300명의 지도자를 모아 니케아 공의회를 열게 했습니다. 여기에서 예수가 인성과 신성을 동시에 지니고 있다는 것을 주장한 이집트 알렉산드리아의 젊은 추기경 아타나시우스Athanasius (293?~373)가 예수의 인성

° 발견 경로를 더 자세히 알기 위해서는 James M. Robinson, ed. *The Nag Hammadi Library*(San Francisco: HarperSanFrancisco, 1990), pp. 22~26과 Marvin Meyer, *The Gnostic Discoveries*(San Francisco: HarperSanFrancisco, 2005) 참조.

만을 주장한 아리우스파를 물리치는 데 혁혁한 공을 세웠습니다. 아타나시우스는 그 여세를 몰아, 그 당시 개별적으로 떠돌아다니던 그리스도교 문헌 중 27권을 선별하여 그리스도교 경전으로 정경화 하는 데 결정적인 역할을 한 인물이기도 합니다. 그는 계속 자신의 영향력을 행사하여 367년 자기의 신학적 판단 기준에 따라 '이단적'이라고 여겨지는 책들을 모두 파기 처분하라는 명령을 내렸습니다. 나그함마디 문서는 이집트에 있던 그리스도교 최초의 수도원 파코미우스Pachomius의 수도승들이 그 수도원 도서관에서 몰래 빼내 항아리에 넣어 밀봉한 다음 나중에 찾기 쉽도록 산기슭 큰 바위 밑에 있는 땅속에 숨겨놓은 책들일 것이라 추정하고 있습니다.

나그함마디 문서의 발견은 1947년 '사해 두루마리Dead Sea Scrolls'의 발견과 함께 성서 고고학상 최대의 성과라 할 수 있습니다. 사해 두루마리가 주로 히브리 성서와 유대교의 연구에 귀중한 자료라고 한다면, 나그함마디 문서는 특히 신약 성서학과 초기 그리스도교 역사 연구를 위해 더할 수 없이 중요한 재료가 되었습니다.

나그함마디 문서 뭉치들 속에는 모두 52종의 문서가 들어 있었는데, 이 문서들은 전부 이집트 고대어 중 하나인 콥트어Coptic로 기록되어 있었습니다. '콥트'란 '이집트'라는 뜻인데, 콥트어란 고대 이집트에 살던 그리스도인들이 쓰던 말로서, '콥트 사본'이란 콥트 말을 그리스어 문자로 적은 사본입니다. 여기에는 지금 우리가 읽고 있는 성경에 포함되어 있지 않은 여러 가지 이름의 복음서들, 예를 들어, 〈도마복음〉, 〈빌립복음〉, 〈진리복음〉, 〈이집트인복음〉, 〈요한의 비밀서〉 등이 있었습니다.°

그중에서 가장 많은 사람의 관심을 끈 것이 바로 〈도마복음〉입니다. 초기 그리스도교 전통에서 도마가 예수님의 쌍둥이 형제로 알려져 있었던 것도 그 이유 중 하나였습니다. 그러나 무엇보다 중요한 이유는 〈도마복음〉에 나타난 예수님, 그리고 그가 전하는 '비밀'의 메시지가 그지없이

° 〈막달라 마리아복음〉은 나그함마디 발견 약 50년 전인 1896년 카이로에서 발견되어 그 전부터 알고 있던 복음서였다. 요즘 많이 거론되는 〈유다복음〉은 나그함마디 발견 이후 1970년대 이집트 중부에서 발견된 것이다. Bart D. Ehrman et al., *The Gospel of Judas*(National Geographisc Society, 2006), Elaine Pagels & Karen King, *Reading Judas: The Gospel of Judas and the Shaping of Christianity*(Viking USA, 2007) 등 참조.

놀라웠기 때문입니다.

　〈도마복음〉 콥트어 사본은 글씨의 필체로 보아 대략 기원후 350년경에 필사된 것으로 짐작하고 있습니다. 그러나 〈도마복음〉 자체는 여러 가지 정황을 참작해볼 때 기원후 약 100년경, 〈요한복음〉과 비슷한 연대에 지금의 형태로 완성되었을 것으로 보고 있습니다. 그러나 그 내용의 상당 부분은 50년에서 60년까지 거슬러 올라가는 것들이라 여겨집니다. 그렇게 본다면 〈도마복음〉은 대략 60년대 후반이나 70년대 초에 기록된 것으로 보는 〈마가복음〉이나, 70년대 후반에서 80년대에 기록되었다고 추정되는 〈마태복음〉, 〈누가복음〉보다 10년 내지 20년 더 오래된 전승을 포함한 복음서라는 이야기가 되는 셈입니다.

　그런데 〈도마복음〉이 나그함마디의 콥트어 사본으로만 남아 있는 것은 아닙니다. 19세기 말 영국 고고학자들이 나그함마디에서 나일강을 따라 북쪽으로 약 250km 떨어진 옥시린쿠스Oxyrhynchus라고 알려진 고대 쓰레기 처리장에서 그리스·로마 시대로 거슬러 올라가는 파피루스 뭉치를 발견했는데, 그중 일부 조각이 나중에 콥트어 〈도마복음〉이 발견된 후 〈도마복음〉의 그리스어(희랍어)본의 일부로 판명되었습니다. 이 그리스어 파편들은 콥트어판의

약 20% 정도에 해당됩니다. 거기 있는 그리스 문자의 필체로 보아 이 사본은 대략 200년경에 필사된 것이라 보고 있습니다. 물론 나그함마디의 〈도마복음〉과 비교해보면 약간씩 다른 점을 발견할 수 있기도 합니다.

〈도마복음〉의 특성

〈도마복음〉에 나오는 말씀 중에는 신약성경에 나오는 공관복음共觀福音°, 곧 〈마태복음〉, 〈마가복음〉, 〈누가복음〉을 아는 분들에게는 귀에 익은 말씀이 많습니다. 실제 약 50% 정도가 공관복음에 나오는 내용과 평행을 이루는 말씀입니다. 그러나 〈도마복음〉이 공관복음과 다른 가장 큰 특징은, 공관복음에서 많이 언급되고 있는 기적, 예언의 성취, 재림, 종말, 부활, 최후 심판, 대속 등에 대한 언급이 전혀 없고, 그 대신 내 속에 빛으로 계시는 하느님을 아는 것, 이것을 깨닫는 '깨달음gnōsis'을 통해 내가 새 사람이 되고

○　　신약성경 첫 부분의 네 복음서 중 〈요한복음〉을 제외한 마태오, 마르코, 루가의 세 복음서를 통틀어 이르는 말. 이 세 복음서는 기록의 관점·표현·내용 등에서 일치하는 면이 많으므로, 함께(syn, 共)+본다(opsis, 觀)는 의미로 공관복음Synoptic Gospels이라 부른다.

죽음을 극복할 수 있다는 것을 강조한다는 것입니다.°°

특히 〈도마복음〉을 그와 비슷한 시기에 쓰였으리라 생각
되는 〈요한복음〉과 비교할 때, 둘 다 우리 내면의 "빛"(요
1:4)을 강조하고, 미래에 있을 종말보다는 "태초"(요1:1)나
"지금"(요5:25)을 강조하는 등 여러 면에서 비슷한 점이 많
습니다. 그러나 특별히 다른 점은 〈요한복음〉이 "그를 믿
는 자마다 멸망하지 않고 영생을 얻는다"(요3:16)고 하거나
예수님을 "나의 주, 하느님"(요20:28)으로 믿는 등 '믿음pis-
tis'을 강조한 데 반해 〈도마복음〉은 일관되게 '깨달음'을
강조하고 있다는 점입니다.°°°

°°   영지주의에 대한 개론서로 Kurt Rudolph, *Gnosis: The Nature
      & History of Gnosticism*(San Francisco: HarperSanFrancisco, 1987),
      Stephan A. Hoeller, *Gnosticism: New Light on Ancient Tradition of
      Inner Knowing*(Wheaton, IL: Quest Books, 2002. 한국어 번역판은 스티
      븐 횔러 지음, 이재길 옮김, 《이것이 영지주의다 - 기독교가 숨긴 얼굴, 영지
      주의의 세계와 역사》 샨티, 2006) 참조. 좀 더 전문적인 연구를 위해서
      는 Karen L. King, *What Is Gnosticism?*(Cambridge: Harvard University
      Press, 2003)를 볼 수 있고, 영지주의가 지금까지 어떻게 면면히 내려
      오고 있는가를 보여주는 훌륭한 책으로 Richard Smoley, *Forbidden
      Faith: The Gnostic Legacy from the Gospels to the Da Vinci Code*(San
      Francisco: HarperSanFrancisco, 2006)를 보면 좋다.
°°°   요한과 도마의 관계를 다룬 글로 Gregory J. Riley, *Resurrection Re-
      considered: Thomas and John in Controversy*(Minneapolis: Fortress Press,

〈도마복음〉이 이런 특색을 지니게 된 것은 그 당시 이집트·그리스·로마를 비롯하여 중동 지역 일대에 성행하던 영지주의靈知主義, Gnosticism의 영향을 받았기 때문이라 생각하는 사람들이 많습니다. 이른바 "〈도마복음〉이 '영지주의 복음서the Gnostic Gospel'인가?" 하는 문제입니다. 이에 대한 대답은 '영지주의'를 어떻게 이해하느냐에 달려 있습니다. 영지주의를 두고 기본적으로 '영지' 곧 '깨달음'을 통해 구원에 이른다는 것을 주장하는 가르침이라고 본다면, 〈도마복음〉은 영지주의 복음입니다. 그러나 영지주의의 핵심이 물질적인 것과 육체적인 것을 모두 악으로 규정하고 인간의 영혼이 이런 악한 물질세계에 갇혀 있기에 거기에서 벗어나야 함을 가르치는 사상체계라 한다면, 〈도마복음〉에는 그런 생각이 중심 사상으로 강조되어 있지 않으

1995), 좀 더 최근 글로 Elaine Pagels, *Beyond Belief: The Secret Gospel of Thomas*(New York: Random House, 2003), 제2장, 'Gospels in Conflict: John and Thomas', 특히 pp. 53 이하 참조. 〈요한복음〉에는 '믿다'는 동사에서 파생된 말이 90번 이상 나오는 데 반해 〈도마복음〉에는 제91절에 딱 한 번, 그것도 도마를 반대하는 사람의 입에서, 나온다. Riley, 위의 책, p. 120. 〈요한복음〉은 믿음을 강조하기 위해 예수님이 '의심하는 도마'에게 믿음의 중요성을 이르시자 도마는 '나의 주 나의 하나님'을 믿는 믿음을 고백하게 되었다고 기술하고 있다.

므로 영지주의 복음이라 할 수가 없습니다. 〈도마복음〉이 영지주의의 영향을 받은 것은 사실이라 하더라도, 그것이 2세기나 3세기에 유행하던 영지주의의 모든 것을 그대로 반영하는 것이라 볼 수는 없다는 뜻입니다. 최근에는 〈도마복음〉을 '영지주의 복음서'라 하는 것이 곤란하다고 주장하는 학자들도 있습니다. 1979년《영지주의 복음서The Gnostic Gospel》라는 책을 내어 〈도마복음〉을 비롯하여 이른바 '영지주의 복음서'를 세상에 널리 소개한 프린스턴 대학교의 일레인 페이젤스Elaine Pagels 교수도 최근에 낸 〈도마복음〉에 관한 그의 책에서 이러한 주장을 일부 인정했습니다.°

〈도마복음〉이 영지주의의 영향을 받았다면, 제가 보기에는 영지주의에서 전통적으로 가르치는 우주론, 신관, 인간론, 구원관 같은 여러 가지 가르침들 중 무엇보다 깨달음이 중요하다는 것, 그리고 이 깨달음을 통해 옛 자아에서

°   Elaine Pagels, 같은 책, p. 33. 이런 주장을 하는 다른 학자들의 저서로 Michael Williams, *Rethinking Gnosticism: An Argument for Dismantling a Dubious Category*(Princeton: Princeton University Press, 1996), 앞에서 인용한 Karen L. King, *What Is Gnosticism?*이 있다.

죽고 새로운 자아로 부활해야 한다는 점을 가장 중요한 가르침으로 여기고 받아들인 것 정도가 아닌가 합니다.

이런 사실들을 감안할 때, 저는 〈도마복음〉서를 구태여 영지주의라고 하는 한 가지 특수한 사상 체계의 직접적인 영향에서 생긴 결과라고 할 것 없이, 세계 종교 전통 어디서나 심층 깊이에서 보편적으로 발견되는 '신비주의'적 차원에 초점을 맞추었던 복음서로 보아도 무방할 것이라는 생각이 듭니다. 사실 한문으로 '영지靈知'라 번역하고 영어로 보통 'knowledge'라 옮기는 그리스어 'γνώση(gnōsis, 그노시스)'란, 더 정확하게 말하면 '깨침' 혹은 '깨달음'에 해당하는 말로서, 꼭 영지주의에서 특허를 낸 말이 아니기 때문입니다. 이 말은 산스크리트어 프라즈나prajñā, 곧 반야般若, 통찰, 꿰뚫어 봄, 직관과 같은 계열의 말입니다. 불교에서 반야를 통해 성불과 해탈이 가능해짐을 말하듯, 〈도마복음〉도 이런 깨달음을 통해 참된 쉼이 가능하게 된다고 주장합니다.°

° 세계 신비 전통에서 발견되는 '깨달음', 그리고 그 깨달음에 따라 내 속에 있는 신성의 발견을 중요시하는 예를 보기 위해서는 Aldous Huxley, *The Perennial Philosophy*(New York: Harper & Row,

〈도마복음〉의 또 하나의 특징은 그것이 예수님의 말씀만 적은 '어록'이라는 것입니다.[oo] 따라서 예수님의 출생이나 활동 등 행적은 말할 것도 없고, 심지어 십자가와 부활 사건에 대한 언급마저도 없습니다. 학자들 중에는 이렇게 어록으로만 이루어진 〈도마복음〉이 세례를 받은 사람들을 가르칠 때 사용하기 위해서나, 길거리에서 종교적인 문제를 놓고 논쟁할 때 쓰기 위해서, 혹은 신비적 명상을 위한 화두 비슷한 것으로 활용하기 위해서 기록된 것이라고 보는 등 여러 가지 의견을 제시하고 있습니다.[ooo] 무엇을 위

1944), pp. 161ff. 참조. 한국어 번역판은 조옥경 옮김,《영원의 철학》(김영사, 2014).

[oo] 현재 성경학자들은 〈도마복음〉처럼 '어록'으로만 된 문서가 또 있었을 것으로 본다. 이른바 'Q 복음'이다. 'Q'란 독일어에서 '자료'를 뜻하는 'Quvelle'의 첫 글자. 〈마태복음〉과 〈누가복음〉은 그보다 먼저 나온 〈마가복음〉을 기초로 하여 쓴 것인데, 이 두 복음서 저자들이 〈마가복음〉에 없는 자료를 어디에서 가져왔겠는가? 그 자료가 바로 예수님의 어록만 기록한 Q 자료일 것이라 보는 것이다. 그러나 Q 자료가 주로 미래에 도래할 하느님의 나라를 이야기하고 있는데 반해, 〈도마복음〉은 그 나라가 이미 여기 있음을 강조하고 있다. 둘 다 1세기 중엽 독립적으로 돌아다니던 문서로 보는 것이 일반적인 견해다.

[ooo] Risto Uro, *Thomas: Seeking the Historical Context of the Gospel of Thomas*(London: T&T Clark, 2003), p. 3. 신비적 명상을 위한 텍스

해 쓰였든지, 저는 그것이 처음부터 끝까지 깨달음을 통해 내 속에 있는 천국, 내 속에 있는 하느님, 내 속에 있는 참 나를 발견함으로써 자유와 해방을 얻고 새 생명으로 태어나라는 기본 가르침에 충실한 복음이라 봅니다.

'깨달음'이 얼마나 중요했던가 하는 것을 〈도마복음〉과 같은 계통으로 나그함마디에서 〈도마복음〉과 함께 발견된 〈빌립복음〉의 다음과 같은 말에서 찾아볼 수 있습니다.

> 이 세상에서 농사를 짓는 데 네 가지 요소가 결합되어야 한다. 물, 흙, 바람, 빛. 이런 자연현상의 결과로 수확물을 곳간에 모을 수 있다. 하느님의 농사에도 이와 같이 네 가지 요소가 필요하다. 믿음, 소망, 사랑, 깨달음. 믿음은 우리가 뿌리를 내리는 땅이다. 소망은 우리에게 영양분을 주는 물이다. 사랑은 우리가 자라게 해주는 바람이다. 깨달음은 우리를 [여물게 해주는] 빛이다.(115)

트로 보는 관점을 위해서는 A. D. DeConick, *Voice of the Mystics: Early Discourse in the Gospels of John and Thomas and Other Ancient Christian Literature*(Sheffield: Sheffield Academic Press, 2001) 참조.

바울이 〈고린도전서〉 13장에서 "믿음, 소망, 사랑, 이 세 가지는 항상 있을 것인데 그중의 제일은 사랑이라"라고 하여 세 가지만 언급한 것과 대조적으로 믿음, 소망, 사랑, 깨달음 이 네 가지를 강조하며, 그중에서도 우리의 영적 성장의 완성을 위해 깨달음이 필요하다는 것을 강조하고 있다는 사실은 놀라운 일이라 하겠습니다.

이 풀이에서 하려는 것

저는 대학 다닐 때 여러 해 동안 성서 그리스어(희랍어)를 열심히 배웠습니다. 물론 〈도마복음〉이 본래부터 콥트어로 쓰였던 것은 아니고, 다른 복음서와 마찬가지로 코이네 그리스어에서 번역된 것이라 저의 그리스어 공부가 도움이 되었습니다. 유감스럽게도 콥트어를 전문적으로 배울 기회는 없었기에 우리말 번역은 〈도마복음〉 콥트어본을 직접 번역하지 못하고, 여러 서구 전문가들의 훌륭한 번역과 역주의 도움을 받아 한국말로 옮겼습니다.°

○   가장 철저하게 콥트어 한 글자 한 글자를 분석하고 해석한 책 April D. DeConick, *The Original Gospel of Thomas in Translation: With a Commentary and New English Translation of the Complete Gospel*(London and New York: T&T Clark, 2007)을 참고했다.

이 풀이에서 저는 모두 114절로 나뉘어 있는 〈도마복음〉 본문을 한 절 한 절 꼼꼼히 읽으며 제 나름대로 찾아낸 뜻에 대한 저의 반응을 중심으로 써 내려가고자 합니다. 이 풀이가 다른 신학자들의 해석과 다른 점이 있다면 비교종교학을 공부한 저의 배경을 살려 다른 종교 전통의 문헌들, 특히 《도덕경道德經》과 《장자莊子》, 불교 사상 등에서 의미 있다고 생각되는 것들과 비교하면서 이해하려고 했다는 점일 것입니다.

물론 〈도마복음〉 본문 자체의 의도가 무엇이었을까 최선을 다해 찾아보도록 노력했습니다. 그러나 그보다 더욱 중요한 것은 이 말씀들이 지금 나에게 어떤 메시지를 전하고 있는가, 그 말씀의 더욱 깊은 종교적인 뜻은 무엇일까, 그리고 이 말씀들이 오늘을 사는 우리 모두에게 어떤 의미가 있고 또 어떻게 적용될 수 있을까 하는 데 초점을 맞추어 생각해보는 것이었습니다. 본문을 읽고 거기에 '촉발'되어 제 나름대로의 뜻을 찾아보려는 이런 식 읽기를 '환기적evocative' 독법 혹은 '독자 반응 중심의' 독법이라 할 수 있을 것입니다. 일단 이런 작업을 거친 다음 다른 학자들은 이 구절들을 어떻게 이해했는가 살펴보고, 의미 있는 풀이들은 받아들였습니다.

이 책을 읽으시는 독자들은 물론 풀이에 나타난 저의 생각을 그대로 다 받아들이실 필요는 없습니다. 독자들도 독자 나름대로 읽으시되 제가 읽은 것을 보시고 이렇게 읽는 사람도 있구나 하는 정도로 생각해주시길 바랄 뿐입니다. 혹시 제가 읽는 방식이 오히려 방해가 된다고 생각하시면 뛰어넘고 본문만 읽으면서 홀로 명상해보는 방법을 취하셔도 좋을 것입니다. 그러나 혹시라도 제가 읽은 방식이 독자 스스로 더욱 깊이 읽으시는 데 약간의 자극제나 일깨움의 실마리라도 될 수 있다면, 그것을 큰 다행으로 생각하고 고마워할 따름입니다.

지금 한국에서 널리 읽히고 있는 저의 《도덕경》 풀이나 《장자》 풀이에서, 저는 노자님이나 장자님의 말을 모두 경어체로 옮겼습니다. 그와 같이 이 책에서도 예수님의 말씀을 모두 경어체로 옮겼습니다. 30세 정도의 예수님이 사람들에게 반말로 했다고 상상하기 어렵기 때문입니다. 아무리 제자들이라 해도 자신과 나이 차이가 별로 나지 않는 사람들이었을 텐데, "너희는 들으라" 하는 식으로 말했으리라 상상하기가 곤란합니다. 물론 지금의 '개역개정' 성경이나 '표준새번역' 성경에 예수님의 말씨를 모두 반말로 하였기에 거기 익숙하신 독자들에게는 이런 존댓말 하시는 예수님의 모습이 처음에는 좀 어색해 보일 수 있으리라 생각합니다. 그러나 좀 읽다가 보면 이런 모습에서 오히려 더욱 친근감이 느껴지는 예수님을 발견하시게 되리라 믿습니다.

그래도 도저히 어색해서 못 읽겠다고 하시는 분들을 위해 현재 한국 교계에서 가장 많이 사용하고 있는 '개역개정'판의 표현법으로 옮긴 것을 함께 실었습니다. 두 가지를 다 읽으셔도 좋고, 마음에 드는 것 어느 쪽을 택해서 읽으셔도 되겠습니다. 또 원문에는 없지만 가독성을 위해, 그리고 색인index 역할을 할 수 있도록, 매 절에 제가 생각한 소제목과 부제를 붙였습니다.

고마운 분들

이 풀이를 2008년 1월호부터 12월호까지 1년간에 걸쳐 연재해주신 《기독교사상》의 한송호 목사님과 편집진에 감사드립니다. 특히 원고의 일부를 밴쿠버 '길벗 게시판'에 올렸을 때 이를 읽고 반응을 보내주신 길벗 모임 여러분들께도 고마움을 전합니다. 첫딸을 얻어 밤잠을 설치면서도 원고를 꼼꼼히 읽고 여러 가지 좋은 의견과 조언을 보내준 신생 신비주의 전문학자 성해영 박사와, 몸소 깨달음의 삶을 추구하면서 원고를 읽어주신 박채연 박사님께, 그리고 제가 옮기는 〈도마복음〉에 남다른 관심을 가지고 교우들과 함께 읽으시는 등 계속 응원해주신 임마누엘 토론토 한인연합교회 최성철 목사님께 깊이 감사드립니다. 이 책을 내기로 결정해주신 출판사와 편집진 여러분께도 다시금 고마움을 전합니다.

부디 이런 귀중한 말씀을 함께 읽으면서 얻게 되는 깨달음을 통해 우리의 삶이 변화를 받아 더욱 풍요로워지게 되기를 바랄 뿐입니다. 한 가지 좀 특별한 소망을 덧붙인다면, 깨달음을 강조하는 이 책이 한국에서 그리스도인들과 불교인들을 이어주는 가교架橋 역할을 할 수 있었으면 하는 것입니다.

2009년 봄
캐나다 밴쿠버에서

이 책은 2009년에 출판사 예담을 통해서 《또 다른 예수》
라는 제목을 달고 나왔습니다. 절판이 된 후 다시 출판사
김영사를 통해 나오게 되었습니다.

이번 판에서는 지난 초판에서 고칠 것을 좀 고치고 몇
가지를 보태었습니다. 큰 변화라면 〈도마복음〉 원문을 너
잘 음미할 수 있도록 디자인과 구성을 바꾼 것입니다. 초
판에서 존댓말로 된 본문 바로 밑에 두었던 개역 성경 어
투의 본문은 내용상 반복이므로 삭제하고, 그 자리에는 영
어 번역문을 실어서 의미를 한 번 더 음미할 수 있도록 했
습니다. 본문의 풀이 외에도 〈도마복음〉을 더 깊게 이해할

수 있도록, 부록으로 [공관복음에 나타난 천국의 비밀]과 [함석헌 사상의 신비주의적 차원]을 추가했습니다. 성경을 비롯한 각종 자료의 출처, 인용 단어와 문장의 표기도 더 정확하게 수정·보강했습니다.

저의 책 초판이 나온 후 2010년 도올 김용옥 교수가 《도올의 도마복음한글역주》 2·3권을 내고, 저를 초대해서 함께 〈도마복음〉에 대해 이야기할 기회가 있었습니다. 난초와 저의 캐리커처 그림까지 그려 넣어준 그의 저서를 감사히 받고 잘 읽었습니다. 그러나 이번 저의 개정판에 그의 생각을 반영하지는 않았습니다. 서로 다름을 존중하고 독자들도 다름에서 더 많은 것을 얻을 수 있을 줄로 압니다.

제 책 출판 이후 캐나다, 미국, 한국에서 〈도마복음〉의 내용과 메시지를 중심으로 여러 번 강연도 하고, 책을 가지고 서울의 '지식협동조합 경계너머, 아하!'에서 몇 번 강의도 한 적이 있었는데, 강연과 강의에 참석해서 같이 생각을 나누었던 여러 분들에게 감사드립니다. 특히 2018년 가을 강의에서는 성덕도聖德道의 지도자 한 분이 참석하셔서 성덕도의 가르침과 〈도마복음〉이 맞닿는 곳을 하나하나 짚어주셨고, 유학儒學을 전공으로 하시는 어느 교수님은 〈도마복음〉의 여러 부분이 퇴계 선생님의 말씀과 상통한다고 일러주셨습니다. 이 두 분께 특별히 감사드립니다. 개정판 출판을 흔쾌히 맡아서 필요한 곳을 수정·보완해주신 김영사 편집부에도 고마운 마음을 전합니다.

아무쪼록 이 개정판이 많은 독자에게 더욱 사랑받고, 나아가 독자분들의 삶에 조금이라도 보탬이 되길 바랍니다.

2022년 봄
서울에서

The Gospel of Thomas

주머니 속의
토머스복음서

1

예수의
비밀의
말씀

살아 계신 예수의 비밀의 말씀

이것은 살아 계신 예수께서 말씀하시고
디두모 유다 도마가 받아 적은
비밀의 말씀들입니다.

These are the secret sayings that the living Jesus spoke
and Didymos Judas Thomas recorded.

〈도마복음〉은 여기 나오는 예수님의 말씀들이 '비밀의 말씀들'임을 선언하는 말로 시작한다. 예수님이 하신 말씀 중 여기에 나오는 메시지는 모든 사람이 상식적으로 알아들을 수 있는 말씀이 아니라 정말로 가장 깊은 차원의 진리를 찾는 몇몇 소수만이 꿰뚫어 볼 수 있는 '비밀의 말씀'이라는 것이다. 뒤에 나오는 제23절의 표현처럼 '천 명 중 한 명, 만 명 중 두 명' 꼴이라고 할 정도로 보통 사람으로서는 관심도 없고 이해하기도 어려운 말씀이다.

종교적 진술에는 모든 사람이 쉽게 알아들을 수 있는 표피exoteric 층이 있고, 정말로 열린 마음을 가진 사람들만 이해할 수 있는 내밀內密 혹은 밀의密意, esoteric 층이 있는데, 여기 이 말씀은 바로 내밀적 기별, 감춰진 말씀, 비밀, 신비라는 뜻이다. 물론 여기 이 말씀은 초대교회에서 성립된 '도마 전통'에서 이해한 대로의 예수님의 말씀을 전하는 것이다.

'디두모Didymos'는 그리스어, '도마Thomas'는 아람어·시리아어, 둘 다 '쌍둥이'라는 뜻이다. '쌍둥이'가 고유명사가 아니기 때문에, '디두모 유다 도마'를 문자 그대로 하면 '쌍둥이 유다'라는 말이 된다. 물론 여기의 유다는 예수님을 배반했다는 가룟 유다와 다른 유다다. 그러나 일반적으로 알려진 이름 '도마'를 그대로 쓰는 것이 보통이다.

초대교회 당시 예수님에게 쌍둥이 형제가 있었다는 전설이 있기는 하지만, 여기서 예수님의 말씀을 적은 도마가 육체적으로 쌍둥이라기보다 예수님과 같이 모두 한 분 하느님에게서, 혹은 한 태에서 태어났다는 의미에서 예수님과 쌍둥이라 이해한 것이 아닌가 생각해볼 수도 있을 것이다. 〈도마복음〉의 가르침에 의하면, 우리가 깨치기만 하면 모두가 다 형제자매 내지 쌍둥이라 불릴 수 있는 경지로 올라가게 되는 것이라 본다.

올바르게 풀이하는 사람은

"이 말씀의 뜻을
올바르게 풀이하는 사람은
결코 죽음을
맛보지 아니할 것입니다."

And he said, "Whoever discovers the interpretation of
these sayings will not taste death."

이 첫 절부터 〈도마복음〉의 특성이 드러난다. 〈요한복음〉
(11:25-26)에 보면 예수께서 "나는 부활이요 생명이니, 나를
믿는 사람은 죽어도 살고, 살아서 나를 믿는 사람은 영원히
죽지 아니할 것이다. 네가 이것을 믿느냐?"라고 하면서 예
수님에 대한 '믿음'이 있으면 영원히 죽지 아니하리라고 한
데 반하여, 〈도마복음〉에서는 예수님 말씀의 뜻을 올바로
'풀이하면' 죽음을 [맛보지] 않으리라고 했다. 믿음의 문제
가 아니라, 우리에게 주어진 종교적 진술에 대해 어떤 '해
석hermeneutics'을 하느냐가 우리의 영적 사활에 관계될 정
도로 중요하다는 이야기이다. 이 중차대한 문제를 좀 더 쉽
게 이해하기 위해 크리스마스와 산타클로스 이야기를 예로
들어본다.

어릴 때는 내가 착한 어린이가 되면 크리스마스 이브에
산타 할아버지가 와서 벽난로 옆에 걸린 내 양말에 선물을
잔뜩 집어넣고 간다는 것을 '문자 그대로' 믿는다. 이런 식
으로 믿는 산타 이야기는 나에게 기쁨과 희망과 의미의 원
천이기도 하다. 1년 내내 산타 할아버지의 선물을 위해 착
한 아이가 되려고 애를 쓴다.

그러다가 나이가 들면서 우리 동네에 100집도 넘는 집

이 있는데, 산타 할아버지가 어떻게 그 많은 집을 밤 12시에 한꺼번에 찾아와 선물을 주고 갈 수 있는가, 우리 집 굴뚝은 매우 좁은데 그 뚱뚱한 산타 할아버지가 어떻게 굴뚝을 타고 내려올 수 있는가, 하는 등의 의심이 들기 시작한다. 그러다가 어느 날은 아빠 엄마가 내 양말에 선물을 넣는 것을 보게 되었다. '아, 크리스마스는 식구들끼리 이렇게 서로 사랑을 주고받는 시간이구나. 이제 엄마 아빠에게서 선물 받을 것만 바랄 것이 아니라 나도 엄마 아빠, 동생에게 선물을 해야지.' 하는 단계로 심화된다. 산타 이야기의 문자적 의미를 넘어서서, 가족 간의 사랑과 화목과 평화스러움을 느끼는 계기가 된 것이다.

좀 더 나이가 들어 크리스마스와 산타 이야기는 이웃끼리 혹은 온 동네 사람들 전부가 다 같이 축제에 참여하여 서로 선물이나 카드를 주고받음으로써 사랑과 우의를 나누고 공동체의 유대를 더욱 강화하는 기회가 되고, 그러다가 이웃이나 동네뿐 아니라 온 나라, 혹은 세계 여러 곳에서 가난과 질병으로 고생하는 사람들, 공평하지 못한 사회에서 억울한 일 당하는 사람들, 환경문제로 고통당하는 사람들을 도와야 한다는 사회적·정치적·생태학적 의미까지 깨닫게 된다. 좀 더 장성하면, 혹은 더욱 성숙된 안목을 갖게 되면, 크리스마스 이야기란 어쩌면 신이 땅으로 내려오시고 땅이 그를 영접한다는 천지합일, 신인합일의 '비밀'을 해마다 경축하고 재연한다는 깊은 신비적 의미도 있을 수 있구나 하는 것까지 깨닫게 된다.

사실 산타 이야기만이 아니라 거의 모든 종교적 이야기에는 이처럼 여러 가지 뜻이 다중적多重的으로 혹은 중층적重層的으로 들어가 있다고 볼 수 있다. 실제로 영지주의 가르침에 의하면, 모든 종교적 진술에는 좀 더 구체적으로 네 가지 의미 층이 있다고 한다. 문자적hylic 의미가 있고, 나아가 심적psychic, 영적pneumatic, 신비적mystic 의미가 있을 수 있다는 것이다. 유대교 카발라 전통에서도 성경에는 표면적Peshat, 비유적Remez, 미드라쉬적Derash, 신비적·비의적sod 의미가 있다고 가르친다. 따라서 종교적 진술을 대할 때 우리는 올바른 풀이를 통해 점점 더 깊은 뜻을 깨달아 나가야만 한다. 그러지 못하고 문자적이고 표피적 뜻에만 매달리면, 우리의 영적 삶은 결국 죽어버리고 만다. 바울도 "문자는 사람을 죽이고, 영은 사람을 살린다."(고후 3:6)고 했다.

이처럼 올바른 풀이를 통해 여기 주어진 메시지의 가장

깊은 차원의 영적·신비적 뜻을 깨달아 아는 사람은, 우리 속에 있는 신성神性을 발견하게 됨으로써 새 생명을 찾을 수 있다. 육체가 죽어도, 옛 사람이 죽어도 그 속에 죽지 않는 생명이 있기 때문이다.

참고로 중국 도가道家 사상가 장자莊子에 의하면, 들음에 네 가지 단계가 있다고 한다. '귀'로 듣는 단계, '마음'으로 듣는 단계, '기氣'로 듣는 단계, '비움[虛]'을 통해 도道가 들어와 도와 하나 되는 단계가 그것이다. 똑같지는 않지만 영지주의나 카발라에서 말하는 문자적 차원, 심적 차원, 영적 차원, 신비적 차원과 대략 상응하는 것 같아 신기하게 여겨진다. 세 단계를 지나 완전히 마음을 비우고 우리 속에 도道가 들어오도록 준비하는 과정을 두고, 장자는 '심재心齋(마음 굶김)'라고 했다.°

"죽음을 맛보지 않는다"는 말은 〈도마복음〉에 네 번 나온다(제18, 19, 85, 111절). '생명'을 의미하는 그리스어 표현은 두 가지가 있다. 하나는 bios, 다른 하나는 zoe다. 'bios'는

°   오강남 풀이, 《장자》(현암사, 1999), pp. 183-188 참조.

'생물학biology'이라는 말에서도 나타나듯이 '육체적 삶'이고, 'zoe'는 '의미 있는 삶'이다. 따라서 '영원한 삶'을 이를 때는 zoe를 쓴다. 육체적으로는 누구나 죽는다. 그러나 의미 있는 삶을 살아가는 사람에게는 육체적 생사가 문제 되지 않는다. '죽음을 맛보지 않는다'는 표현이 나오는 곳의 가르침은 특별히 중요하다는 뜻을 가지고 있음을 강조한 것이라 볼 수 있다. 특히 첫 절에서 해석의 중요성을 이야기하고 그것이 영적 사활과 관계된 것이라 했다는 사실은 의미심장하다. 여기서 이 말을 한 '그'가 예수인가 도마인가는 확실하지 않다.

찾으면 혼란해하고

예수께서 말씀하셨습니다.
"추구하는 사람은 찾을 수 있을 때까지
계속해야 합니다. 찾으면
혼란스러워지고, 혼란스러워지면
놀랄 것입니다. 그러고 나야 그는
모든 것을 다스릴 수 있습니다.
〔모든 것을 다스린 후에
그는 쉴 것입니다.〕"

Jesus said, "Those who seek should not stop seeking until
they find. When they find, they will be disturbed. When
they are disturbed, they will marvel, and will reign over
all. [And after they have reigned they will rest.]"

문자적이고 표피적인 뜻만이 전부라고 생각하며 살던 사람들이 더 깊은 뜻을 알게 되면, 일단은 황당할 정도로 혼란스럽고 고민에 빠지게 된다. 지금까지 당연한 것으로 여겨오던 통상적 견해들taken-for-granted views이 흔들림에 따라 '흔들리는 토대' 위에 선 것 같은 기분이다. 진리는 본래 불편하기 마련이다. 그래서 영어로도 'inconvenient truth(불편한 진리)'라고 하지 않는가. 이렇게 새로 발견된 진리에 심지어 저항하거나 반항하기까지 한다.

훌륭한 종교적 가르침은 '편안한 사람에게는 혼란을, 혼란한 사람에게는 편안을 준다Disturbing the comforted, comforting the disturbed'고 한다. 언제나 안전지역에서 편안한 삶, 모든 것을 당연한 것으로 여기는 삶만을 보장하는 종교는 우선은 편할지 모르나 우리의 성장과 발돋움에 도움이 되지 않는다. 선禪불교에서 사용하는 '화두話頭'나 '공안公案'도 우리의 상식적인 의식에 혼란을 주기 위한 것이라 하지 않는가. 아무튼 이런 초기의 혼란을 극복하고 말씀의 더욱 깊은 뜻을 깨닫게 되면, 놀랄 수밖에 없다. 완전히 새로운 세계가 열리는 듯하다. 전에는 볼 수 없던 것이 보이기 시작한다. 그야말로 '놀라운 은혜Amazing Grace'다.

우리의 종교적 삶에서 이런 눈뜸의 경지에 이르렀을 때, 우리는 비로소 모든 것을 '다스릴 수' 있는 힘을 얻는다. 여기서 '다스리다'라는 것은 정치적이나 물리적인 힘으로 남을 다스리는 것이 아니라, 나 스스로 어느 것에도 지배받지 않고 참 자유를 누릴 수 있게 되었다는 뜻으로 풀어야 할 것이다. 세속적인 이해관계나 정치적 이데올로기나 사이비 종교 지도자들의 감언이설에서도 자유로워지고, 사후에 천국에 갈까 지옥에 갈까 하는 걱정에서도 해방된다. 이렇게 깨달음과 놀라움으로 "아하!"를 외칠 수 있는 경지야말로 "천상천하유아독존天上天下唯我獨尊"을 선언할 수 있는 경지가 아니겠는가. 이 절의 그리스어 버전에는 한 단계 더 나아가 '자유를 얻었으면 편히 쉬게 된다'라고 하였다. 쉰다는 것은 구원을 얻는다는 뜻이다.

제2절은 영적 진리를 찾아 나선 사람들 일반을 두고 하는 말일 수도 있고, 특별히 이 〈도마복음〉을 읽어갈 사람들을 두고 미리 경고하며 격려하는 말이라 할 수도 있다. 〈도마복음〉에서는 지금껏 표피적으로 이해하던 것과 완전히 다른 예수, 완전히 다른 구원관, 완전히 다른 신관, 완전히 다른 종말관 등을 가르쳐주고 있기 때문에 처음에는 어쩔 수 없이 혼란스럽겠지만, 열린 마음으로 받아들이면 결국

콥트어 〈도마복음〉 파피루스 원문 제1~3절 부분
©www.gnosis.org/naghamm/GTh-pages

에는 놀라움과 자유를 맛보게 되리라는 이야기를 하고 있
는 것이라 보아도 좋을 것이다.

나라가 하늘에 있으면 새들이

예수께서 말씀하셨습니다.
"여러분의 지도자들이 여러분에게
'보라, 나라가 하늘에 있다'고 하는데,
그렇다면 새들이 여러분보다 먼저
거기에 가 있을 것입니다. 그들이
'나라가 바다에 있다'고 하는데,
그렇다면 물고기들이 여러분보다
먼저 거기에 가 있을 것입니다.
나라는 여러분 안에 있고,
또 여러분 밖에 있습니다."

Jesus said, "If your leaders say to you, 'Look, the kingdom is in the sky,' then the birds of the sky will precede you. If they say to you, 'It is in the sea,' then the fish will precede you. Rather, the kingdom is within you and it is outside you."

'천국 복음'은 성경 복음서에서 예수님이 가르치신 메시지 중 최초이며 최종이며, 최고의 가르침이다. 그는 사람들 앞에 처음으로 나서면서 "회개하라, 천국이 가까이 왔느니라." 선포하고, 그 후 계속하여 "온 갈릴리에 두루 다니시며 천국 복음을 전파"하셨다(마4: 17, 24; 막1:14-15, 눅4:14-15 참조)고 한다. 그런데 그 천국이 어디 있는가? 〈도마복음〉에서는 붕어빵에 붕어가 없다고 하는 식으로 하늘에는 하늘나라가 없다고 한다. 왜 그런가?

'천국'은 공간적으로 하늘에 붕 떠 있거나 바다에 둥 떠 있는 땅덩어리가 아니다. '나라'를 뜻하는 성경의 낱말들은 일차적으로 영토가 아니라 '주권'을 의미한다. 따라서 '하느님의 나라'는 하느님의 주권, 하느님의 통치원리, 하느님의 다스리심, 하느님의 임재하심 등을 의미한다. 영어로는 보통 God's sovereignty, rule, reign, presence, dominion 등으로 번역한다. '나라'를 이렇게 볼 때 하느님의 나라는 바로 우리 속에 있는 신성의 원리, 하느님의 임재하심이라 보아야 한다. 〈누가복음〉에서는 이를 강조하여 "하나님의 나라는 너희 안에 있느니라."(눅17:20)라고 했다.

특히 〈도마복음〉에서는 하느님의 나라가 우리 안에도 있고, 우리 밖에도 있다고 한다. 내 안의 내 마음속에도 있고, 내 밖에 있는 내 이웃의 마음속에도 있다는 뜻이라 풀 수도 있고, 절대적인 실재로서의 하느님의 주권이 안이나 밖 어느 한쪽에만 국한되거나 제한되지 않고 안에도, 그리고 밖에도 동시에 존재할 수 있다는 말로 이해할 수도 있다. 신의 내재內在만을 강조하면 범신론汎神論에 빠지고, 신의 초월超越만 강조하면 초자연주의 신관에 빠지게 된다. 신은 '내재하며 동시에 초월'이라는 역설逆說의 논리로 이해해야 한다. 신의 이런 양면성마저 바로 '천국 비밀'의 일부인지 모를 일이다.

한 가지 알아두어야 할 것은 '천국·하늘나라'라고 하는 말은 오해 사기 쉬운 말이라는 사실이다. '천국·하늘나라'라는 말은 〈마태복음〉에서만 나오고 다른 복음서에는 모두 '신국神國·하느님의 나라'라는 말을 사용하고 있다. 〈마태복음〉은 주로 유대인을 위해 쓰인 복음서였기 때문에, 유대인들이 하느님의 이름을 부르는 것을 피하는 전통에 따라 '신국·하느님의 나라'라는 말 대신 '천국·하늘나라'라는 말을 썼다. '천국·하늘나라'라고 해서 그것이 그 나라가 있을 장소로서의 하늘을 가리키는 말이 아니라는 사실을 분명히 알아야 할 것이다. 〈도마복음〉에는 모두 그냥 '나라' 혹은 '아버지의 나라'라고 나와 있고 '하늘나라'라는 말은 세 번밖에 나오지 않는다. 우리가 편리를 위해 '천국'이라는 말을 쓰더라도 이런 배경을 염두에 두고 물리적 하늘이라는 개념에 사로잡히는 일이 없이 하느님의 힘, 원리, 현존 등에 역점을 두는 방향으로 이해하고 써야 한다.

또 한 가지. 세상에 널리 깔려 있는 종교 '지도자'들이라 하는 이들을 다 믿지 말라고 한다. 종교적 가르침이 내포하고 있는 여러 가지 의미 층들을 알지 못하고 표피적·문자적 의미에만 매달려 계속 그것으로만 사람들을 가르치는 사람들은, 자기들이 아무리 지도자라 주장해도 우리를 오도하는 사람들일 수밖에 없다는 것이다.

참된 종교 지도자는 누구냐?

유치원 학생들에게는 아이들이 착한 일을 하면 문자 그대로 산타 할아버지가 와서 어린아이들이 걸어놓은 양말에 선물을 주고 간다고 가르치지만, 그 이야기의 더 깊은 뜻도 함께 알고 있어서, 어린아이가 자라남에 따라 그 수준에 맞게 더 깊은 심리적·사회적·영적·우주적 의미까지 말해줄 수 있어야 참 지도자라 할 수 있을 것이다. 예수님이 말씀하신 것처럼 "그러므로 하늘나라를 위하여 훈련을 받은 율법학자는 누구나, 자기 곳간에서 새것과 낡은 것을 꺼내는 집주인과 같다."(마13:52) 이런 온고이지신溫故而知新 하는 전체적인 안목이 없이 표피적인 뜻이 전부인 줄 알고 가르치는 지도자를 따르는 것은, 장님이 장님을 따르는 것과 같다. 조심할 일이다.

너 자신을 알라

"여러분 자신을 아십시오.
그러면 남도 여러분을 알 것이고,
여러분도 여러분이 살아 계신 아버지의
자녀들이라는 것을 알게 됩니다. 그러나
여러분이 여러분 자신을 알지 못하면
여러분은 가난에 처하고,
여러분이 가난 자체입니다."

"When you know yourselves, then you will be known, and
you will understand that you are children of the living
Father. But if you do not know yourselves, then you live
in poverty, and you are the poverty."

"너 자신을 알라." 그 유명한 "$γνῶθι σεαυτόν$(그노티 세아우톤)"이다. 흔히 소크라테스의 말이라 알고 있지만, 사실은 델포이 신전에 쓰여 있던 신의 신탁神託이었다. 그 당시 소크라테스를 비롯하여 삶에서 앎·깨침gnōsis의 중요성을 강조하던 사람들은 다 알던 말이다.

알아야 할 것, 깨쳐야 할 것 중 '내가 누구인가'를 아는 것이 가장 중요하다. 내가 바로 살아 계신 아버지의 아들·딸이라는 사실, 내 속에 하느님을 모시고 있다[侍天主]는 사실, 이 하느님이 바로 내 속 가장 깊은 차원의 '참나' 혹은 '얼나'에 다름 아니라는[人乃天] 이 엄청난 사실을 '깨달음'-이것이야말로 바로 이 삶에서 우리가 얻을 수 있는 가장 귀중한 '진주' 같은 진리다.° 본문에서 말한 것처럼, 우

°   시천주侍天主나 인내천人乃天은 물론 동학·천도교의 가르침이다. 동학·천도교에서는 우리가 모두 하느님을 모시고 있고, 궁극적으로 우리 인간이 바로 하느님에 다름 아니라고 가르친다. 2대 교주 최시형은 제사를 드릴 때도 '향아설위向我設位'라고 하여, 제사상을 차리고 절을 하는 것이 결국 내 속에 하느님을 모신 '자기 자신을 향해 절하는 것'으로 여겨야 한다고 했다. 불교에서도 불상에 절을 하는 것은 곧 자신의 불성佛性에 공경을 표시하는 일이라 여기기도 한다.

리가 이런 사실을 자각할 때, 다른 사람들이 우리의 변화를 알아볼 수 있을 뿐 아니라, 더욱 중요한 것은 우리 자신이 풍요롭고 의연한 삶을 살 수 있게 된다.

그러나 이런 깨달음에 이르지 못하고, 나의 이기적인 자아가 그대로 나 자신이라고 착각하고 사는 미망의 삶, 이런 기본적 무지에서 시작하여 나의 행동이 하느님 보시기에 합당한가 아니한가에만 관심을 두고 노심초사하며 사는 율법주의적인 삶, 남의 눈치나 보고 남의 인정이나 받으며 남 보란 듯 살려고 자기를 꾸미고 자랑하는 허세의 삶, 아무리 가지고 가져도 계속 가지고 싶은 욕망을 품고 허기지게 사는 소비주의적인 삶을 살아간다면, 그것이 바로 '궁핍하고 비참한 삶 자체'가 아니고 무엇이겠는가.

늙은이도 갓난아기에게서 배우고

예수께서 말씀하셨습니다.
"여러 날을 보낸 늙은이도
7일밖에 안 된 갓난아기에게
생명이 어디 있는가
물어보기를 주저해서는 안 됩니다.
그리하면 그 사람은 살 수 있을 것입니다.
먼저 된 사람들 중
많은 사람들이 나중 될 것이고,
모두가 결국은 하나가 될 것입니다."

Jesus said, "The person old in days won't hesitate to ask a little child seven days old about the place of life, and that person will live. For many of the first will be last, and will become a single one."

나이를 많이 먹은 늙은이도 내 속에 있는 천국, 나의 참나를 깨닫지 못해 생명의 원천을 찾지 못했으면 이제 방금 깨달음을 통해 새로 갓 태어난 사람에게 생명의 근원에 대해 배우기를 주저하지 않아야 참삶을 얻을 수 있다. 연대기적인 나이만 많았다고 먼저 된 자가 될 수는 없다. 히브리 성경 〈욥기〉에도 "사람의 속에는 영이 있고 전능자의 숨결이 사람에게 깨달음을 주시나니, 어른이라고 지혜롭거나 노인이라도 정의를 깨닫는 것이 아니니라."(욥32:8-9)라고 했다. 누구나 깨달음을 받아 다 같이 새 생명으로 다시 탄생해야 하고, 모두가 이렇게 되면 먼저 된 사람이냐 나중 된 사람이냐 하는 구별이 없이 모두 하나가 된다.

공관복음에도 예수님이 어린아이와 관련된 말씀을 하는 구절이 있다. "어린이들이 내게 오는 것을 허락하고, 막지 말아라. 하늘나라는 이런 어린이들의 것이다."(마19:14) 다만 공관복음에서는 실제로 예수님에게 다가왔던 아이들, 걸어서 올 수 있을 만큼 큰 아이들을 언급한 것에 비해, 〈도마복음〉에서는 생후 7일밖에 안 된 갓난아기를 두고 말씀하신다는 차이가 있다.

유대인 남자 아기는 8일째에 할례를 받는데, 7일밖에 안 되었다는 것은 아직 할례도 받지 않은 갓난아기를 뜻한다. 할례 전이기에 아직 남녀의 구별을 공인하기 전인 완전한 상태라 볼 수 있다. 〈마태복음〉과 〈누가복음〉에 나오는 예수님의 말씀 "하늘과 땅의 주인이신 아버지, 이 일을 지혜 있고 똑똑한 사람들에게는 감추시고, 어린아이들에게는 드러내주셨으니, 감사합니다."(마11:25, 눅10:21)를 연상시킨다. 《도덕경》에도 "덕을 두터이 지닌 사람은 갓난아이와 같습니다."(55장)라고 하였다. 물론 이 모든 경우 '갓난아기'란 자연적인 갓난아기라기보다 영적으로 새로 태어나서 영적으로 갓난아기가 된 사람, 그리하여 남녀·선악·미추·시비 등 이분법적 의식을 넘어선 합일의 사람이라 보아야 할 것이다. 이 문제에 대해서는 제22절에 좀 더 구체적인 언급이 있으니, 그 절에서 더욱 상세히 다루기로 한다.

바로 앞에 있는 것을 깨달으면

예수께서 말씀하셨습니다.
"여러분 바로 앞에 있는 것을
깨달으십시오. 그러면 감추어졌던 것이
여러분에게 드러날 것입니다.
드러나지 않을 것은 하나도 없습니다.
〔묻혀진 것으로서 올라오지 않을 것은
하나도 없기 때문입니다.〕"

Jesus said, "Know what is in front of your face, and what
is hidden from you will be disclosed to you. For there is
nothing hidden that will not be revealed. [And there is
nothing buried that will not be raised.]"

한 가지 재미있는 사실은 여기 "감추어졌던 것이 여러분에게 드러날 것입니다. 드러나지 않을 것은 하나도 없습니다. [묻혀진 것으로서 올라오지 않을 것은 하나도 없기 때문입니다.]" 하는 말은 〈도마복음〉을 비롯한 나그함마디 문서의 운명 자체에 대한 언급 같기도 하다는 것이다. 박해로 1,600년이나 땅 밑에 감추어져 있었지만 결국 1945년에 만천하에 드러나지 않았던가.

공관복음에도 "덮어 둔 것이라고 해도 벗겨지지 않을 것이 없고, 숨긴 것이라 해도 알려지지 않을 것이 없다."(마 10:26)라는 말이 있지만 문맥이 다르다. 여기 〈도마복음〉 본문에서 '감추어졌던 것'이란 물론 '하느님 나라의 비밀'이다. 그런데 우리 '바로 앞에 있는 것을 깨달으면' 이 하느님의 나라 비밀을 알 수 있다고 했는데, 여기서 '바로 앞에 있는 것'이 무엇일까? 이 현상세계에서 우리가 오감으로 감지할 수 있는 현상적인 사물들일까? 그렇게 풀어도 좋다. 개별적인 사물을 궁구함으로써 그것들의 근원이 되는 궁극 실재를 알아볼 수도 있기 때문이다. 이른바 귀납적歸納的 접근법이라 할까.

한편, 우리 존재의 근원이 되어 지금 우리의 존재를 가능하게 해주는 바로 그 근원, 궁극 실재, 하느님을 우리 '바로 앞에 있는 것'으로 이해해도 무리가 없을 것이다. 우리가 지금 이 분별의 세계, 이 이분二分의 세계에서 헤매고 있지만, 천국이, 궁극 실재가, 궁극 진리가 지금 여기에, 내 바로 앞에, 내 안에 있다는 이 기본적인 사실을 체험적으로 깨달아 알기만 하면, 지금까지 깜깜하던 모든 것이 훤히 드러날 것을 말하고 있기 때문이다. 우리의 미망 때문에, 우리의 무지 때문에, 우리의 이기적인 자아 때문에 그대로 감추어져 있을 뿐이지, 일단 하느님 나라의 비밀을 아는 깨달음에 이르면, 드러나지 않을 것도, 땅속에 묻혀 있을 것도 없다.(막4:22, 마10:26, 눅12:2, 눅8:17 등 참조)

《도덕경》에도 "어머니를 알면 그 자식을 알 수 있습니다."(52장)라고 했다. 우리의 어머니로서, 존재 근원으로서, 우리 바로 앞에, 옆에, 아래, 위에 있는 그 도道를 알면 모든 현상을 꿰뚫어 알 수 있다는 뜻이다. 신유학新儒學의 주자朱子도 사물을 궁구하고 앎을 극대화하는 '격물치지格物致知'의 과정에서 모든 사물에 관통하고 있는 이理를 알게 되는 것이 관건이라고 했고, 육상산陸象山은 우리가 알아야 할 근본적인 것이 마음이라고 했다. 모두 똑같은 것은 아니지만, 우리의 영적 추구에서 근본적인 것을 깨닫는 것이 중요함을 가르쳐준다는 면에서는 대동소이한 것 아닌가.

마지막 구절 '묻혔다가 올라온다'는 표현은 나그함마디 사본에는 없고 그리스어 사본에만 있는데, 죽었다가 부활한다는 뜻으로 풀이될 수 있다. 진리를 깨달음으로써 옛 나에서 죽고 새로운 나로 부활한다거나, 묻혀져 잊어버리고 있던 나의 참 자아가 재발견되고 되살아난다고 볼 수 있다. 카를 융Carl Jung (1875~1961)이 말하는 심리학 용어로 표현하자면, 내 속에 묻혀 있던 무의식의 세계가 다시 올라온다는 사실을 재삼 강조하는 뜻으로도 풀 수 있을 것이다.

금식을 할까요?

예수의 제자들이 그에게 물었습니다.
"우리가 금식을 할까요?
어떻게 기도해야 합니까?
구제해야 합니까?
음식을 어떻게 가려 먹어야 합니까?"
예수께서 말씀하셨습니다.
"거짓말하지 마십시오. 싫어하는 것을
하지 마십시오. 모든 것이 하늘 앞에서는
드러날 것이기 때문입니다.
결국 드러나지 않을 비밀도 없고,
나타나지 않고 있을 숨김도 없습니다."

His disciples asked him and said to him, "Do you want us
to fast? How should we pray? Should we give to charity?
What diet should we observe?" Jesus said, "Don't lie, and
don't do what you hate, because all things are disclosed
before heaven. After all, there is nothing hidden that will
not be revealed, and there is nothing covered up that will
remain undisclosed."

예수님의 대답은 제자들이 한 네 가지 질문에 대한 직접적인 대답이 아니다. 네 가지 질문에 대한 대답은 14절에 나온다. 그럼 여기 동문서답처럼 나오는 예수님의 말씀은 무엇인가? 유대교에서 중요하게 여기는 금식禁食이나 기도, 구제救濟, 음식을 가려 먹는 문제보다 더욱 중요하고 우선적인 것이 있다는 이야기다. 그것이 바로 거짓 없이 나 자신에게 진정으로 솔직해지는 것이라는 뜻이다. 깊은 내면의 소리, 양심의 소리, 참나의 소리, 내 속에 계신 하느님의 세미한 소리에 귀 기울이고 거기에 거짓이 없이 성실하게 반응하는 것이 모든 외부적이고 형식적인 종교 행위에 우선한다는 것이다. 이런 형식적 종교 행위를 내심 싫어하면서도 남의 눈을 의식하여, 그 외에 경제적·사교적·정치적·종교적·직업상의 이유로 좋아하는 척, 따르는 척하지 말아야 한다는 것이다. 가면이고 위선僞善이기 때문이다.

공자님은 이런 솔직한 태도를 '직直'이라 했다. 영어로는 'straightforwardness'라 번역한다. 이런 솔직함을 바탕으로 하고, 이를 예禮로 조절할 수 있는 사람이 인仁의 사람, 곧 '사람됨humanity'을 갖춘 사람이라고 했다. 자기를 속이지 않고 자기의 호불호好不好를 분명히 알아야, 내가 좋아하지 않는 것을 남에게도 하지 않는 '기소불욕 물시어인己所不欲 勿施於人'을 실천할 수 있고, 나아가 '남에게 대접을 받고자 하는 대로 남을 대접하라'(마7:12)는 이른바 '황금률黃金律, golden rule'을 실천할 수 있는 것 아닌가.

여기서 또 한 가지 중요한 사실은, 이렇게 나 자신이나 남을 속이는 일을 하지 않는 것이 나중에 하느님의 심판과 형벌 받을 것이 두려워서 하는 일이 아니라고 하는 것이다. 속이고 감추어봐야 쓸데없고, 결국은 모든 것이 저절로 드러나기 때문이다. 또 내 행동의 결과는 나중 하늘이 내리는 보상이나 형벌의 문제가 아니라, 오늘 나 자신의 삶에 긍정적으로든 부정적으로든 그대로 드러남으로써 나의 삶에 영향을 주고 있다는 사실을 명심하라는 것이다.

사람이 사자를 먹으면

예수께서 말씀하셨습니다.
"사람에게 먹힘을 당하는 사자는
행복합니다. 그 사자는
사람이 되기 때문입니다.
사자에게 먹힘을 당하는 사람은
불행합니다. 그 사자도
사람이 되기 때문입니다."

Jesus said, "Lucky is the lion that the human will eat, so
that the lion becomes human. And foul is the human
that the lion will eat, and the lion still will become
human."

이런 난해한 구절은 읽기에 따라 여러 가지로 풀이될 수 있다. 아프리카 선교사로 갔던 사람이 사자에게 잡혔다. 이제 죽었구나 하고 엎드려 있는데, 사자가 자기를 먹지 않고 가만히 있는 것이 아닌가. 어떻게 된 것인가 하고 살짝 눈을 떠서 올려다보니 사자가 식사 기도 중이더라는 우스개 이야기가 있다. 이 선교사가 결국 사자에게 먹힘을 당했는지 모르지만, 만약 그랬다면 이 선교사가 불행한 사람이라는 것은 불문가지.

물론 이런 문자적 차원은 넘어서야 할 것이다. 이 절에서 말하려고 하는 것이 우선 우리 속에 내재하는 '사자됨'과 '사람됨'이라는 두 가지 힘의 상호 관계에 관한 것이라고 볼 수 있다. 여기서 '사자'는 무엇을 상징하는 것일까? 우리 속에 있는 길들지 않은 야수성野獸性, 즉 정욕·무지·탐욕 같은 것을 가리킨다고 볼 수 있다. 우리가 우리 속에 있는 이런 야수성의 존재를 인식하고, 이를 잘 길들이고 극복하면 그 야수성도 결국 우리가 새 사람으로 변화되는 과정에서 우리에게 도움이 된 셈이고, 어느 면에서 우리의 일부로 동화된 셈이기 때문에 그 사자는 행복한 사자일 수 있다. 반대로 우리가 우리 속에 있는 이런 정욕·무지·탐욕 같은 야수성에 잡아먹히면, 물론 우리는 우리가 가진 인성이나 신성을 발현할 기회를 잃어버리는 셈이니 불행하게 되는 것이 당연하다.

그런데 전체 문장 구조로 보아서는 마지막 문장에서 사자에게 먹힘을 당하는 사람이 불행하게 되는 이유가 그 사람이 사자가 되기 때문이라 해야 할 것 같은데, 본문에서는 사람을 잡아먹은 "그 사자도 사람이 되기 때문"이라고 한다. 사람이 되는데 왜 불행하다 하는가? 구태여 의미를 붙이자면 그 사자가 사람을 잡아먹고 사람 행세를 한다는 뜻이 아닐까? 다 같이 사람의 모양을 가진 사람이지만 한편에는 야수성을 이기고 참사람이 된 사람이고, 다른 한편에는 야수성에 정복당하고 껍데기만 사람 모양을 했을 뿐, 속으로는 아직 사자 같은 야수성을 그대로 가지고 다른 사람들을 계속 잡아먹으려 하기 때문이라 볼 수 있지 않을까. 이런 사람도 사람이긴 하지만 아직도 사자 같은 사람으로 머물러 있을 수밖에 없기에, 우리 속에 있는 신성을 완전히 발현하지 못하고 있는 사람이라 할 것이다. 그러니 불행할 수밖에 없지 않은가?

The Gospel of Thomas

도마복음 한글역주
2

2

본래의
근원으로
되돌아
가라

물고기들을 잡아 올린 지혜로운 어부와 같으니

예수께서 말씀하셨습니다.
"사람이란 자기 그물을 바다에 던져
바다에서 작은 물고기들을 잔뜩 잡아
올린 지혜로운 어부와 같습니다.
그 지혜로운 어부는 물고기들 중
좋고 큰 고기 한 마리를 찾았습니다.
다른 작은 고기들을 다 바다에 다시
던졌습니다. 그래서 큰 물고기를
쉽게 골라낼 수 있었습니다.
여기 두 개의 들을 귀 있는 이들은
잘 들어야 합니다."

And he said, "The person is like a wise fisherman who cast his net into the sea and drew it up from the sea full of little fish. Among them the wise fisherman discovered a fine large fish. He threw all the little fish back into the sea, and easily chose the large fish. Anyone here with two good ears had better listen!"

〈마태복음〉(13:47-48)에도 그물로 잡아 올린 물고기 이야기
가 나오는데, 거기서는 '좋은 것은 그릇에 담고, 나쁜 것은
내다 버린다'고 하면서, 이를 선한 사람과 악한 사람을 갈
라놓는 최후의 심판과 연결시키고 있다. 〈도마복음〉서에는
심판 이야기가 없다. 따라서 이것을 심판과 연관시킬 수는
없다. 그러면 여기 이 이야기는 우리에게 무엇을 말해주려
하는가?

　우리는 모두 어부다. 그런데 보통의 어부는 그물에 올라
오는 물고기를 다 잡아 온다. 이른바 저인망 방식으로 싹
쓸이까지 한다. 이것이 세상에서 소위 성공한 사람이 취
하는 전형적 태도다. 그러나 여기 나오는 '지혜로운 어부'
는 큰 고기 한 마리를 위해 다른 고기들은 뒤로할 줄 아는
사람이다. 땅에 숨겨놓은 보물을 찾으면 기뻐하며 집으로
돌아가 '가진 것을 다 팔기'로 한 농부나, '값진 진주 하나
를 발견하면 가진 것을 다 팔아' 그것을 사는 장사꾼과 같
은 사람이다(마13:44-46). 이런 비유는 〈도마복음〉 제76절
에도 나온다. 또 완전히 똑같은 이야기는 아니지만 《장
자》에서도 "물고기 잡는 틀은 물고기를 잡기 위한 것. 물
고기를 잡았으면 그것을 잊어야 합니다."(26:13)라고 했다.
이른바 '득어망전得魚忘筌'이다. 물고기가 중요하기에 다

른 것은 잊어버리라는 뜻이다.

그러면 이 세상에서 가장 좋은 '물고기' '보물' '진주'는 무엇인가? 신학자 폴 틸리히Paul Tillich (1886~1965)의 표현대로 우리의 '궁극관심ultimate concern'이라는 것은 무엇인가? 〈도마복음〉에 의하면 물론 하느님 나라의 비밀을 아는 것, 곧 내 속에 계신 하느님의 현존, 나의 참나를 발견하는 것이다. 이 근본적인 것, 궁극적인 것을 깨닫고 발견한 '지혜로운 사람'은 다른 모든 것에 대한 관심을 버린다. 물질적인 것이나 사회적인 것만이 아니라 정신적인 것에 있어서도 잡다한 상식이나 이론이나 견해나 관념이나 범주나 논리에 얽매여서는 안 된다는 것을 안다. 이런 선입관에 입각한 앎을 뒤로할 때만 참된 앎, 진정한 깨침, 반야般若의 지혜가 있을 수 있기 때문이다.《도덕경》에도 "도의 길은 하루하루 없애가는" "일손日損"의 길이라고 했다(48장). 우리가 가진 일상적 견해를 깨끗이 비워야 도를 체득할 수 있다는 뜻이다. 예수님의 표현을 쓰면, "성전을 청결케 하심", 나아가 아주 "성전을 허는 것"(요2:13-19)이기도 하다.

한편 〈도마복음〉이 모든 사람을 위한 가르침이 아니라는 입장에서도 풀이될 수 있다. 물고기가 물에서 살고 있듯 인간은 물질세계에 살고 있다. 그래서 '사람 낚는 어부'라는 표현이 있듯, 사람을 물고기에 비유하는 경우가 있다. 도를 깨친 지혜로운 어부가 사람을 건져 올리면, 그중에서 자기의 가르침을 받아들일 준비가 된 큰 물고기만 고르고 나머지는 그대로 놓아준다는 뜻일 수 있다. 출애굽 당시 아직도 이집트(애굽)의 고기 가마를 그리워하던 이스라엘 사람들, 아직도 불타는 소돔 성을 잊지 못하고 뒤돌아서던 롯의 처와 같은 사람들은 어쩔 수 없이 계속 광야를 헤매거나 거기 소금 기둥으로 남아 있을 수밖에 없다. 하느님 나라의 비밀은 아무에게나 주어질 성질의 것이 아니다. 진주를 돼지에게 주면 돼지가 진주를 알아볼 수 없을 뿐만 아니라 돼지가 그것을 준 사람도 짓밟고 물어뜯는다고 했다(마7:6). 그러기에 하느님 나라의 비밀은 일차적으로 그것을 받아 정말로 고마워할 마음의 자세가 갖추어져 있는 이들에게만 주어지는 '감추어진 가르침esoteric teaching'이다. 들을 귀가 있는 이들만이 그 깊은 속을 알 수 있기 때문이다.

씨를 한 줌 쥐고 뿌리는데

예수께서 말씀하셨습니다.
"보십시오. 씨 뿌리는 사람이
밖으로 나가 씨를 한 줌 쥐고 뿌리는데,
어떤 것은 길에 떨어져 새가 와서
쪼아 먹었습니다. 또 어떤 것은
돌짝밭에 떨어져 땅에 뿌리를 내리지
못하므로 곡식을 내지 못했습니다.
또 어떤 것은 가시덤불에 떨어져
가시덤불에 숨통이 막히고 벌레들에게
먹히었습니다. 또 어떤 것은 좋은 땅에
떨어져 좋은 열매를 맺었는데,
육십 배, 백이십 배가 되었습니다.

Jesus said, "Look, the sower went out, took a handful (of seeds), and scattered (them). Some fell on the road, and the birds came and gathered them. Others fell on rock, and they didn't take root in the soil and didn't produce heads of grain. Others fell on thorns, and they choked

the seeds and worms ate them. And others fell on good
soil, and it produced a good crop: it yielded sixty per
measure and one hundred twenty per measure."

공관복음에도 나오는 비유인데, 문자적으로 보면, 이런 멍
청한 사람이 어디 있을까 하는 생각이 든다. 씨가 얼마나
귀한 것인데 함부로 뿌려 길이나 돌짝밭이나 가시덤불 같
은 데 떨어지게 한단 말인가? 더구나 요즘처럼 기계나 비행
기로 뿌리는 것도 아니고 직접 손에 쥐고 뿌리는 것인데….
또 씨가 열매를 맺어 겨우 60배, 120배의 결실뿐이라면 그
농사는 망하는 농사가 아닌가? 좁쌀을 보면 수만 배, 수십
만 배의 결실인데… 하는 등의 생각을 할 수 있다.

　우선 생각할 수 있는 것은 하느님 나라 복음의 심오한
뜻, 곧 하느님 나라 비밀을 조심성 없이 함부로 아무 데나
뿌려서는 안 된다고 하는 것이다. 앞에서 여러 차례 지적
한 것처럼, 특히 제8절에서 좋고 큰 물고기만 남겨두고 나
머지는 다시 돌려보낸다고 한 것처럼, 하느님 나라의 비밀
은 모든 사람을 위한 것이 아니다. 길이나 돌짝밭이나 가
시덤불 같은 사람, 받아들이려는 열린 마음도 없고 '들을
귀'도 없는 사람, 일방적으로 주어진 교리나 선입견으로

꽉 막힌 사람, 일상사에 정신이 나가 영적인 것에 전혀 관심을 쏟을 수 없는 사람에게는 주어봐도 헛일에 불과하거나 심지어 역효과까지 날 수 있다는 것이다.

씨를 뿌릴 때 여기 나오는 씨 뿌리는 자처럼 실수하지 말고, 될 수 있는 대로 옥토沃土에 던져서 소기의 열매를 얻도록 하라는 말씀일 수 있다. 옥토는 물론 씨를 받아 발아시키고 열매를 맺도록 할 준비가 된 사람들이다. 옥토가 씨를 받아 발아시키고 열매를 맺는 것은 자신만을 위한 것이 아니라 이를 다른 사람들과 나누기 위함이라는 사실도 함께 기억할 필요가 있다. 그야말로 '상구보리上求菩提 하화중생下化衆生'-보살菩薩 정신의 실현이다.

또 다른 뜻은 찾을 수 없을까? 물론 여기서 '씨'는 말씀이나 진리의 가르침 같은 것을 상징한다고 볼 수 있다. 그러나 종교사적으로 볼 때 여러 종교에서 '씨'는 인간 속에 있는 '신의 씨앗' 곧 신성神性의 상징으로 나타난다는 데 주목할 필요가 있다. 류영모柳永模 (1890~1981) 선생님은 하느님이 세상을 이처럼 사랑하셔서 '독생자'를 보내셨다(요한3:16)고 하는 것을, 각 사람에게 하느님의 씨를 넣어주셨다고 풀이했다. 중세 시대 그리스도교 신비주의자들도 우리 속에 있는 '씨앗'을 강조했다. 누구에게나 이런 '신의 일부that part of God' '로고스Logos' '그리스도' '신의 불꽃'이 있지만, 지금 나의 지적·영적 상태나 태도가 어떠한가에 따라 내 속에 있는 씨앗이 지닌 가능성을 발현하지 못하고 사장死藏되거나 시들어 없어져버리게 할 수도 있고, 열린 마음으로 잘 받아들여 발아하고 풍성한 열매를 맺게 할 수도 있다. 물론 신성이 어떻게 없어질 수 있을까 생각할 수도 있지만, 씨앗이 발아하지 못하면 없어진 것과 같지 않을까?

불교에도 '여래장如來藏, tathāgatagarbha'이라는 가르침이 있다. 우리는 모두 여래, 곧 부처님 혹은 '깨달은 이'가 될 수 있는 '장藏'을 가지고 있다고 한다. 여기서 '장'이란 '자궁'이라는 뜻과 '태아'라는 뜻을 함께 가지고 있다. 따라서 우리는 모두 우리 속에 깨달음에 이를 수 있는 공간과 씨앗을 함께 가지고 있다는 것이다. 이 가능성을 실현하는 것은 우리 자신의 몫이다. 현실에서 모두가 다 부처님이 되지 않는다는 것은 돌짝밭, 가시덤불, 벌레 같은 장애물 때문에, 혹은 불교 용어로 '탐욕과 분노와 어리석음'이라는 '탐진치貪瞋癡' 삼독三毒 때문에 그 가능성이 실현되지 못한다는 뜻이기도 하다.

불을 지피다

예수께서 말씀하셨습니다.
"나는 세상에 불을 지폈는데, 보십시오.
나는 불이 붙어 타오르기까지
잘 지킬 것입니다."

Jesus said, "I have cast fire upon the world, and look, I'm
guarding it until it blazes."

모든 성인의 가르침이 가지고 있는 기본 특징 중 하나는 주어진 사회의 전통적 고정관념을 '뒤집어엎음subversiveness'이다. 표면적으로 평온한 사회에 평지풍파를 일으키는 것, 불을 지르는 것이다. 이런 혁명적인 뒤집어엎음이 처음에는 미미할 수밖에 없다. 불이 붙기까지 잘 지켜보고 피워야 한다. 그러나 일단 불이 붙어 훨훨 타오르면, 요원의 불길처럼 그 사회를 변혁시킬 수 있다.

그런데 예수님이 지르는 불이나 훨훨 타오르는 불은 사회적 변혁뿐 아니라 개인의 내면적 변화를 가져오는 불이라는 측면을 간과할 수 없다. 신약성경을 보면 세례 요한이 세례에 세 가지가 있다고 한다. 자기는 물로 세례를 주지만 자기 뒤에 올 분은 성령과 불로 세례를 줄 것이라고 했다(마3:11, 눅3:16). 물로 받는 것, 영으로 받는 것, 불로 받는 것, 세 가지다. 이는 우리의 영적 발전 단계를 상징하는 것이다. 물로 세례를 받은 사람은 새로이 그리스도교에 입문해서 하느님 나라의 '외적 비밀outer mysteries'을 알게 된다. 그리스도교가 가르쳐주는 죽음, 부활, 하느님 나라 등을 문자적으로 받아들이고 거기서 윤리적 지침이나 심리적 안위를 얻는 단계다.

여기서 한 단계 더 나아가 성령(바람)으로 세례를 받으면 하느님 나라의 '내적 비밀inner mysteries'을 알게 된다. 죽음, 부활, 하느님 나라 등의 가르침에서 문자적 뜻을 넘어 상징적·은유적·영적 차원의 뜻을 꿰뚫어 보게 된다. 거기서 더욱 발전하여 불로 세례를 받으면, 내 속에 있는 모든 부정적인 요소들을 깨끗이 태워버리고 완전한 깨달음gnōsis을 얻어 하나님과 하나 됨이라는 천지합일, 신인합일의 신비를 체득하게 되는 것이다. 예수님이 세상에 불을 질러 타오르게 하겠다는 것은 사람들에게 만물과의 합일을 체험하는 이런 궁극적 신비 체험을 가질 수 있도록 하겠다는 말과 같다.

〈누가복음〉에도 "나는 세상에다가 불을 지르러 왔다. 불이 이미 붙었으면, 내가 바랄 것이 무엇이 더 있겠느냐? 그러나 나는 받아야 할 세례가 있다. 이 일이 이루어질 때까지, 내가 얼마나 괴로움을 당하는지 모른다."(눅12:49)라고 했다. 개역개정에는 "내가 불을 땅에 던지러 왔노니 이 불이 이미 붙었으면 내가 무엇을 원하리요. 나는 받을 세례가 있으니 그것이 이루어지기까지 나의 답답함이 어떠하겠느냐."로 번역했다. 여기서 '받아야 할 세례'라는 것이 바로 불세례를 말하는 것이 아닌가. 세상이 모두 불로 세례를 받기까지 그가 받을 육체적 고통이나 심적 답답함이 오죽하겠느냐는 뜻이리라.

캐나다 출신의 정신과 의사로서 지금은 고전으로 여겨지는 《우주 의식Cosmic Consciousness》이라는 책을 쓴 리처드 모리스 버크Richard Maurice Bucke (1837~1902)라는 사람이 있다. 그가 영국에 있을 때, 어느 날 밤 친구들과 함께 휘트먼의 시를 읽고 깊은 감동을 받은 채 마차를 타고 집으로 가다가, 갑자기 마차가 화염에 휩싸이는 느낌을 받았다. 그는 이를 두고 '우주 의식'이 번쩍임을 경험한 것이라고 했다. 그에 의하면 '우주 의식'은 동물들의 단순 의식simple consciousness이나 우리 인간의 자의식self-consciousness과 다른 특수 의식으로서, 이런 우주 의식 속에 있을 때 우리는 '우주의 참된 생명과 질서', 그리고 인간이 신과 하나 됨을 경험하게 된다고 했다. 예수님이 지른 불, 온 세상에 옮겨붙기를 원하는 불이 리처드 버크가 체험한 이런 불이 아니겠는가. 이런 불은 우리를 밝혀주고, 변화시키고, 따뜻하게 한다.°

○　좀 더 자세히 알기 위해서는 톰 버틀러 보던 지음, 오강남 옮김,《내 인생의 탐나는 영혼의 책 50》(흐름출판, 2009), pp. 489-497 참조.

사실 어느 면에서는 예수님 자신이 불덩어리다. 〈도마복음〉 제82절에도 예수님은 "나에게 가까이 있는 사람은 불 가까이 있는 것이고, 나에게서 멀리 있는 사람은 그 나라에서 멀리 있는 것"이라고 했다. 예수님 가까이 있으면 그 불을 받아 불의 세례를 받고, 내 속에 있는 하느님 나라, 곧 하느님, 나의 참된 나와 가까이 있게 되는 것, 하나 되는 것을 깨닫게 된다. 예수님이 우리에게 중요한 것은, 무엇보다 예수님의 이런 면 때문임을 새로이 자각할 필요가 있을 것이다.

하늘은 사라질 것이고

예수께서 말씀하셨습니다.
"이 하늘은 사라질 것이고, 그 위에
있는 하늘도 사라질 것입니다. 죽은
사람들은 살아 있지 않고, 산 사람들은
죽지 않습니다. 여러분이 죽은 것을
먹는 날 여러분은 죽은 것을 살아나게 합
니다. 여러분이 빛 속에 있으면
여러분은 무엇을 하겠습니까?
여러분이 하나였을 때 여러분은 둘이
되었습니다. 그러나 여러분이 둘이 되면
여러분은 무엇을 하겠습니까?"

Jesus said, "This heaven will pass away, and the one above it will pass away. The dead are not alive, and the living will not die. During the days when you ate what is dead, you made it come alive. When you are in the light, what will you do? On the day when you were one, you became two. But when you become two, what will you do?"

오리무중이다. 지극히 이해하기 힘든 절이다. 몇 개의 생각들이 총알처럼 빠르게 하나씩 튀어나오고 있다. 더구나 그 생각들 사이에 내적 연관성을 찾기가 힘들다. 어쩌면 이런 불가사의한 말을 마구 쏟아내고 있는 자체가 우리의 안일한 사고를 뒤흔들어 정신을 차리게 해주려는 일종의 '충격 요법'이나 '화두話頭'인지도 모른다. 아무튼 천천히 음미해 보자. 화두는 일부러 의미를 찾으려 하면 안 된다고 하기는 하지만….

우선 하늘과 그 위에 있는 또 하나의 하늘이 없어질 것이라고 한다. 고대 문화 일반에서 보듯, 유대인들도 하늘에 여러 층이 있다고 보았다. 히브리어로 '하늘'이라는 말은 언제나 복수형으로 쓰이고 있다. 그래서 〈창세기〉 1장 1절 영어 번역도 "In the beginning, God created the heavens and the earth."이다. 바울도 자기가 '셋째 하늘'에 끌려갔다가 왔다고 했다(고후12:2). 아무튼 유대 전통에서 일반적으로 하늘과 땅은 없어지거나 변하지 않는 것을 대표한다. 《도덕경》 표현으로 '천장지구天長地久'다(7장). 그렇게 변하지 않는 하늘도 사라진다니, 세상에 변하지 않는 것은 하나도 없다는 뜻인가? 부처님의 '제행무상諸行無常, anitya'이나이나 기원전 6세기 말 그리스 철학자 헤라클레이토스Heracleitos의 '만유유전萬有流轉, panta rhei'과 같은 세계 관을 반영하는 것인가? 이 세상에서 변하지 않는 것은 '변화' 그 자체뿐이라고 한다. 이처럼 변하는 현상세계의 허망함이나 덧없음을 이야기하고 있는지도 모르겠다.

그런데 〈시편〉에 보면 "하늘과 땅은 모두 사라지더라도, 주님만은 그대로 계십니다."(시102:26)라고 하고, 〈마가복음〉에도 "하늘과 땅은 없어질지라도, 나의 말은 절대로 없어지지 않을 것이다."(막13:31)라고 했다. 주님 자신이나 예수님 말씀의 항존성을 강조하기 위해 하늘과 땅의 항구성을 강조한 셈이다. 그렇다면 〈시편〉이나 〈마가복음〉에서 하늘과 땅에 대해 언급하면서 주님이나 예수님의 말씀이 없어지지 않을 것임을 강조한 것처럼, 여기 〈도마복음〉에서는 하늘도 없어질 수 있지만 '죽은 사람은 살아 있지 않고 산 사람은 죽지 않는다'는 이 사실만은 절대로 변할 수 없다는 것을 강조한 셈인가?

"죽은 사람은 살아 있지 않다"라는 것은 너무나도 당연한 말이다. 이렇게 당연한 말을 그 귀한 파피루스 종이를 허비해가며 새삼스럽게 써놓았을 리는 없을 것이다. 약간 억지라 여겨질 위험을 안고라도 나름대로 의미를 찾아

본다면, '우리가 영적으로 새로 태어나 새로운 의식을 가지고 있지 못하다면, 우리는 죽은 사람들이다. 우리가 이렇게 영적으로 죽은 상태로 살아간다면, 비록 산다고 해도 진정으로 살아 있는 사람이 아니다. 영적으로 죽은 사람은, 육적으로 살아 있다 하더라도 살아 있지 않다.' 하는 식으로 이해할 수 있을 것이다. 이런 식으로 이해하면 다음에 나오는 "산 사람은 죽지 않는다"라는 말은 쉽게 풀린다. '지금까지 허상과 욕심을 가지고 살아가던 옛 내가 죽고 나의 참나를 깨달아 영적으로 새로 태어나 새 삶을 사는 사람은, 이제 육신적으로 죽어도 죽지 않는다.' 대략 이런 말이라 풀 수 있을 것이다. "죽기 전에 죽으면, 죽어도 죽지 않는다If you die before you die, you will not die when you die."라는 말이 있지만, 이런 문맥에서도 실감 나는 것 같다.

'죽은 것을 먹는 것은 죽은 것이 살아나게 하는 일'이라는 생각은 앞서 제7절에서 "사람이 사자를 먹으면 사자가 사람이 된다"라고 하는 말과 궤를 같이하는 것 같다. 우리가 깨침을 통해 새 사람이 되었을 경우, 우리가 죽은 것을 먹어도 그 죽은 것이 우리의 생명에 새롭게 동참하므로 되살아나게 되는 셈이다. 그러나 좀 더 깊이 들어가,

우리의 옛 사람이 죽고 새 사람으로 살아나는 것을, 죽은 상태에 있던 옛 사람을 먹고 그것이 다시 새 생명으로 살아나는 것으로 표현한 것이라 볼 수도 있을 것 같다(요 6:5-58).°

　다음에 이어지는 본문은 우리가 빛 속에 거하면 무엇을 하겠는가 묻는다. 이 질문은 이제 빛 속에 거하게 되었으니 빛을 비추거나 나누어주는 등 뭔가 행동이 따라야 하는 것 아닌가 하는 뜻으로도 풀 수 있고, 이제 빛 속에 거하게 되었는데 그 빛을 따를 뿐 다시 무슨 더 할 일이 있겠는가 하는 뜻으로 읽을 수도 있다. 양쪽 모두 가능한 해석이다. 첫 번째 해석은, 종교적 체험에는 반드시 '내가 여기 있나이다. 나를 보내소서.'(사6:8) 하는 등 동료 인간들을 위한 행동이 뒤따르기 마련이라는 생각을 반영한다. 두 번째 해석은, 깊은 종교적 체험을 가지게 된 사람은 자기가 나서서 설치는 대신 그저 '도구'로 쓰일 뿐이며, '무위無爲의

°　　이 점을 특히 강조한 이로 다석 류영모 선생을 들 수 있을 것이다. 그는 "혈육이 죽어서 다시 산다는 것보다 혈육을 양식 삼아 먹어서 새 생명을 일운다."라고 했다. 박재순,《다석 유영모》(현암사, 2008), pp. 75-83 참조.

위僞'를 실천하는 사람이 된다는 생각과 맞닿는 것이라 볼 수 있다. 이런 면에서 이 질문에 대한 대답은 두 가지 모두 가능한 셈이다.

이어서 우리가 '하나였을 때 둘이 되었다고' 선언하고, 둘이 되면 무엇을 하겠는가 다시 묻는다. 그 당시 사상계를 풍미하던 우주론cosmology에 기반을 둔 이야기를 하는 것이라 여겨진다. 고대 사상가 상당수는 태초에 분화되지 않은 완전한 '하나'가 있었는데, 이 하나가 분화되어 둘이 되고 셋이 되고 만물이 되었다고 보았다. "이제 완전했던 하나가 둘이 되어 불완전 상태로 떨어졌으니, 너희는 어떻게 하는 것이 마땅하뇨?" 하고 물어보는 것이라 풀 수 있다.

《도덕경》에도 "도가 '하나'를 낳고, '하나'가 '둘'을 낳고, '둘'이 '셋'을 낳고, '셋'이 만물을 낳았다."라고 하는 분화과정을 이야기하고 있고(42장), 우리가 그 근원으로 되돌아가면 고요와 쉼을 찾을 수 있다고 했다(12장). 신플라톤주의 철학에서도 이 현상세계는 '하나一者, to hen'에서 유출流出되었고, 지금 이 상태에서 우리가 할 것은 다시 하나로 '돌아가는 것'이라 본다. 본문에서 "무엇을 하겠는가?" 물어보는 것은, 이렇게 '둘'이 된 비본연의 상태에서 '본래의 순일성Primordial Symplicity으로 돌아가라' '본래의 근원으로 되돌아가라' '원시반본原始返本'하라고 촉구하는 말이라 할 수 있다. 《도덕경》에도 '되돌아감이 도의 움직임[反者道之動]'(40장)이라 하지 않았던가.

의인 야고보에게 가야

제자들이 예수께 말했습니다.
"우리는 당신이 우리를
떠날 줄 알고 있습니다.
누가 우리의 지도자가 됩니까?"
예수께서 그들에게 말씀하셨습니다.
"여러분이 어디에 있든지,
의인 야고보에게 가야 합니다.
하늘과 땅이 그를 위해 생겨났습니다."

The disciples said to Jesus, "We know that you are going
to leave us. Who will be our leader?" Jesus said to them,
"No matter where you are you are to go to James the Just,
for whose sake heaven and earth came into being."

야고보는 예수의 형제다. 〈마가복음〉에 의하면, 예수님이 고향으로 갔을 때 고향 사람들은 예수님이 가르치시는 것을 보고 놀라워하며 "이 사람이 마리아의 아들 목수가 아니냐. 야고보와 요셉과 유다와 시몬의 형제가 아니냐. 그 누이들이 우리와 함께 여기 있지 아니하냐."(막6:3)라고 했다. 야고보는 예수님의 공생애 기간에는 예수님을 따르지 않다가(요7:5), 예수님의 부활 후 예수님을 믿게 되었고, 그 후 예루살렘 교회의 최고 지도자가 되었다. 초대교회에서 베드로, 바울과 함께 가장 영향력 있는 지도자였다.

이 절에서는 예수님의 입을 빌려, 예수님이 떠나시고 안 계시면 그 후계자로 야고보를 받드는 것이 당연하다고 강조한다. 야고보를 '의인義人'이라고 한다. 유대 전통에서는, 소돔성의 멸망을 막아보려고 애원하는 아브라함에게 의인 열 명만 있어도 소돔성을 멸망시키지 않겠다고 하는 이야기에서 보듯, 의인 몇 사람만 있어도 세상이 망하지 않는다는 믿음이 있었다. 야고보는 하늘과 땅을 지탱할 만큼 의로운 사람이었다는 뜻이다.

그렇다면 야고보가 모든 면에서 가장 훌륭하기 때문인가? 제13절을 보면 그 대답은 '아니다'이다. '하늘과 땅'으로 대표되는 이 물리적 세상에서, 행정적인 면으로 지도력을 발휘한 것은 야고보였는지도 모른다. 그런데 다음 제13절에는 영적으로 가장 깊은 경지에 이른 것이 도마라는 뉘앙스의 이야기가 이어진다. 어쩌면 여기서 야고보를 언급함으로써 야고보와 도마를 대비시킨 다음, 도마의 영적 깊이를 더욱 부각하려 했던 것이 아닌가 하는 생각이 든다.°

° 초대교회에서 야고보의 위치와 지도력에 대해서는 Risto Uro, ed., *Thomas at the Crossroads: Essays on the Gospel of Thomas*(London: T&T Clark, 2003), pp. 84-88 참조.

나를 누구라 하느냐

예수께서 그의 제자들에게
말씀하셨습니다.
"나를 비교하여 내가 누구 같은지
말해주시오."
시몬 베드로가 그에게 말했습니다.
"당신은 의로운 사자使者와 같습니다."
마태가 그에게 대답했습니다.
"당신은 지혜로운 철인과 같습니다."
도마가 그에게 말했습니다.
"선생님, 내 입으로는
당신이 누구와 같다고
전혀 말할 수가 없습니다."
예수께서 도마에게 말씀하셨습니다. "나
는 자네의 선생이 아닐세.
자네는 내게서 솟아나는
샘물을 마시고 취했네."

그러고는 예수님이 도마를 데리고
물러가셔서 그에게 세 가지 말씀을
하셨습니다. 도마가 자기 동료들에게
돌아오자 동료들은 그에게
물었습니다. "예수님이 자네에게
무슨 말을 하셨는가?"
도마가 그들에게 말했습니다.
"예수님이 내게 하신 말씀 중
하나라도 자네들한테 말하면
자네들은 돌을 들어 나를 칠 것이고,
돌에서 불이 나와 자네들을
삼킬 것일세."

Jesus said to his disciples, "Compare me to something
and tell me what I am like." Simon Peter said to him,
"You are like a just messenger." Matthew said to him,
"You are like a wise philosopher." Thomas said to him,
"Teacher, my mouth is utterly unable to say what you
are like." Jesus said, "I am not your teacher. Because
you have drunk, you have become intoxicated from the
bubbling spring that I have tended." And he took him,
and withdrew, and spoke three sayings to him. When

Thomas came back to his friends they asked him, "What did Jesus say to you?" Thomas said to them, "If I tell you one of the sayings he spoke to me, you will pick up rocks and stone me, and fire will come from the rocks and devour you."

'너희는 나를 누구라 하느냐?' 하는 이야기가 공관복음서에도 나온다(막8:27-30, 마16:13-20, 눅9:18-21). 공관복음서에 나오는 이야기와 여기 〈도마복음〉에 나오는 이야기의 가장 중요한 차이점은, 공관복음서에는 베드로가 "선생님은 살아 계신 하나님의 아들 그리스도십니다." 하는 고백만 있을 뿐 '도마의 침묵'이 없다는 점이다. 도마는 왜 침묵했을까? 다른 제자들과 완전히 다른 각도, 다른 차원에서 예수님의 진면모를 이해하고 있었기 때문이 아닐까?

중국 선불교 전통에 속하는 《육조단경六祖壇經》에 나오는 이야기이다. 달마대사達磨大師가 소림사에 머물며 면벽面壁 참선을 한 지 9년이 지난 다음, 제자들을 불러놓고 각각 그동안 깨달은 바를 말해보라고 했다.

한 제자가 나와서 뭐라고 하자, 달마는 "너는 내 살갖을 얻었구나." 했다. 다음 제자가 나와 또 뭐라고 하자, "너는 내 살을 얻었구나." 했다. 또 다른 제자가 나와 뭐라고 하자 "너는 뼈를 얻었구나." 했다.

드디어 그의 수제자 혜가慧可가 나와 스승에게 경건하게 절을 올린 다음 가만히 서 있을 뿐 아무 말도 하지 않았다. 이에 달마는 그를 보고 "너는 나의 골수를 얻었구나." 했다.° 깨달음에도 정도의 차이가 있고, 구경究竟의 깨달음에 이르면 이를 말로 표현할 수 없음을 보여주는 예다. 여기 〈도마복음〉에서도 도마가 진리는 말로 할 수 없다는 것을 침묵을 통해 웅변적으로 말한 셈이고,°° 이를 통해 그의 '생수로 인한 술 취함' 혹은 깨침의 경지가 어느 정도인가를 보여준 것이다.

예수님이 도마에게 "나는 자네의 선생이 아닐세."라고 한 것은 또 무슨 뜻인가? 중국 고전 《장자》를 살펴보자. 공자의 제자 안회顏回가 공자에게 찾아와 이런저런 말로 자

° 오강남, 《불교, 이웃종교로 읽다》(현암사, 2006), pp. 239-240.
°° '생수를 마심'에 대해서는 〈요한복음〉 7:37 참조. 윌리엄 제임스는 그의 책 《종교적 경험의 다양성The Varieties of Religious Experience》에서 신비적 경험의 특징 네 가지 중 첫째가 바로 '말로 할 수 없음ineffability'을 깨닫는 것이라고 하였다. 다른 세 가지는 수동성passivity, 일시성transiency, 깨달음의 요소noetic quality이다.

신의 수행이 깊어진 것 같다고 보고하였다. 공자는 거기에 대해 특별히 관심을 기울이는 기색이 없었다. 그러다가 안회가 자기는 좌망坐忘, 즉 '앉아서 모든 것을 잊었다'고 하니 공자가 깜짝 놀라 "그게 무슨 말이냐?" 하고 묻는다. 안회가 '모든 앎을 몰아내고 잊어버리는 것'이라고 하자 공자는 안회를 보고 "청컨대 나도 네 뒤를 따르게 해다오." 하고 부탁한다.°°°

예수님이 도마에게 "나는 자네의 선생이 아닐세." 하는 말도 이런 문맥으로 이해할 수 있다. 제4절에서 언급한 것처럼, 달력의 나이와 관계없이 깊은 깨달음의 경지에 이른 사람이 바로 선생임을 극적으로 표현하는 말이다. 이런 깊은 경지에 이른 도마, 여기 표현대로 예수님이 주는 물을 마시고 완전히 '취한' 도마에게, 예수님은 이제 더 이상 선생님일 필요가 없고, 깨달음에 있어서 이제 둘은 동격임을, 그의 이름 그대로 '쌍둥이'임을, 선언한 셈이다. 제108절에도 "내 입으로부터 마시는 사람은 나와 같이 될 것이고, 나도 그와 같이 됩니다."라고 했다. 도마가 이런 경지에 이르

°°°   오강남 풀이,《장자》(현암사, 1999), pp. 313-316.

렸기에 예수님은 그를 데리고 나가 그에게만 특별한 비법을 전수할 수 있게 되었다.

예수님이 도마를 따로 불러 일러주었다는 그 비밀이라는 것은 또 무엇인가? 구체적으로 무엇이라는 언급은 없지만, 다른 제자들처럼 아직 완전한 깨달음에 이르지 못한 사람들이 들으면 기절초풍할 무엇, 심지어 그것을 전하는 사람을 돌로 쳐 죽일 수 있을 정도로 공분을 일으키는 엄청나고 혼란스러운 무엇이었음에 틀림이 없다. '궁극 진리'란 상식의 세계, 당연히 여겨지는 세계를 뛰어넘는 역설逆說의 논리일 수밖에 없기 때문이다. 《도덕경》에서는 "웃음거리가 되지 않으면 도라고 할 수가 없다."(41장)라고 했다. 진리를 듣고 돌로 쳐 죽이려는 것과 크게 웃는 것에는 차이가 있지만, 아무튼 진리가 보통 사람들이 이해하기에는 도무지 말이 안 되는 무엇이라는 것을 가리킨다는 점에서는 같다. 제2절에서 지적한 것처럼, 진리를 들으면 우선 '혼란스러워'지는 법이다.

한 가지 주목할 것은, 〈요한복음〉에서는 세 번씩이나 도마를 믿음이 없는 제자, 따라서 바람직하지 못한 제자로 묘사하고 있다는 점이다(요11:16, 14:5, 20:24). 〈요한복음〉이 쓰일 당시 〈도마복음〉을 따르는 그리스도인들이 있었기에, 이들을 반박하기 위해 도마를 격하하고 폄훼하는 이야기를 삽입한 것이 아닌가 보는 학자도 있다.° 아무튼 〈요한복음〉이 정경으로 받아들여진 이후 그리스도교 역사에서 2천 년 가까이, 도마는 '의심하는 도마doubting Thomas'로 알려지는 수모를 당하게 되었다고 볼 수 있다. 또 여기 〈도마복음〉에서는 궁극 진리 앞에서 침묵하는 이가 도마로 되어 있지만, 최근에 세상에 알려진 〈유다복음〉(2:22-31)을 보면 '유다'가 등장하여 "저는 당신을 보내신 이의 이름을 선포할 자격이 없습니다."라고 하고 있다. 중요한 것은, 도마든 유다든 '궁극 진리는 언설로 표현 불가능하다'는 것을 지적했다는 점이다.

°   앞에서 인용한 Elaine Pagels, *Beyond Belief*, pp. 70ff. 참조. 이 문제를 본격적으로 다루는 책으로 Gregory J. Riley, *Resurrection Reconsidered: Thomas and John in Controversy*(Minneapolis: Fortress Press, 1995)가 있다. 각 복음서들은 사실 12제자들 중 어느 특수한 한 제자를 돋보이게 하려는 시도를 하고 있다고 볼 수 있다. 공관복음은 베드로를, 〈요한복음〉은 '예수님이 사랑하는 제자'를, 〈막달라마리아복음〉은 물론 마리아를… 하는 식이다. 이 문제에 대해서는 Elaine Pagels and Karen L. King, *Reading Judas: The Gospel of Judas and the Shaping of Christianity*(New York: Penguin Books, 2007), pp. 33 이하를 참조할 것.

3

시작에서
끝을 보라

금식을 하면

예수께서 그들에게 말씀하셨습니다.
"여러분이 금식을 하면 여러분은
여러분 스스로에게 죄를 가져올
것입니다. 여러분이 기도를 하면
여러분은 정죄를 받을 것입니다.
여러분이 구제를 하면 여러분은
여러분의 영을 해하게 될 것입니다.
여러분이 어느 지방으로 가서 고을을
지날 때 사람들이 여러분을 영접해
들어가면 그들이 대접하는 대로 먹고
그들 중 아픈 사람들을 고쳐주십시오. 결
국 여러분의 입으로 들어가는 것이
여러분을 더럽히는 것이 아니라,
여러분의 입에서 나오는 것,
그것이 여러분을 더럽히는 것입니다."

Jesus said to them, "If you fast, you will bring sin upon yourselves, and if you pray, you will be condemned, and if you give to charity, you will harm your spirits. When you go into any region and walk about in the countryside, when people take you in, eat what they serve you and heal the sick among them. After all, what goes into your mouth will not defile you; rather, it's what comes out of your mouth that will defile you."

첫 부분은 제6절에서 제자들이 금식·기도·구제를 물어 본 질문에 대한 직접적인 대답에 해당한다. 그러나 바로 앞 절에 예수님이 도마를 따로 불러 말씀하신 세 가지 말씀이 라는 것이 여기 금식·기도·구제에 관계되는 말씀이 아닌 가 짐작할 수도 있다. 전통적으로 금식·기도·구제, 이 세 가지는 유대교의 핵심적인 종교 행위였는데, 〈도마복음〉의 예수님은 이런 외형적 종교 형식을 배격하고 있다. 물론 예 수님도 광야에서 40일 금식하고 기도했던 것으로 보아 금 식이나 기도 자체를 부정하는 것은 아닐 것이다. 다만 제도 화된 종교에서 형식적으로나 가식적으로나 기계적으로, 또 남 보라고 하는 그런 관행으로서의 금식·기도·구제를 거 부하신 것이라 보아야 할 것이다.

하느님 나라의 비밀, 감추어진 나라, 하느님을 찾고 나를 찾아 이미 하느님과 하나가 되었는데, 이제 와서 무엇이 모자라 다시 형식적·의례적으로 죄를 회개하는 금식, 하느님의 도움을 구하는 기도, 순종의 표시로 하는 구제 등이 필요하겠는가? 불필요할 뿐 아니라, 이런 것들에 매여 있다는 사실 자체가 하느님과 떨어져 있는 상태, 하느님을 잃어버린 상태, '죄 받고, 정죄 받고, 상한 영'의 상태에 머물러 있거나 그 상태로 되돌아가 있다는 뜻이라 보고 있다. 당당하게 율법주의적·형식주의적 종교로부터의 해방을 선언하고 있는 셈이다.

노자의 《도덕경》에서도 "대도大道가 폐하면 인仁이니 의義니 하는 것이 나선다."라고 했다. 그렇게 되어 "지략이니 지모니 하는 것이 설치면, 엄청난 위선이 만연하게 된다."(18장)라고 하였다. 유대교에서 가장 중요하다고 여기는 금식이나 기도나 구제, 그리고 유교에서 최고의 덕목으로 강조하는 인의仁義 같은 외형적 가치가 여전히 중요시되고 있다는 사실 자체는, 아직도 그 사회가 종교에서 이상으로 하고 있는 구경究竟의 경지에 이르지 못한 상태에 있음을 보여주는 역설적 증거라는 이야기다.

둘째 부분은 초기 예수님의 제자들이 고을마다 찾아가, 대접하는 대로 먹고, 병자를 고쳐주는 등 그들 활동의 일면을 보여준다. 그러나 이 구절에서 강조하려는 것은 '대접하는 대로 먹어라'라는 것이다. 바로 앞 구절에서 금식·기도·구제 등 형식주의적이고 율법주의적인 종교를 청산하라는 파격적인 말과 함께, 여기 이 말은 더욱 구체적으로 성서 〈레위기〉 11장에 나오는, 음식물 규례에 따라 음식을 철저히 가려 먹는 유대인들의 결벽주의적 '정결제도purity system'에서 벗어나라는 뜻이다. 불가佛家에서도 채식을 기본으로 했지만, 초기 불교에서는 '무엇이나 주는 대로 먹는다'는 것을 대원칙으로 삼았다.

왜 주는 대로 먹어야 하는가? 여기서 가장 큰 이유로 드는 것은, 입으로 들어가는 것이 문제가 아니라 입에서 나오는 것, 즉 마음에서 입을 통해 나오는 것이 더욱더 큰 문제이기 때문이라는 것이다. 종교적 삶에서 보다 중요한 관심사는 먹는 것 이상이라는 뜻이다. 예수님은 그 당시 유대인들 사이에 가장 중요시되던 정결제도를 무시하여 유대인들로부터 비난을 사기도 했다. 예수님에게 중요한 것은 얼마큼 깨끗하냐 하는 것보다 얼마큼 자비로운가 하는

것이었다.°

유대교에서 말하는 음식 가려 먹기 문제와 관련해서 한 가지 더 생각해볼 수 있는 것이 있다. 우리가 될 수 있는 대로 건강에 좋은 음식, 적절한 음식을 가려 먹는 것을 나쁘다고 할 수는 없다. 그러나 어떤 음식을 먹었을 때 이 음식이 내 건강에 끼치는 직접적인 영향보다도 이 음식이 내 건강에 좋은가 나쁜가 지나칠 정도로 신경 쓰는 것이 건강에 더욱 나쁠 수 있다는 사실도 염두에 둘 필요가 있다. 극단의 예를 들어 건강상 술을 마시면 안 될 사람이 술을 마시면 물론 몸에 해롭겠지만, '이 술을 마시면 안 되는데' 하는 걱정과 죄책감·좌절감 같은 것이 술이 인체에 직접적으로 끼치는 생물학적·영양학적 악영향 못지않게 해로울 수 있다는 것이다.

젊은 여성들 중 더러는 몸무게가 나가는 것이 겁이 나 음식을 기피하다가 음식을 아주 먹지 못하는 거식증拒食

°　이 '정결제도'에 대해서는 오강남 《예수는 없다》, 개정판(현암사, 2017), pp. 269-275를 참조할 수 있다.

症, anorexia에 걸려 생명에 위험을 초래하기까지 한다. 요즘 새로 생긴 조어로 'orthorexia(오소렉시아)'라는 것이 있다. 'ortho'는 orthodox(정통), orthodontics(치아교정)에 보이는 것처럼 '바름[正]'을 뜻하는 것이니, '정식증正食症'이라고 할까? 건강에 좋은 음식을 가려서 먹어야 한다는 강박관념 때문에 먹은 음식이 소화도 안 되고, 잘못된 음식을 한 젓가락이라도 먹었으면 그것 때문에 건강을 해치지 않을까, 종교적 계율에 어긋나 하늘나라에도 못 가는 것이 아닌가 걱정하고, 그러느라 결국 건강을 해치는 결과를 가져올 수 있는 경우에 적용하는 말이다.

종교적 이유로든 건강상의 이유로든, 먹을 것이나 못 먹을 것을 극단으로 따지는 사람과 식사를 해보라. 밥을 먹으면서 재미있는 이야기도 하고 웃음도 나누고 해야 할 시간에 이것 먹으면 안 된다, 그렇게 먹으면 안 된다, 이것이 좋다 뭐다 하는 잔소리나 건강 강의를 듣느라 그야말로 밥맛이 달아나고 밥 먹는 기쁨도 사라져버린다.

이런 것이 유대교의 형식주의 신앙에서 강요하는 음식 가려 먹기의 결과라면, 그런 신앙은 우리의 육체적·영적 건강을 해치는 일을 하는 셈이 아닌가. 〈도마복음〉의 예수

님은 우리가 관심을 가져야 하는 일이 이런 것 이상임을
말하고 있다. 무엇이나 감사하며 맛있게 먹을지어다.

이 제14절에서 우리는, 종교가 깊이를 더하면 지금까지
당연한 것으로 여기던 인습적이고 관행적인 것에 얽매이
지 않고 파격성, 뒤집어엎음, 우상타파iconoclasm 등의 특
성을 나타낸다는 역사적 사실의 실례를 보게 된 셈이다.
공관복음서에도 나오는 이야기(눅10:8-9, 막7:15, 마15:11)와
비교하면 그 특징이 더욱 뚜렷해진다.

여자가 낳지 아니한 사람을 보거든

예수께서 말씀하셨습니다.
"여러분이 여자가 낳지 아니한 사람을
보거든 엎디어 경배하십시오. 그분이
바로 여러분의 아버지이십니다."

Jesus said, "When you see one who was not born of woman, fall on your faces and worship. That one is your Father."

생물학적으로 볼 때, 모든 사람은 여자로부터 태어났다. 그러나 성령으로, 혹은 불로 다시 태어난 사람은 여자로부터 난 사람이 아니다. 제2 혹은 제3의 탄생은 생물학적·육체적 태어남이 아니기 때문이다. 이처럼 새로 태어남을 경험한 사람이 바로 아버지와 하나 된 사람, 그러기에 그가 바로 우리의 부모가 되고 우리의 경배를 받아 마땅한 분이라는 것이다.

〈마태복음〉에 보면, 예수님은 "여자가 낳은 사람 가운데서 세례자 요한보다 더 큰 인물은 없었다. 그런데 하늘나라에서는 아무리 작은 이라도 요한보다 더 크다."(마11:11)라고 했다. 여자가 낳은 사람 가운데 가장 큰 인물이 세례 요한이고 하느님 나라에 있는 이들은 요한보다 더 큰 인물이라고 했는데, 여기 〈도마복음〉 제15절에는 아예 이런 사람들은 여자가 낳은 사람들이 아니라고 할 정도로 차원이 다르다고 했다. 이 세상에서 아무리 위대하게 보여도, 심지어 세례 요한처럼 위대한 종교 지도자까지도, 결국 영으로 태어난 사람, 불로 다시 태어난 사람에 비하면 아무것도 아니라는 이야기다.

석가님도 여러 해 수행을 하여 부처님이 되는 성불의 체험을 했다. '성불成佛'이란 어원적으로 '깨침을 이룸' 혹은 '깨친 이가 됨'이란 뜻이다. '불' '부처' '붓다'는 모두 '깨친 이'라는 뜻이다. 이렇게 깨치는 경험을 하고도, '세상일에 집착하고 있는 일반 사람들이 자기의 가르침에 주목이나 할까? 주목한다고 해도 이해할 수가 있을까?' 의심하면서, 사람들에게 나가서 자기가 깨친 진리를 전할까 말까 망설이고 있었다. 그때 당시 최고신의 하나인 브라마Brahmā, 梵天가 내려와 그에게 경배하며, "세존世尊이시여, 진리를 가르쳐주소서. 수가타修伽陀시여, 진리를 가르쳐주소서. 눈에 티끌이 덜 덮인 중생들 중 진리를 듣지 못해 떨어져 나갈 이들이 있습니다. 그들 중 더러는 진리를 완전히 깨달을 수 있을 것입니다."(M.26)라고 하며 세 번씩이나 간원한다. 불교에서 '깨친 이'는 천상의 신도 경배할 만큼 위대하다는 것을 말해주는 대목이기도 하다. '불교'라는 말 자체가 '깨침을 위한 종교'라는 뜻임을 감안할 때 이런 일은 어느 면에서 당연한 것인지 모른다.

이 땅에 분쟁을

예수께서 말씀하셨습니다.
"사람들은 내가 세상에 평화를 주러
온 줄로 생각할지 모르겠습니다.
그들은 내가 이 땅에 분쟁을, 불과 칼과
전쟁을 주러 왔다는 것을 모르고
있습니다. 다섯 식구가 있는 집에
셋이 둘에게 맞서고, 둘이 셋에게
맞서고, 아버지가 아들에게 맞서고,
아들이 아버지에게 맞설 것입니다.
모두가 홀로 설 것입니다."

Jesus said, "Perhaps people think that I have come to
cast peace upon the world. They do not know that I have
come to cast conflicts upon the earth: fire, sword, war.
For there will be five in a house: there'll be three against
two and two against three, father against son and son
against father, and they will stand alone."

이를 문자적·표피적으로 읽고, 예수님을 따르면 실제로 칼을 들고 싸움을 하고 모든 식구와 불화하고 맞서야 한다고 생각하면 곤란하다. 예수님을 '평화의 왕'이라고 하는데 어찌하여 여기 〈도마복음〉뿐 아니라 성경에 있는 공관복음서에서도(눅12:51-53, 마10:34-36) 예수님이 평화를 주러 오신 것이 아니라 분쟁을 주러 오셨다고 하는가? 이에 대해 두 가지로 생각할 수 있다.

첫째, 〈요한복음〉에 보면 예수님이 "나는 내 평화를 너희에게 준다. 내가 너희에게 주는 평화는 세상이 주는 것과 같지 않다. 너희는 마음에 근심하지 말고, 두려워하지도 말아라."(14:27)라고 했다. 평화에도 예수님이 주는 바람직한 평화와 세상이 주는 바람직하지 못한 평화 두 가지가 있다는 뜻이다. 바람직한 평화는 정의가 강같이 흐를 때, 모든 사람이 서로 오순도순 사랑하고 도와주며 '근심이나 두려움이 없이' 살아가는 밝고 따뜻한 참된 평화요, 바람직하지 못한 평화는 강한 자가 약한 자에게 일방적으로 피해를 주거나 억눌러도 말 한 마디 못하는 상태, 불의를 보고도 '두려움과 근심' 때문에 눈감거나 동조할 수밖에 없을 때 있을 수 있는 무겁고 싸늘한 외형적 평화다. 첫째 종류의 평화는 우리가 추구하고 유지해야 할 것이지만, 둘째 종류의 평화는 단연히 배격하고 깨뜨려야 한다.

한 가지 극단적인 예를 들면, 어느 살인마가 초등학교 교정에 들어와 거기서 놀고 있던 어린아이들을 향해 마구잡이로 총을 난사하고 있다고 하자. 이때 주위에 있던 사람들이 가만히 보고만 서 있는 것이 평화일 수 있겠는가. 이런 바람직하지 못한 평화가 세상에 만연할 때를 상상해보라. 예수님 당시 '로마의 평화Pax Romana'라고 하는 것은 로마의 절대 철권 아래에서 모든 민족이 꼼짝 못 하고 있을 때만 가능했던 죽음의 평화였다. 예수님은 스스로 참된 평화를 주기 위해 이런 식의 평화를 종식시키려 오셨다고 선언한 것이 아닐까.

둘째, 하느님 나라의 비밀을 깨달은 사람들은 새로운 안목으로 사물을 보기 때문에, 상식의 세계에서 보는 사람들과 의견이 같을 수가 없다. 앞에서 몇 번 지적한 것처럼, 깨달은 사람들이 갖는 공통성 중 하나가 바로 고정관념이나 일상적 통념을 '뒤집어엎음subversiveness'이 아니던가. 따라서 이런 사람들은 어쩔 수 없이, 고정관념이나 통념을 우상처럼 받들고 거기 사로잡힌 사람들의 비위를 건드릴 수밖에 없다. 나아가 하느님 나라의 비밀을 깨달은 사람과 깨닫지 못한 사람 사이에서만이 아니라, 하느님 나라의 비밀을 깨달은 사람들 사이에서마저도 그 깨달음의 깊이에 차이가 있을 수 있다. 따라서 깨달은 사람은 어쩔 수 없이 모두가 이른바 '단독자'일 수밖에 없다.

이런 단독자 됨, 홀로 섬, 고독은 종교사를 통해 볼 때 선각자가 당면할 수밖에 없는 운명인 셈이다. 예수님도 사람들에게 '자기 멍에는 가볍고, 자기를 따르면 쉼을 주겠다'고 했지만, 그런 것을 이해하지 못하는 예루살렘을 내려다보시며 '우셨다'고 했다(눅19:41). 노자님도 자기 말은 이해하기도 실행하기도 쉽지만, 사람들이 이해하지도 실행하지도 않는 것을 보고 "나를 이해하는 사람이 이렇게 드문가."《도덕경》 70장) 하고 탄식했다. 공자님도 "아, 아무도 나를 이해하지 못하는구나… 하늘밖에 없구나."《논어》 14:37) 하고 한탄했다. 위대한 성인들의 실존적 고독을 말하는 대목이다.

마지막 구절 '홀로 서리라'는 여기 외에 제23, 48, 75절에도 나오는 표현으로, 이 '홀로'의 그리스어 'monachos(모나코스)'에서 영어의 독신 수도사를 뜻하는 'monk'와 수도원을 뜻하는 'monastery'라는 말이 나왔다고 한다. 수도원에서처럼 모여 살지만 내면의 세계에서는 어쩔 수 없이 단독자일 수밖에 없고, 결국에 가서는 이런 단독자 됨이 영적으로 앞서간 사람들의 영적 운명인지도 모른다.

한 가지 기억해야 할 것은, 이렇게 영적으로 앞서간 사람들이 홀로일 수밖에 없지만, 그렇다고 그들이 언제나 다른 사람들을 떠나 홀로만 살게 된다고 하는 뜻은 아니라는 것이다. 《도덕경》 4장에 '화광동진和光同塵'이라는 말이 나온다. 빛이 부드러워져 티끌과 하나 된다는 뜻이다. 성인들, 곧 깨친 사람들은 언제까지 고고하게 홀로 지내는 것이 아니라 결국에는 그 빛을 부드럽게 함으로써 일반 사람들과 섞여 하나가 된다는 뜻이다. 빛이 티끌과 하나 되어 우리와 함께 거한다는 '임마누엘Immanuel' 혹은 '육화肉化, in-carnation'의 논리다. 선불교에서 말하는 '십우도十牛圖'에도 구도자가 홀로 집을 떠나 소를 찾지만, 찾은 다음에는 다시 저잣거리로 나가 사람들과 함께한다는 '입전수수入廛垂手'가 그 마지막 그림이다. 서양 신비주의 전통에서 자주 말하는 '절대적 단독자를 향한 단독자의 비상the flight of the alone to the Alone'이 이루어짐으로써 얻을 수 있는 평화, 이 평화를 함께 나누려는 마음으로 다시 사람들을 찾게 된다는 이야기이리라.

눈으로 보지도 못했고

예수께서 말씀하셨습니다.
"나는 여러분에게
눈으로 보지도 못했고,
귀로 들어보지도 못했고,
손으로 만져보지도 못했고,
사람들 마음에 떠오르지도 못했던 것을
주겠습니다."

Jesus said, "I will give you what no eye has seen, what no
ear has heard, what no hand has touched, what has not
arisen in the human heart."

히브리어 성경 〈이사야〉에 "이런 일은 예로부터 아무도 들어본 적이 없습니다. 아무도 귀로 듣거나 눈으로 본 적이 없습니다."(64:4) 하는 말이 있고, 바울은 이를 인용하여 '비밀로 감추어져 있는 하나님의 지혜' '하나님께서 영세 전에 미리 정하신 지혜'를 두고 "눈으로 보지 못하고, 귀로 듣지 못하고, 사람의 마음으로 생각하지도 못한 것"(고전2:7-9)이라고 했다.

노자의《도덕경》14장에서도, 도道를 두고 '보아도 보이지 않는 것[夷], 들어도 들리지 않는 것[希], 잡아도 잡히지 않는 것[微]'이라고 했다. 초기 중국으로 간 서양 선교사들 중에는 이 세 글자가 '여호와'를 가리키는 것이라 생각하고 흥분한 적이 있다. 여기 〈도마복음〉에서 예수님이 우리에게 주시려는 선물도, 바울이 말하는 '감추어져 있는 하나님의 지혜'나《도덕경》에서 말하는 '도'처럼 인간의 일상적 감각이나 지각으로는 감지될 수 없는 궁극 진리를 뜻한다.

그런데 〈요한1서〉(1:1)에는 이와 반대로 "생명의 말씀은 태초부터 계신 것이요, 우리가 들은 것이요, 우리가 눈으로 본 것이요, 우리가 지켜본 것이요, 우리가 손으로 만져본 것입니다."라고 했다. 진리는 감추어져 있다고 했는데, 어찌하여 여기 요한 서신에서는 이처럼 우리가 듣고 보고 지켜보고 만져보기까지 한 것이라고 하는가? 이렇게 할 수 있는 관건은 예수님이 주시는 '깨달음'을 통해서이다. 성경의 용어를 빌리면 '성령'으로 눈이 뜨이는 것, 들을 귀가 열리는 것이다. 깨닫지 못한 사람에게는 진리가 감추어져 있는 것이지만, 깨달은 사람에게는 그것이 드러나 있다. 그러기에 신神 혹은 궁극 실재는 감추인 면deus absconditus(감추어진 신)과 드러난 면deus revelatus(계시된 신), 양면을 동시에 가지고 있다고 하지 않는가.

　이처럼 보이지도 않고, 들리지도 않고, 만져지지도 않도록 감추어진 것을 '주겠다'고 한 것은 결국 우리에게 깨침을 선물로 주시겠다는 놀라운 약속이다. 이런 약속을 신뢰하는 것이 바로 종교의 핵심 중 하나라 할 수 있을 것이다.

끝은 시작이 있는 곳에

제자들이 예수께 말했습니다.
"우리에게 말씀해주십시오.
끝이 어떻게 임할 것입니까?"
예수께서 말씀하셨습니다.
"여러분은 시작을 찾았기에
이제 끝을 찾는 것입니까?
보십시오. 끝은
시작이 있는 곳에 있습니다.
시작에 서 있는 사람은 행복합니다.
그는 끝을 알고
죽음을 맛보지 않을 것입니다."

The disciples said to Jesus, "Tell us, how will our end come?" Jesus said, "Have you found the beginning, then, that you are looking for the end? You see, the end will be where the beginning is. Congratulations to the one who stands at the beginning: that one will know the end and will not taste death."

그 당시 대부분의 유대인들이 그랬던 것처럼, 제자들도 세상이 어떻게 끝날 것인가, 아버지의 나라는 언제 어떻게 올 것인가 하는 등 종말에 대해 관심이 많았다. 알베르트 슈바이처Albert Schweitzer (1875~1965) 박사가 지적한 대로, 여기서 제자들이 이런 질문을 했다는 것은 그들도 당시 대부분의 유대인들과 마찬가지로 세상의 끝이 곧 올 것이라는 것, 초자연적인 메시아 나라의 도래가 임박하다는 것 등을 전제로 하는 이른바 '철저적 종말론thorough-going eschatology'의 입장에 서 있었음을 말해준다. 이렇게 미래에 올 종말이나 하느님의 나라를 염두에 둔 제자들의 질문에 예수님의 대답은 '시작도 모르면서 끝을 알려고 하느냐?' 하는 식의 나무람이었다. 이어서 끝은 시작이 있는 곳에 있으니 시작과 끝이 다르지 않다. 시작을 알면 저절로 끝도 알 수 있고, 그렇게 되면 죽음도 면할 수 있을 것이라고 답했다.

세계의 거의 모든 심층종교 전통에서 지적하는 것과 같이, 시작과 끝은 분리해서 생각할 수가 없다. 시작이 없는 끝은 있을 수 없고, 끝을 전제로 하지 않은 시작도 있을 수 없다. 시작과 끝은 상호 불가분·불가결의 관계를 가지고 있다. 출발이 없는 도착은 있을 수 없지만, 도착이 없는 출발도 상상할 수 없다. 이런 상호 의존, 상호 침투의 관계를

두고 화엄불교에서는 상즉相卽 · 상입相入의 관계라고 한
다. 깨치지 못한 일반 사람들은 《장자》에 나오는 '조삼모
사朝三暮四' 이야기의 원숭이들처럼 시작이나 끝을 따로
분리해서 어느 한쪽만을 보려고 한다. 제자들의 태도가 바
로 이랬기 때문에 예수님이 꾸짖으신 것이다. 시작에서 끝
을 보라고. 알파와 오메가를 동시에 보라고.

  여기서 '시작에 서 있으라'는 말은 사물의 분화分化가 있
기 이전, 〈창세기〉에 나오는 창조의 첫날 이전, 그 태고太
古의 시원始原으로 돌아가라는 말로 읽을 수도 있다. 만물
의 근원인 그 본래의 시작으로 돌아가는 것이 진정한 목표
의 완성이요, 생명의 근원이라는 말로 보아도 좋다. 신유
학新儒學에서는 만물이 분화한 '이발已發'의 상태와 그 이
전 아직 아무것도 분화하지 않은 원초적 '미발未發'의 상
태를 분간하는데, 이 절에서 말하는 '시작'이라는 것이 미
발의 상태를 두고 하는 말로 들리기도 한다.

  《도덕경》에서도 "세상만사에는 시작이 있는데, 그것은
세상의 어머니입니다. 어머니를 알면 그 자식을 알고, 그
러고도 그 어머니를 받들면, 몸이 다하는 날까지 위태로울
것이 없습니다."(52장)라고 했다. 만물의 어머니이며 시작

인 도道를 알면 현상세계의 흐름을 파악할 수 있고, 그렇게 함으로써 다시 근원인 도道로 돌아가 도와 하나 된 삶을 살면, 〈도마복음〉식 표현대로 "죽음을 맛보지 않을 것"이라는 이야기다.

역사적으로 그리스도교 종파들 중 상당수는, 여기 나오는 제자들처럼 세상의 '종말'에 최대의 관심을 기울여왔고, 아직도 기울이고 있다. 심한 경우에는 정확하게 몇 년 며칠에 세상의 끝이 올 것이라고 예언하거나 주장하기도 했다. 성경에서 말하는 '시간'에 대한 오해 때문이다. 신약성경에서 말하는 '시간'은 대부분 '카이로스kairos'로서 달력으로 따지는 연대기적 시간인 '크로노스chronos'와 상관이 없다. 카이로스를 구태여 옮긴다면 '타이밍timing'이라는 말에 가깝다. '호기好期' '적기適期'와 비슷하다. 아무튼 이 절이 가르쳐주고 있는 분명한 사실은, 우리의 최대 관심사가 '끝'에 관한 것이 아니라 '시원始原'에 관한 것이어야 한다는 것이다.

있기 전에 있는 사람은 행복

예수께서 말씀하셨습니다.
"있기 전에 있는 사람은 행복합니다.
여러분이 나의 제자가 되어
내 말에 귀를 기울이면
이 돌들이 여러분을 섬길 것입니다.
여러분들을 위해 낙원에 준비된
다섯 그루 나무가 있습니다.
이것들은 여름이든 겨울이든 변하지
않고, 그 잎도 떨어지지 아니합니다.
이를 깨닫는 사람은
죽음을 맛보지 않을 것입니다."

Jesus said, "Congratulations to the one who came into
being before coming into being. If you become my
disciples and pay attention to my sayings, these stones
will serve you. For there are five trees in Paradise for you;
they do not change, summer or winter, and their leaves
do not fall. Whoever knows them will not taste death."

'있기 전에 있음'이라는 역설적 표현은 '있음'에 두 가지 종류가 있음을 암시하고 있다. 하나는 모든 있음의 바탕으로 존재하는 그 원초적 근원으로서의 있음이고, 다른 하나는 그 원초적 근원으로서의 있음이 분화되어 여러 가지 현실적 형태로 나타나 있는 현실 존재로서의 있음이다. 이 원초적 있음을 중세 사상가들은 '순수 존재esse purus'라 표현하기도 했고 류영모 선생님은 '없이 있음'이라 하기도 했다. 이 근원으로부터 떨어져 나와 현실 존재로 살아가고 있는 우리 인간이 우리의 근원, 모든 '존재의 바탕ground of being'으로 되돌아갈 수 있다면, 그래서 그 원초의 '하나'와 하나 됨을 경험할 수 있다면 그것이야말로 지극한 행복이 아니겠는가 하는 내용이다. 원초의 '하나'에서 흘러나온 인간 존재가 그 본래의 하나로 되돌아갈 때 경험할 수 있는 '황홀경ekstasis'을 인생의 궁극 목적이라고 한 고대 신비주의 사상가 플로티노스Plotinos (약 205~270)의 생각과 맥을 같이 하고 있다.°

° 이집트에서 출생, 로마로 옮겨 활약했기 때문에 라틴어식 이름은 Plotinus. 영어권에서는 '플로타이너스'로 발음한다. 플로티노스에 관해서는 미국 라이스 대학교에서 박사학위를 받은 성해영 박사의 학위논문을 참조할 수 있다. Hae Young Seong, *A Happy Pull*

이런 경험을 구체적으로, 시적으로, 종교적으로 표현한 것이 바로 '귀향' '화해reconciliation' '재회reunion' '구속at-one-ment' 등이다.° 아니, '종교religion'라는 말 자체가 이렇게 근원으로부터 떨어졌던 내가 거기에 '다시 결합'한다는 뜻이 아니던가? 3세기 락탄티우스Lactantius (240?~320?)처럼 라틴어 'religio'가 어원적으로 're-legare(다시 결합하다)'에서 나왔다고 보는 이도 있었으니까.°°

아무튼 예수님의 제자가 되고 그의 말에 귀 기울이고, 여기 말한 것처럼 '있기 전의 있음'에 거하는 사람, 내 존재의 근원과 하나 된 상태에 있는 사람은 돌들의 섬김을 받을 것이라고 한다. 그뿐이 아니다. 에덴동산의 생명나무처럼, 여름이든 겨울이든 변하지 않고 잎도 떨어지지 않는

of Athene: An experiential Reading of the Plotinian Henosis in the En-neads and Its Significance for the Comparative Study of Religion(Rice University, May 2008).

° '죄'를 그리스 말로 '하마르티아hamartia'라고 하는데, '과녁에서 빗나갔다'는 뜻이다. 다시 과녁을 찾아가는 운동으로 활쏘기와 골프를 들 수 있다. 소외된 상태estrangement,alienation, 실향성homelessness에서 다시 과녁과 하나 되려는 운동이라 볼 수 있기 때문이다.

°° 라틴어 religio(종교)의 어원으로 're-legare'(다시 결합하다)와 함께 're-legere'(다시 읽다)라 주장하는 사람도 있었다.

푸른 나무가 그들을 기다리고 있다. 돌들이나 나무들뿐 아니라 이런 사람들을 위해서는 그야말로 '모든 것이 합력하여 유익함'(롬8:28)을 제공한다. 모든 것에서 구애받지 않는 자유인으로 우뚝 선다. 이렇게 '있기 전에 있음'을 깨닫는 것이 우리의 영적 사활을 좌우한다는 것을 여기서 다시 강조한다.

그 나라는 겨자씨와 같으니

제자들이 예수께 말했습니다.
"하늘나라가 어떠할지 저희에게
말씀해주십시오."
예수께서 말씀하셨습니다.
"그것은 겨자씨와 같으니,
모든 씨들 중 지극히 작은 것이나
준비된 땅에 떨어지면 큰 풀이 되어
하늘을 나는 새들의 쉼터가
될 것입니다."

The disciples said to Jesus, "Tell us what Heaven's
kingdom is like." He said to them, "It's like a mustard
seed, the smallest of all seeds, but when it falls on
prepared soil, it produces a large plant and becomes a
shelter for birds of the sky."

우리 속에 잠재적 상태로 있는 변화의 씨앗은 미미하기 그지없다. 그러나 그것이 적절한 때kairos를 맞거나 인연因緣을 얻으면 엄청난 변화를 일으킨다. 이런 변화의 엄청남을 시각적 크기로 비유한 것이 겨자씨가 큰 숲이 된다는 표현이다.

중국 도가道家의 고전《장자》첫 장 첫머리에 보면 '붕鵬새' 이야기가 나온다. 북쪽 깊은 바다에 작은 물고기 알 하나가 있었는데, 그것이 물고기가 되고 크기가 몇천 리인지 알 수 없는 큰 물고기로 변하고, 또 그것이 다시 등 길이가 몇천 리인지 알 수 없을 정도로 큰 붕새로 바뀌어 하늘로 힘차게 날아올라 남쪽 '하늘 못'으로 가는 붕정鵬程에 오른다는 이야기다. 우리 속에 있는 조그마한 가능성의 씨알이 엄청난 현실로 바뀔 수 있다는 것, 그것이 결국에는 대붕의 비상飛翔이 상징하는 초월과 자유를 누릴 수 있게 된다는 것을 말하는 비유다.°

세계 여러 종교 전통에서 가장 중요시 여기는 것 중 하

°   오강남 풀이,《장자》(현암사, 1999) 26-27 참조.

나가 바로 인간이 얻을 수 있는 이런 '변화transformation'의 체험이다. 그래서 비교종교학자 프레데릭 스트렝Frederick J.Streng 같은 사람은 '종교'를 두고 '궁극적 변화를 위한 수단a means to ultimate transformation'으로까지 정의했다.° 그리스도교에서 새 사람이 된다, 거듭난다, 새로운 피조물이 된다고 하는 말이나, 불교에서 성불한다, 부처님이 된다는 말이나, 유교에서 소인이 군자나 성인이 된다고 하는 것이 모두 이런 변화나 변혁을 각각의 전통에 따라 다른 각도, 다른 표현으로 말한 것이다. 물론 이런 변화는 궁극 실재를 봄, 깨달음으로 가능하게 된다. 우물 안 개구리가 바깥세상을 보면 이전의 개구리가 아니라 다른 개구리로 변화될 수밖에 없는 이치다.

한 가지 더 주목할 만한 것은 작은 겨자씨가 큰 풀이 되면, 그런 변화를 경험하게 된 당사자에게만 훌륭한 일일

° 그의 책 *Understanding Religious Life*, 3rd edition(1985), p. 2. 미국 신학자 Marcus J. Borg도 종래까지의 기독교를 '천당/지옥' 기독교라고 하고 새롭게 등장하는 기독교를 변화를 강조하는 기독교라고 했다. 한국어 번역판은 김준우 옮김,《기독교의 심장》(한국기독교연구소, 2009) 참조. 원제는 *The Heart of Christianity: Rediscovering a Life of Faith*(2003년).

뿐 아니라 '하늘을 나는 새들의 쉼터'를 제공해줘서 주위에도 좋은 것이 된다고 하는 사실이다. 유교 경전 《대학大學》에도 보면 '큰 배움[大學]'은 여덟 가지 단계로 구성되었는데, 그것은 사물을 궁구하고[格物], 깨달음을 극대화하고[致知], 뜻을 정성스럽게 하고[誠意], 마음을 바르게 하고[正心], 인격을 도야하고[修身], 가정을 살피고[齊家], 나라를 다스리고[治國], 궁극적으로 세계에 평화를 가져오는 일[平天下]이다. 여기서 볼 수 있는 것은 이런 배움의 단계 중 처음 다섯 단계는 자신의 변화를 위한 노력이지만, 나머지 세 단계는 가족과 이웃과 세계를 위해 도움을 주는 일이다. 앞에 나온 16절 풀이에서 언급한 것과 마찬가지로, 선불교에서 말하는 '십우도十牛圖'에서도 첫 번째 그림은 깨달음을 찾아 집을 떠나는 것으로 시작하는데, 완전한 깨달음에 이르는 변화를 얻은 다음, 마지막 열 번째 그림은 남을 돕기 위해 저잣거리로 나서는 '입전수수入廛垂手'의 그림이다. 신비적 경험을 통해 변화된 사람은 남에게 도움이 되는 사람임을 말해주는 몇 가지 사례라 할 수 있다.

여기서 주의해야 할 것은, 깨친 사람들이 사회에 무슨 도움을 주게 된다고 하여 반드시 직접 나서서 부산을 떨고 설쳐야 한다는 것이 아니라는 사실이다. 오히려 깨친 사람들은 사회에 나서지 않고 자기 자리에서 조용히 필요한 일을 하는 사람들이 많다. 그런데 이런 사실 때문에 그들을 보고 사회에서 분리되어 고고하게 스스로의 평화만을 즐기는 도피주의자들이라 오해하는 경우도 있다. 설령 깨친 사람들이 사회에 직접 뛰어들어 우리 눈에 뜨일 만큼 큰일을 이루어내지 않는 것처럼 보인다 하더라도 그들의 공헌을 적어도 두 가지 측면에서 생각할 수 있다. 첫째, 모두가 쓸데없이 부산을 떨며 흙탕물을 일으키는 이 혼탁한 세상에서 깨친 사람들만이라도 우선 흙탕물을 일으키지 않고 가만히 있으면 그만큼 사회가 덜 혼탁해지게 되는 것 아닌가. 둘째, 《장자》에 나오는 요堯 임금이 고야산에 사는 네 명의 신인神人들을 찾아가 뵙고 돌아오는 길에 분汾강 북쪽 기슭에 이르자 '망연자실茫然自失'했다는 이야기에서 볼 수 있듯, 깨친 사람들이 직접 나서지 않는다고 해도 요 임금같이 직접 나라를 다스리는 사람에게 영향을 주어 나라를 그만큼 좋게 만드는 데 공헌하게 될 수도 있는 일이다.

한 가지 더 알아두어야 할 것이 있다. 깨친 사람들은 모든 것과 하나 된 상태에서 만물과 함께 자연스럽게 어울려 물 흐르듯 흐르기 때문에, 구태여 뭔가 한다고 나서서 설치는 일을 하지 않는다는 것이다. 무위無爲의 상태에서 유유자적悠悠自適하며 살면 그 자체가 사람들에게 도움이 되는 것이다. 알프스산이 나서서 사람들에게 도움을 주려고 쏘다니지 않고도 사람에게 도움을 주고, 동네 정자나무가 사람들을 찾아다니지 않아도 많은 사람이 찾아와 그 그늘에서 쉼을 얻는 것과 같은 이치다.

도마복음 풀이
오강남 풀이

⊕

4

목숨처럼
눈동자
처럼

자기 땅이 아닌 땅에서 노는 어린아이들과 같아

마리아가 예수께 말했습니다.
"당신의 제자들은 무엇과 같습니까?"
예수께서 말씀하셨습니다.
"그들은 자기 땅이 아닌 땅에서 사는
어린아이들과 같습니다.
땅 주인들이 와서 말하기를,
'우리 땅을 되돌려달라' 하니,
그 어린아이들은 땅 주인 있는 데서
자기들의 옷을 벗어주고 땅을 주인에게
되돌려줍니다. 그러므로 제가 말합니다.
만약 집주인이 도둑이 올 것을 알면
그 주인은 도둑이 오기 전에 경계하여
그 도둑이 집에 들어와 소유물을 훔쳐
가지 못하게 할 것입니다. 그러므로
여러분은 세상에 대해 경계하십시오.
힘 있게 준비하여 도둑이 여러분 있는

곳에 들어가지 못하게 하십시오.
이것은 여러분이 예상하는 어려움이
닥칠 것이기 때문입니다. 여러분 중에
깨닫는 이가 있도록 하십시오.
곡식이 익어 거두는 자가 손에 낫을
가지고 속히 임하여 이를 거둘 것입니다.
두 좋은 귀 있는 사람들은 들으십시오."

Mary said to Jesus, "What are your disciples like?" He said, "They are like little children living in a field that is not theirs. When the owners of the field come, they will say, 'Give us back our field.' They take off their clothes in front of them in order to give it back to them, and they return their field to them. For this reason I say, if the owners of a house know that a thief is coming, they will be on guard before the thief arrives and will not let the thief break into their house of their domain and steal their possessions. As for you, then, be on guard against the world. Prepare yourselves with great strength, so the robbers can't find a way to get to you, for the trouble you expect will come. Let there be among you a person who understands. When the crop ripened, he came quickly carrying a sickle and harvested it. Anyone here with two good ears had better listen!"

성경에는 예수님의 어머니 마리아를 비롯하여 막달라 마리아, 야고보와 요한의 어머니 마리아, 마르다의 자매 마리아 등 많은 마리아가 등장한다. 여기서 어느 마리아가 예수님께 이런 질문을 했는지 알 수 없지만, 영지주의 복음서에서 중요한 위치를 차지하는 막달라 마리아라고 짐작해볼 수 있을 것이다. 〈도마복음〉에서 예수님의 제자들은 일반적으로 예수님의 참뜻을 이해하지도 못하고, 참된 깨달음도 없는 사람들로 취급되고 있다. 여기서도 예수님이 그런 제자들을 두고 하는 말이라고 볼 수 있을 것이다.

본문에서 제자들을 어린아이들이라고 한 것으로 보아 이 장면을 우리말에 더 익숙한 말로 고치면, 그 아이들이 남의 집 마당 같은 공터에서 놀고 있었다고 상상할 수 있다. 그러다가 집주인이 와서 이제 나가라고 했다. 그러자 아이들이 주인 앞에서 옷을 벗고 그 집 마당에서 물러섰다는 것이다. 이것이 무슨 뜻일까?

초기 그리스도인들이 '살고는 있었지만 그들이 진정으로 속하지는 않았던 세상', 영어로 'in the world but not of the world'로 표현되는 '이 세상'을 떠나, 옷을 벗고 물에 들어가 침례를 받은 후 새 공동체로 들어오는 것을 암시

한 것일 수도 있다. 또 영지주의나 그리스 사상 전반에 걸쳐서 주장하던 것과 마찬가지로, 우리의 영혼이 몸을 입고 남의 집 마당 같은 이 세상에 잠시 놀러 와서 재미있게 놀다가 때가 되면 다시 몸을 벗고 세상을 떠난다는 이야기라 할 수도 있다. 시인 천상병의 시 〈귀천歸天〉의 마지막 구절, "나 하늘로 돌아가리라/ 아름다운 이 세상/ 소풍 끝내는 날/ 가서 아름다웠다고 말하리라"를 연상케 한다.°

그렇다. 우리는 모두 이 세상에 잠시 와서 놀고 있는 어린아이들이다. 재미있게 놀고 있었지만 이 세상의 주인이 우리보고 이제 시간이 되었으니 나가라고 하면, 더욱이 어머니가 해가 기울었으니 집으로 돌아오라고 부르시면, 언제든지 떠날 준비가 되어 있어야 한다. 나가라고 하니 그냥 떠나갈 뿐 아니라 옷까지 다 벗어두고 간다. 그야말로

°   다석 류영모 선생도 삶을 '놀이'로 보았다. "우리는 묶고 묶이는 큰 짐을 크고 넓은 '한데'에다 다 실리고 홀가분한 몸으로 놀며 가야 할 것이다. 그리고 종당에는 이 몸까지도 벗어버려야 한다. … 다 벗어버리고 홀가분한 몸이 되어 빈탕한데로 날아가야 한다." 박재순, 《다석 유영모》(현암사, 2008), p. 95. 네덜란드 학자 요한 하위징아Johan Huizinga (1872~1945)가 인간을 '놀이하는 인간Homo Ludens(호모 루덴스)'이라 정의한 것도 의미심장한 일이다.

'적수공권赤手空拳'이다. 이 세상에 놀면서, 살면서 가지고 있던 몸은 말할 것도 없고, 그동안 얻은 모든 소유나 권력이나 명예나 지식 같은 것이 모두 거추장스러운 헌 옷이다. 미련 없이 모두를 뒤로하고 떠나는 것이다. 떠나서 우리의 원초적인 근원으로 돌아가는 것이다. '귀향歸鄉'이요 '귀일歸一'이다.

이 절에서 여기까지는 이해하기 쉽다. 그런데 왜 갑자기 '도둑' 이야기가 나오고, 도둑이 올 것을 알고 경계하여 소유를 잃지 않도록 하라고 하는가. 성서 공관복음서에서도 '도둑' 이야기가 나온다(마24:43, 눅12:39). 그러나 거기에는 "그러므로 너희도 준비하고 있어라. 생각지도 않은 때에 인자가 올 것이기 때문"이라고 하여 예수님의 재림과 관련시키고 있다. 하지만 〈도마복음〉에서는 재림 이야기가 전혀 없다. 그럼 무엇인가?

여기서 도둑에게 우리 소유물을 잃을까 경계하라는 말이 무엇을 뜻할까? 이 세상이라는 남의 땅에서 놀던 아이들이 땅도 돌려주고 옷도 버리고 다시 돌아가 찾아야 할 그 아버지의 나라, 그 고향을 세상사에 대한 지나친 염려와 관심 때문에 도둑맞고 잃어버리는 일이 없도록 하라는 것으로 풀 수 있을 것 같다. 한번 고향을 찾았다고 안심할 수가 없다. 언제든 그 고향을 잃을 수도 있기 때문이다. 그것을 잃고 겪을 어려움, '환란'에 대비하여 세상사에 대한 관심으로부터 우리 스스로를 보호하도록 힘쓰라. 그러면 '큰 수확'이 있으리라. 대략 이런 기별이 아닐까.

젖 먹는 아이를 보시고

예수께서 젖을 먹고 있는 아이들을
보시고 제자들에게 말씀하셨습니다.
"이 젖 먹는 아이들이 그 나라에
들어가는 이들과 같습니다."
제자들이 그에게 물었습니다.
"그러면 우리가 아이들처럼
그 나라에 들어갈 수 있겠습니까?"
예수께서 말씀하셨습니다.
"여러분이 둘을 하나로 하고,
속을 바깥처럼, 바깥을 속처럼 하고,
높은 것을 낮은 것처럼 하고, 암수를
하나로 하여 수컷은 수컷 같지 않게,
암컷은 암컷 같지 않게 하고, 새 눈을
가지고, 새 손을 가지고, 새 발을
가지고, 새 모양을 가지게 되면, 그러면
여러분은 [그 나라에] 들어갈 것입니다."

Jesus saw some babies nursing. He said to his disciples, "These nursing babies are like those who enter the kingdom." They said to him, "Then shall we enter the kingdom as babies?" Jesus said to them, "When you make the two into one, and when you make the inner like the outer and the outer like the inner, and the upper like the lower, and when you make male and female into a single one, so that the male will not be male nor the female be female, when you make eyes in place of an eye, a hand in place of a hand, a foot in place of a foot, an image in place of an image, then you will enter [the kingdom]."

〈도마복음〉의 핵심과 특징을 가장 잘 나타내는 절 중 하나라 할 수 있다. 제4절에서 '늙은이라도 갓난아기에게서 배워야 한다'고 했는데, 여기서는 그 젖먹이 갓난아기에게서 무엇을 배워야 하는가를 구체적으로 이야기하고 있다.

성경 복음서에 보면 부모들이 자기 아이들을 데리고 예수께 나올 때 제자들이 이를 꾸짖자 예수님이 "어린아이들이 내게 오는 것을 용납하고 금하지 말라. 하나님의 나라가 이런 자의 것이니라."(막10:14, 마19:14, 눅18:16)라고 하셨다. 〈도마복음〉과 다른 점은, 여기 공관복음에서는 어린아이들이 갓난아기라는 언급이 없다는 것이다. 우리가 흔히 보는 그림으로나 듣는 이야기로 예수님의 무릎에 앉은 아이들이 유치원이나 초등학교 다니는 정도의 어린이들로 생각하기 일쑤다. 그러나 〈도마복음〉은 그것이 젖을 먹고 있는 갓난아기임을 분명히 하고 있다.

또 공관복음서에서는 어린아이들이 하느님 나라 가는 이유에 대한 언급이 없다. 〈마태복음〉에 보면 '어린아이와 같이 자기를 낮추는 사람이 하느님 나라에서 큰 자'(18:4)라는 말이 있을 뿐이다. 그러나 〈도마복음〉에서는 '자기를 낮춤'이 그 나라에 들어가는 것이나 하느님 나라에서 큰 자로 인정받는 것과 직접 관계가 있다는 말이 없다. 〈도마복음〉은 그 나라에 들어가기 위한 요건으로서 '젖먹이 갓난아기같이 됨'이라고 하고, 단도직입적으로 그 이유를 밝히며, 이 젖먹이 갓난아기들이야말로 '둘을 하나로' 하기 때문이라고 했다. '둘을 하나로 만든다'는 말씀은 제4, 22절에 나왔고, 제23, 48, 106절에도 계속 나온다. 무슨 뜻인가?

첫째, 물리적으로 갓난아기는 남성의 아버지와 여성의 어머니 '둘이 하나가' 되어 생긴 결과다. 그 아이도 남성이

나 여성이 되겠지만 아직 할례도 받기 전의 갓난아기는 남녀로 분화되지 않은 하나의 상태, 합일의 상태라 할 수 있다. 반대같이 보이는 것을 한 몸에 합치고 있는 셈이다.

둘째, 인식론적으로 아이는 아직 나와 대상을 분간하는 이분법적 의식이 없는 상태다. 주객主客이 분화되지 않았다. 이런 의식 상태에서는 '내외內外, 상하上下, 고저高低, 자웅雌雄'등 일견 반대되고 대립되는 것 같은 것을 반대나 대립으로 보지 않고 조화와 상보相補의 관계로 볼 수밖에 없다. 이것이 바로 갓난아기의 특성으로서, 이런 특성을 가져야 그 나라에 들어갈 수 있다는 뜻이다.

태극기 가운데 파란색과 붉은색으로 된 태극의 음양陰陽에서 음과 양의 관계를 말할 때, 음이냐 양이냐 하는 양자택일兩者擇一, 이항대립二項對立식 '냐냐주의either/or'의 시각으로는 실재의 진면목을 볼 수 없다. 음이기도 하고 양이기도 하며, 동시에 음도 아니고 양도 아니라는 '도도주의both/and, neither/nor'적 태도를 가질 때 사물의 전체를 본다고 한다. 음과 양을 독립된 두 개의 개별적 실체로 보지 않고, 한 가지 사물의 양면으로 파악한다는 뜻이다. 이것을 요즘 말로 고치면 '초이분법적 의식trans-dualistic consciousness'을 갖는다는 것이고, 좀 더 고전적인 말로 하면 중세 신비주의 사상가 니콜라우스 쿠자누스Nicolaus Cusanus, Nicolas of Cusa (1401~1464)가 말하는 '양극의 조화coinciden-tia oppositorum'를 발견하는 것이다.°

《도덕경》28장을 보면 "남성다움을 알면서 여성다움을 유지하십시오. 세상의 협곡이 될 것입니다. 세상의 협곡이 되면 영원한 덕에서 떠나지 않고, 갓난아기의 상태로 돌아갈 것입니다."라고 했다. 이처럼 '갓난아기' 됨의 중요성을 알기에 노자는 《도덕경》20장에서 "나 홀로 어머니의 젖 먹음을 귀히 여긴다."라고도 했다. 또 2장에는 선악·미추·고저·장단이 모두 상호관계에서 이루어지는 상대적 개념이라는 것을 분명히 알고 어느 한쪽을 일방적으로 절대시하지 말라고 했다. 불교식으로 말하면 분별의 세계를 초월하여 '불이不二'의 경지에 이르라는 것이다.

사실 세계 여러 종교에서 '양극의 조화'처럼 중요한 개

° 이 말을 '양극의 조화' '반대의 일치' '양극의 합일' 등으로 옮길 수 있을 것이다. 성해영 박사가 제안한 '대극對極의 통합統合'도 좋은 번역이라 할 수 있다.

넘이 없다고 해도 과언이 아니다. 음양의 조화를 말하는 태극(☯) 표시는 말할 것도 없고, 위로 향한 삼각형과 아래로 향한 삼각형을 포개놓은 유대교의 '다윗의 별(✡)'이라든가, 수직선과 수평선을 교차시킨 그리스도교의 십자가(✝)나, 두 원을 아래위로 반반씩 겹쳐놓고 그중 겹쳐진 부분을 잘라 만든 초기 그리스도교의 물고기(ΙΧΘΥΣ) 상징(✺), 불교 사찰에서 보는 만(卍) 자 등이 모두 이런 양극의 조화를 이상으로 삼고 있다는 역사적 증거들이다.°°

정신분석학자 카를 융도 '양극의 조화'를 인식할 수 있는 능력이 심리적 성숙성이 이를 수 있는 최고의 경지라

°° 물론 그리스도교에서는 십자가를 예수님의 죽음과 관련하여 인류를 위한 하느님의 사랑을 상징한다고 본다. 그러나 그것이 십자가의 본래 뜻은 아니다. 로마 십자가는 가로와 세로의 길이가 다르지만, 십자가의 원형이라 할 수 있는 그리스 십자가는 그 길이가 똑같아 음과 양을 같은 길이로 표시한 셈이다. 물고기(ΙΧΘΥΣ)도 보통 '예수 그리스도 하느님의 아들 구세주'라는 그리스어 다섯 낱말들의 첫 글자를 모아서 만든 것이 그리스어로 '물고기'라는 뜻을 나타내기에 물고기를 그렇게 이해하기도 하지만, 사실은 두 원을 겹치고 겹쳐진 부분을 오려 음양의 합일과 조화를 상징하는 것이었다.

고 했고, 그의 영향을 받은 신화학자 조지프 캠벨Joseph Campbell (1904~1987)도 세계 모든 영웅 신화에 나오는 정신적 영웅들의 이야기에서 이 영웅들이 도달하는 최종의 경지는 이 '반대의 일치'를 자각하는 것이라고 《천의 얼굴을 가진 영웅》에서 언급했다. 댄 브라운Dan Brown(1964~)의 소설 《다빈치 코드》의 핵심도 그리스도교 전통에서 잃어버린 여성성을 되찾아 양극의 조화를 회복하려는 노력에 관한 이야기라 할 수 있다. 중세 기사騎士들이 찾아다니던 성배聖杯, 그리고 레오나르도 다빈치Leonardo da Vinci (1452~1519)가 그의 그림 '최후의 만찬' 중앙에서 예수와 그 옆 사람(댄 브라운은 그를 막달라 마리아라고 본다) 사이에 만들어놓은 공간은 모두 V형으로 되어 있는데, 이것은 모두 그리스도교 전통에서 잃어버린 여성성을 상징하는 것으로서, 기사들이나 다빈치는 다 같이 이를 회복하려고 노력했던 사람들이라는 주장이다.

여기서 한 가지 주의해야 할 것이 있다. 트랜스퍼스널 심리학transpersonal psychology의 선두 주자 켄 윌버Ken Wilber (1949~)는 인간 의식의 발달 과정을 크게 세 단계로 나누어, 주객미분pre-subject/object consciousness의 단계, 주객이분subject/object consciousness의 단계, 그리고 주객초월

trans-subject/object consciousness의 단계가 있다고 했다.° 아담과 하와가 선악의 이분법적 의식을 갖기 이전, '벌거벗었으나 부끄러워할 줄 모르던' 의식은 주객미분主客未分의 단계로서, 이것이 우리가 바라는 목표가 아니라는 것을 분명히 하고 있다. 우리가 그 단계로 가려는 것은 전진이 아니라 퇴보라는 것이다. 주객이분主客二分의 의식은 인간으로서의 삶을 가능하게 하고 우리에게 '자의식自意識, self-consciousness'을 갖게 한다. 주객이 분리된 의식 상태는 우리에게 고통을 줄 수밖에 없는데, 이런 일상적 의식에서 해방되기 위해 술이나 약물 등을 통해서 얻으려고 하는 의식상태는 주객 '미분'의 단계일 뿐이다. 이와는 달리 종교에서 가르치고 목표로 하는 의식 상태는 주객 '초월'의 단계라는 것이다. '미분'과 '초월'을 구별하지 못하는 것을 윌버는 '전초오류pre/trans fallacy'라 했다. 갓난아기의 의식을 말할 때 우리는 육체적으로 다시 갓난아기로 돌아가는 것이 아니라, 영적으로 다시 태어나서 영적인 갓난아기가 됨

° 그의 많은 책 중에 이를 잘 설명하는 것으로 *Up from Eden: A Transpersonal View of Human Evolution*(Shambhala, 1983, Quest Books, 2007, 한국어 번역판은《에덴을 넘어》, 한언, 2009)을 참고할 수 있다.

을 분명히 해야 할 것이다.

예수님을 찾아온 니고데모에게 예수님이 "다시 나지 않으면 하나님 나라를 볼 수 없다."(요3:3)라고 말씀하시자, 니고데모는 사람이 늙었는데 어머니 배 속에 다시 들어갔다가 태어날 수는 없는 것 아니냐고 답한다. 예수님이 주객이분의 단계를 '초월'해야 됨을 말하고 있을 때, 니고데모는 주객미분의 단계로 '퇴행'하는 이야기를 하고 있었던 것이다. 말하자면 니고데모는 '미분'과 '초월'을 혼동하는 '전초오류'를 범한 셈이다.

이 절에서는 둘을 하나로 만드는 사람이 그 나라에 들어가리라고 했지만, 사실 그런 사람은 벌써 그 나라에서 살고 있는 것이라고 할 수도 있다. 이미 새로운 눈, 새로운 손, 새로운 발, 새로운 모습을 가지고 새로운 존재, 새로운 피조물이 되었기 때문이다. 또 제106절을 보면, 둘을 하나로 보는 사람은 지금 여기에서 이미 '사람의 아들'이 되고 산을 보고 '움직이라고 하면 산이 움직일' 정도의 능력을 가지고 사는 사람이라고 했다.

참고 《도덕경》 20장에 "나 홀로 뭇 사람들과 다른 것은 결국 나 홀로 어머니 젖 먹음을 귀히 여기는 것입니다."라는 말은 어린아이처럼 이분의 세계를 벗어났다는 뜻과 함께, 어린아이가 어머니 젖을 찾는 것처럼 도道를 사모한다는 의미로 새길 수도 있을 것이다.

천 명 중에서 한 명, 만 명 중에서 두 명

예수께서 말씀하셨습니다.
"나는 여러분을 택하려는데,
천 명 중에서 한 명,
만 명 중에서 두 명입니다.
그들이 모두 홀로 설 것입니다."

Jesus said, "I shall choose you, one from a thousand and
two from ten thousand, and they will stand as a single
one."

물론 여기서 누구는 택함을 받고 누구는 택함을 받지 못한다는 식의 예정론 같은 것을 이야기하려는 것이 아니다. 깨달음에 이르는 것은 지극히 어려운 일이라는 사실을 강조하고 있다. '천 명 중 한 명' 심지어 '만 명 중 두 명' 꼴이라니, 그야말로 가물에 콩 나기보다 더 어려운 셈이 아닌가. "좁은 문으로 들어가라. 멸망으로 인도하는 문은 크고 그 길이 넓어 그리로 들어가는 자가 많고"(마7:13, 눅13:24)나 "청함을 받은 자는 많되 택함을 입은 자는 적으니라."(마22:14)라는 말씀과 같다.

힌두교에서는 구원에 이르는 길을 크게 세 가지로 나눈다. ① 깨달음의 길jñāna marga ② 신애信愛의 길bhakti marga ③ 행함의 길karma marga이다. '깨달음의 길'이란 우주의 실재를 꿰뚫어 보는 통찰과 직관과 예지를 통해 해방과 자유에 이른다는 것이고, '신애의 길'은 어느 특정한 신이나 신의 현현을 몸과 마음과 뜻을 다해 믿고 사랑하고 받드는 일을 통해 구원에 이른다는 것이고, '행함의 길'이란 도덕규범이나 규율을 잘 지키거나 남을 위해 희생적인 선행을 많이 하여 구원에 이른다는 것이다. 세 가지 구원의 길 모두 자기중심적 자아를 극복함으로써 새 사람이 되게 한다는 점에서 공통성을 가지고 있다. 그러나 실행하기에 상대적으로 어려운 길과 쉬운 길로 나누기도 한다. 깨달음의 길은 가장 가파르고 어려운 길이라 상근기上根機에 속하는 소수에게만 가능하다고 본다. 일반 사람들이 가장 많이 따르는 길은 신에게 전적으로 헌신하는 신애의 길이다.

불교에서도 이와 비슷한 생각이 있다. 참선을 통해 깨달음을 얻음으로써 성불하겠다는 선禪불교의 길을 보통 '난행도難行道'라고 하고, 아미타불의 원력을 믿고 '나무아미타불' 하며 그의 이름을 부름으로써 서방 정토에 왕생하는 것을 목표로 하는 정토종淨土宗의 길을 쉬울 이易 자를 써서 '이행도易行道'라고 한다. 물론 참선하겠다는 사람보다 염불하는 사람들이 압도적으로 더 많다.

한 가지 놀라운 사실은, 불교의 경우 아미타불에 대한 '믿음'을 강조하는 불자들이 '깨침'을 강조하는 불자들을 우러러보거나 존경할망정, 결코 이단이라 정죄하거나 박해하지 않는다는 것이다. 반면, 그리스도교에서는 역사적으로나 현실적으로나 예수님을 '믿는다'는 사람들이 예수님처럼 '깨침을 얻겠다'는 사람들을 보면 이단이라 여길 뿐 아니라 아예 그리스도인이 아니라고 정죄하고 박멸하려는 경우가 허다하다는 것이다.

그리스도교 초기에도 〈도마복음〉에서 말하는 것처럼 내 속에 있는 하느님 나라를 '스스로' 깨달아 알라는 깨달음의 길은 그만큼 어려운 것으로 알려졌던 모양이다. 〈도마복음〉 같은 복음서들이 사라진 배경에는 물론 초대 교부 이레네우스Irenaeus (130?~202?) 같은 문자주의자들이 정치적 목적으로 〈도마복음〉 같은 복음서들을 모두 배격하고 4복음서만 받아들이기로 결정한 것이 큰 이유이기는 하다. 결국 예수님의 말씀에 따라 깨달음에 이르므로 모두 예수님처럼 자유의 사람이 되도록 하라는 〈도마복음〉식 기별을 받아들이는 사람들보다, 예수를 믿고 은혜의 선물로 주는 영생을 얻으라고 강조하는 〈요한복음〉의 길을 채택한 사람들의 수가 더 많았다. 그러기에 〈요한복음〉은 정경으로 채택되어 그리스도교의 정통 가르침으로 자리매김하게 된 반면 〈도마복음〉은 사라지게 된 것 아니겠는가? 어떻게 보면 〈도마복음〉에서 말하는 식의 그리스도교 전통은, 신앙의 깊은 차원을 알아볼 기회가 없던 일반인들에게는 인기품목이 아닐 수밖에 없었던 것이 당연하다 하겠다.

그러나 요즘은 어떤가? 옛날에는 비록 상근기를 가지고 태어났어도 교육의 기회가 없어서 이런 '난행도' 같은 것을 접하지 못하고 죽어버리는 경우가 대부분이었다. 문맹

률이 97퍼센트 이상이던 고대사회에서 누가 옆에서 말해주지 않으면 〈도마복음〉의 기별 같은 것이 있는지도 모르고 살다가 죽을 수밖에 없었다. 사실 고대사회에서만 그런 것이 아니라 최근까지도 사정은 비슷했다. 한 가지 예로 미국인 리처드 베이커Richard Baker의 경우를 들 수 있다. 그는 젊은 시절 보스턴에서 일본 교토京都로 건너가 선사禪師 스즈키 순류鈴木俊隆(1904~1971) 밑에서 선 수행을 하여 선사가 되었고, 스즈키 순류에 이어 샌프란시스코 선원禪院의 주지가 된 사람이다. 하루는 〈도마복음〉을 전문으로 하는 프린스턴 대학교 일레인 페이젤스 교수와 이야기를 나누게 되었는데, 어느 순간 고백하기를 〈도마복음〉을 미리 알았더라면 구태여 불자가 되어야 할 필요가 없었을 것입니다."라고 했다. 〈도마복음〉의 가르침이 선불교의 그것과 너무나도 닮았다는 이야기이기도 하겠지만, 그리스도교 전통에서 이런 가르침이 있었다고 하는 것을 한두 세대 전에만 해도 알 길이 없었다는 뜻이기도 하다.°

그러나 지금은 사정이 다르다. 이제 많은 사람이 최고의

°   Elaine Pagels, *Beyond Belief*, p. 74.

교육을 받았고, 인터넷 등 대중매체의 발달로 정보화 시대가 되었다. 이 글을 읽는 독자나 필자도 한 세대 전에 태어났으면 그리스도교에 깨달음을 강조하는 전통이 있었다는 것을 모르고 지냈을 것이다. 그야말로 이제는 들을 귀, 알겠다는 마음만 있으면 누구나 알 수 있는 시대가 온 것이다.

히브리어 성경 〈요엘서〉를 보면 "그 후에 내가 내 영을 만민에게 부어주리니 너희 자녀들이 장래 일을 말할 것이며, 너희 늙은이는 꿈을 꾸며, 너희 젊은이는 이상을 볼 것"(욜2:28)이라고 했다. 여기서 말하는 '그 후'가 오늘을 말하는 것이 아닐까? 이런 지적·영적 환경 속에서는 '가물에 콩 나듯'이가 아니라 가마솥에 '콩 튀 듯' 하리라 말할 수 있을지도 모른다. 20세기 가톨릭 최고의 신학자 칼 라너Karl Rahner (1904~1984)도 21세기 그리스도교는 "신비주의적으로 변하지 않으면 아무것도 아닌 것이 될 것"이라고 했다. 여기서 '신비주의적'이라는 말은 물론 깨달음을 강조하는 태도를 의미한다. 독일의 신학자로서 미국 유니언 신학교에서 오래 가르친 도로테 죌레Dorothee Sölle (1929~2003)도 그의 책《The Silent Cry》에서, 신비주의 체험이 역사적으로 특수한 몇몇 사람에게만 가능한 무엇이 아니라 이제 더욱 많은 사람에게서 있을 수 있는 일이 되어야 한다고 역설하면서 이른바 '신비주의의 민주화 democratization of mysticism'를 주장했다.°

21세기 정보화 시대인 지금은 교육의 기회도 많고, 이런 사상을 가지고 있다고 박해받는 일 또한 거의 사라졌다. 종교는 이제 '무조건 믿어라'가 아니라 '스스로 깨닫는' 신비적 경향을 띠지 않을 수 없을 것이다. 그리스도교도 이제 '믿음'뿐 아니라 '깨침'도 함께 강조하는 폭넓은 종교로 변해야 한다. 그리하여 '무조건 믿어라'를 받아들일 수 없는 사람들에게는 '아하!'를 연발하며 갈 수 있는 깨침의 길도 열려 있음을 알릴 때가 되지 않았을까.°°

천 명에 한 명이든 천 명에 백 명이든, 깨침을 얻은 사람들은 제16절에 말한 것과 마찬가지로 '홀로' 서게 된다. 임금에 대한 충절이나 의로움을 위해 죽은 사육신 성삼문마저 '독야청청'할 수밖에 없었거늘, 영적 눈뜸을 경험한

°　　*The Silent Cry: Mysticism and Resistance*(Minneapolis: Fortress Press, 2001), p. 11. 한국어 번역판은 정미현 옮김,《신비와 저항》(이화여자대학교출판부, 2007).

°°　오강남, 성해영 공저,《종교, 이제는 깨달음이다》(북성재, 2011) 참고.

사람들의 경우는 어떠하겠는가? 그러나 알아야 할 것은 21세기를 '개인적 영성'의 시대가 되리라 예견한 신학자나 미래학자의 말처럼, 이런 '홀로'의 가치를 중시하는 이들이 최근에 와서 점점 더 많아지고 있다는 사실이다.

[참고1] "각 시대를 통해 수백만의 사람들이 예수님의 이름을 경외해왔다. 그러나 예수님을 이해한 사람은 소수에 불과했고, 그가 원했던 것을 실천하려 한 사람은 더더욱 소수였다. 그의 말씀은 뒤틀리고 휘어져 무슨 의미로든 마음대로 해석되거나 심지어 아무 의미 없는 것으로 여겨지기도 했다. 그의 이름은 범죄를 정당화하기 위해, 어린아이들에게 겁주기 위해, 그리고 사람들을 영웅적 바보가 되도록 하기 위해 오·남용되었다. 예수님은 그가 의도했던 것보다 의도하지 않았던 일로 인해 더욱 큰 영광과 경배를 받으신다. 더할 수 없는 아이러니는, 그가 그 당시 세상에서 그렇게도 강력하게 반대했던 일들이 되살아나서 온 세상에 퍼지고 있는데, 그것이 바로 그의 이름으로 자행되고 있다는 사실이다."°°°

°°°   Albert Nolan, *Jesus Before Christianity: The Gospel of Liberation*(Lon-

참고2 깨달음은 일생에 단 한 번 오는 일생일대의 대사건일 수 있겠지만, 일회적으로 그치기보다는 매일, 매 순간 깨달음의 연속을 맛보며 신나게 사는 삶, 매사에서 죽음과 부활의 연속을 체험하며 사는 삶이라 하는 것이 더 현실적이라 볼 수 있을 것이다. 옛 편견을 벗고 새로운 빛으로 들어서는 것, 산을 올라가며 점점 널리 전개되는 풍광을 내려다보며 계속적으로 외치는 '아하!' 경험, 바울이 말하는 "나는 날마다 죽노라"(고전15:31)의 경험이 모두 깨침의 경험이라 보는 것이 좋을 것이다.°

---

don Darton, Longman and Todd, 1977), p. 3.
° 　최근 미국 종교사회학자 필 주커먼은 그의 책《종교 없는 삶》(판미동, 2018)에서 이렇게 우리 주위의 작은 일에서 멀리 대우주에 이르기까지 모든 것에서 발견되는 신비를 발견하고 경외감을 갖는 것이 하나의 대안 종교로 부상하고 있다고 주장한다.

당신이 계신 곳을

그의 제자들이 그에게 말했습니다.
"당신이 계신 곳을
저희에게 보여주십시오.
저희가 찾아야 하기 때문입니다."
그가 말씀하셨습니다.
"귀 있는 이는 들으십시오.
빛의 사람 속에는 빛이 있어,
그 빛이 온 세상을 비춥니다.
그 빛이 비추지 않기에
어두움이 깃드는 것입니다."

His disciples said, "Show us the place where you are, for we must seek it." He said to them, "Anyone here with two ears had better listen! There is light within a person of light, and it shines on the whole world. If it does not shine, it is dark."

〈요한복음〉에 보면 예수님이 제자들에게 "너희는 마음에 근심하지 말아라. 하나님을 믿고 또 나를 믿어라. 내 아버지 집에는 있을 곳이 많다. … 내가 가서 너희 있을 곳을 마련하면, 다시 와서 너희를 나에게로 데려다가, 내가 있는 곳에 너희도 함께 있게 하겠다. 너희는 내가 어디로 가는지 그 길을 알고 있다."라고 하자 도마가 "주님, 우리는 주님께서 어디로 가시는지도 모르는데, 어떻게 그 길을 알겠습니까?" 하고 묻고, 이에 예수님이 그에게 "나는 길이요, 진리요, 생명이다. 나를 거치지 않고서는, 아무도 아버지께로 갈 사람이 없다."라고 하는 장면이 나온다(요14:1-6). 어리석은 도마가 예수님의 말씀에 엉뚱한 질문을 하는 것으로 묘사되어 있다. 어찌 '길' 같은 것을 묻는가? 그걸 알아서 뭐 하겠다는 것인가? 그저 길이실 뿐 아니라 진리요 생명이시기도 한 예수님을 '믿기만' 하면 되지… 하는 식이다. 앞의 제13절에서 언급한 바와 마찬가지로 〈요한복음〉에는 믿기보다는 깨침을 강조하는 도마를 '의심 많은 도마' '어리석은 도마'로 폄훼하는 장면이 몇 군데 나온다.

그런데 여기 〈도마복음〉에서는 이와 반대로, 예수님이 계시는 어느 한곳을 찾아내야 한다고 생각하고 그 한곳이 어디냐고 묻는 제자들이야말로 어리석은 것으로 나타나 있다. 그리고 예수님은 그런 어리석은 질문을 외면했다는 것이다. 제자들은 빛 되신 그가 어느 한곳에 한정되어 머무는 것이 아니라 환한 빛으로 온 세상을 비추고 있다는 사실을 몰랐기 때문이다. 쓸데없이 자기가 있는 곳이 어디일까 찾아 헤매는 대신, 귀를 열고 깨달음을 얻어, 예수님 자신뿐 아니라 빛의 사람, 깨달은 사람 누구에게나 그 속에 빛이 있다는 것, 따라서 빛은 어디에나 다 있음을 발견하는 것이 중요한 것이라 대답하고 있다. 말하자면 예수님 속이나 우리 속에 있는 빛의 편재성遍在性을 깨닫는 일이 중요함을 강조하는 셈이다.

한편, 엄격히 말하면 물론 우리 모두에게 본질적으로 '하느님의 불꽃a spark of God'이 있지만, 진정 잊지 말아야 할 것은 깨달음을 통해 이 빛을 체득하고 우리의 구체적인 삶을 통해 이 빛을 세상에 비추는 일이다. 내재적인 빛이 밖으로 드러나는 것이 중요한 일이다. 세상이 밝고 어두운 것은 해나 달, 횃불이나 크리스마스 장식등 같은 것들의 유무와 상관이 없다. 그것은 깨달은 사람 속에 있는 이 빛이 세상을 비추는가의 여부에 좌우된다는 것이다.

〈요한복음〉에서도 예수님을 '세상의 빛'(8:12, 9:5, 12:46)

이라 했다. 그러나 〈요한복음〉과 달리 〈도마복음〉은 예수님만 세상의 빛이 아니라 우리 모두도 깨닫기만 하면 예수님과 마찬가지로 세상의 빛임을 알게 될 것이라 하는 데 그 특징이 있다. 〈요한복음〉이 빛이신 예수님을 '믿는 것'이 중요한 것이라고 했다면, 〈도마복음〉은 빛이신 예수님의 가르침을 따라 '우리 스스로도 빛임을 깨닫고 이를 비추는 것'이 우리 삶의 목적이라는 것이다. 물론 〈요한복음〉에서 강조하는 것처럼 빛이신 예수님을 믿는 '믿음'으로 우리도 그의 삶과 죽음에 동참하게 되고, 그렇게 함으로써 결국은 우리도 빛을 비출 수 있게 되는 것이라 생각할 수도 있다. 어느 경우든 지금 이 세상이 어둡게 보이는 것은, 우리 주변에 이처럼 진정으로 믿거나 깨닫는 이들이 적기 때문 아닐까?

목숨처럼 사랑하고 눈동자처럼 지키라

예수께서 말씀하셨습니다.
"여러분의 동료들을
여러분 자신의 목숨처럼 사랑하고
그들을 여러분 자신의
눈동자처럼 지키십시오."

Jesus said, "Love your friends like your own soul, protect
them like the pupil of your eye."

복음서에 예수님이 "네 이웃을 네 몸과 같이 사랑하여라."
(마22:39, 막12:31, 눅10:27)라고 하신 말씀에 해당되는 구절이
다. 이 말씀은 본래 〈레위기〉(19:18)에 "한 백성끼리 앙심을
품거나 원수 갚는 일이 없도록 하여라. 다만 너는 너의 이웃
을 네 몸처럼 사랑하여라." 하는 말에서 나온 것이다. '네 눈
동자처럼 지키라'는 말씀은 〈도마복음〉에만 있는 말이다.

눈에 무엇이 접근하면 우리는 자동적으로 눈을 감는다.
눈을 감을 뿐 아니라 손으로 눈을 가리거나 얼굴을 피하기
도 한다. 혹시 눈에 티라도 들어가면 그것이 나오도록 하
기 위해 눈물까지 흘린다. 모두 눈을 보호하기 위해 '무의
식적으로' 하는 행동이다. 우리 이웃이나 동료들이 정치적
억압이나 경제적 불의, 인종차별이나 성차별·학대·신체
장애 등의 희생자라면, 내가 내 눈동자를 자동적으로 지키
고 보호하는 것처럼 그들을 그렇게 지키고 보호하라. 그리
하여 진정한 사랑으로 뭉쳐진 사랑의 공동체를 이룩하라
는 분부이시다.

그런데 그야말로 이런 사랑은 아무나 하나? '사랑해야만
한다' '사랑하는 것이 나의 의무다' 하는 식의 율법주의적
윤리에 바탕을 둔 의식적인 사랑은 사실 진정한 사랑이 못

된다. 참된 사랑은 저절로, 자발적으로, 사랑하지 않을 수 없기에 사랑하게 되는 사랑이다. 이런 사랑은 어떻게 가능할까?

남을 내 몸과 같이 사랑하고 내 눈동자처럼 지키는 자발적·무의식적·무조건적 사랑, 남의 아픔이나 슬픔을 나의 것으로 여기는 진정한 사랑은, 사실 영적으로 깨친 사람만이 할 수 있는 사랑이다. 뭣을 깨쳐야 하는가? 이 세상에 있는 사물들이 개별적으로 분리되어 있지만, 동시에 본질적으로는 모두 하나라는 것, 나와 하느님, 나와 내 이웃, 그리고 나와 만물이 궁극적으로는 모두 하나라는 것을 깨쳐야 하는 것이다.

좀 더 구체적으로 그리스도교의 일상적 용어를 빌리면, 우리는 모두 한 분 하느님의 같은 태에서 태어났다는 것, 혹은 모두 '하느님의 형상imago Dei', 특히 〈도마복음〉에서 강조하듯이 우리는 모두 우리 속에 신성神性을 공유하고 있다는 것, 화엄불교의 용어로는 이 세상 일체의 사물이 이사무애理事無礙·사사무애事事無礙, 상즉相卽·상입相入의 관계로 서로 막힘이 없이 의존하고 서로 연결되어 있다는 것, 신유학에서 말하듯 우리가 만물과 '혼연동체渾然同體'

의 관계를 가지고 있다는 것, 이런 일체성一體性에 대한 체험적 깨달음이 있어야 모두와 동류의식同類意識을 가지고 남을 내 몸처럼, 내 눈동자처럼 여길 수 있는 사랑이 솟아날 수 있는 것이다.

자기 내어줌을 강조하는 성경의 '아가페agape' 사랑이나 남이 아파하면 나도 '함께 아파함com-passion'을 말하는 불보살의 자비심, 남의 아픔을 보고 견디지 못하는 '불인不忍'이나 '측은지심惻隱之心'은 모두 이렇게 '더불어 있음interbeing'에 대한 존재론적 눈뜸에 근거한 사랑이다. 사랑은 물론 나의 이기심, 나의 옛 자아를 극복하기 위한 수단이기도 하지만, 이런 영적 깨침을 이룬 사람들이 보여주는 최종의 결실이기도 하다.°

° 여기 쓴 'interbeing'이라는 조어造語는 베트남 출신 틱낫한 스님이 만든 말이다. 우리가 존재하는 것은 나 이외의 다른 모든 존재와의 관계 속에서만 가능하다는 것을 가리킨다. "I am a girl."이라 할 때 내가 소녀인 것은 소년이 있기 때문이고, 그 외에 나의 부모님, 내가 먹은 밥, 내가 마신 공기 등 세상의 모든 것이 존재하기 때문이다. 그러므로 엄격하게 따지면 나 홀로 "I am a girl."이 아니라 "I interam a girl."이라야 한다는 주장이다.

티는 보고 들보는 깨닫지 못하는

예수께서 말씀하셨습니다.
"형제의 눈 속에 있는 티는 보고
여러분 자신의 눈 속에 있는 들보는
깨닫지 못합니까? 먼저
여러분 자신의 눈 속에서 들보를 빼면
그 후에야 밝히 보고
여러분 형제의 눈 속에서
티를 뺄 수 있을 것입니다."

Jesus said, "You see the sliver in your brother's eye, but
you don't see the timber in your own eye. When you take
the timber out of your own eye, then you will see well
enough to remove the sliver from your brother's eye."

공관복음의 관련 구절(마7:3-5, 눅6:41-42)보다 훨씬 간략하다. 공관복음서 버전은 이 말씀의 확대본이라고 볼 수 있다. 공관복음서에서는 제 잘못은 못 보고 남의 사소한 실수만 가지고 떠드는 사람을 향해 "위선자야, 먼저 네 눈에서 들보를 빼내어라"(마7:5)라고 하여 이 말의 윤리적·도덕적 차원을 강조하고 있다. 이에 비해 여기 〈도마복음〉에서는 내 속에 있는 장애를 제거하여 사물을 '밝히 보는' 깨달음에 이르라는 '의식의 변화'를 더욱 중요시하고 있다. 이런 눈뜸이 있은 다음에 비로소 남의 눈에 있는 작은 티끌까지도 볼 수 있게 되므로, 무엇보다 우선 자신의 눈을 뜨라는 것이다. 그러고 나서 남을 도와줄 때 참으로 도와줄 수 있을 것이라는 뜻이다.

제25절에 남을 진정으로 사랑하는 것이 나와 네가 하나라는 존재론적 일체성을 깨달을 때 가능하다고 한 것처럼, 지금 이 절에서도 남을 무조건 비판하거나 업신여기는 것을 그만두고 그를 진정으로 돕게 되는 것도 결국 내 눈의 들보를 없앨 때 올 수 있는 이런 깨달음을 통해 우리 속에 사물을 밝히 보는 의식의 변화가 있어야 비로소 가능함을 알려주는 말로 이해하면 좋을 것이다.

5

세상을
아파하고

금식하지 않으면

예수께서 말씀하셨습니다.
"여러분이 이 세상 것들에 대해
금식하지 않으면 여러분은
나라를 찾을 수 없을 것입니다.
여러분이 안식일을
안식일로 지키지 않으면
여러분은 아버지를
볼 수 없을 것입니다."

Jesus said, "If you do not fast from the world, you will
not find the kingdom. If you do not observe the sabbath
as a sabbath you will not see the Father."

여기서 말하는 금식이나 안식일은 그 당시 유대인들이 인습적으로 실행하던 그런 식의 금식이나 안식일 준수가 아니다. 앞에서(제6, 14절) 본 것처럼 〈도마복음〉의 예수님은 형식적이고 제도화된 금식을 좋아하지 않는다. 참된 금식은 음식을 먹지 않는 것이 아니라 '세상 것들에 대해 금식하는 것'이라고 했다. 여기서 '세상 것들'이란 물론 하느님의 나라와 대비되는 외면적·현상적 세계가 떠받드는 가치체계를 의미한다(제57, 81, 85절 참조).

따라서 세상 것들에 대해 금식한다는 말은 내 속에 있는 내면적 나라를 찾으려는 관심을 모두 앗아가고 세상적인 가치를 궁극적인 것으로 떠받들려는 마음, 특히 탐욕과 미망과 미움으로 가득 찬 마음을 비우라는 뜻이다. 아버지의 나라를 보는 것, 나의 내면적 참나를 발견하는 것은 이렇게 궁극적인 것이 아닌 것을 궁극적인 것으로 여기는 마음을 비울 때만 가능하기 때문이다. 궁극적인 것이 아닌 것을 궁극적인 것으로 여기고 떠받드는 것이 바로 '우상숭배'요, 이런 우상숭배를 버리는 것이 영적 길에서 우리가 해야 할 첫째 일이다. 그러기에 십계명도 우상타파를 제1계명으로 두고 있는 것 아닌가.

《도덕경》 12장을 보면 "다섯 가지 색깔로 사람의 눈이 멀게 되고, 다섯 가지 음으로 사람의 귀가 멀게 되고, 다섯 가지 맛으로 사람의 입맛이 고약해집니다. 말달리기·사냥하기로 사람의 마음이 광분하고, 얻기 어려운 재물로 사람의 행동이 그르게 됩니다."라고 했다. 우리가 감각적이고 외면적인 가치에 탐닉하거나 몰입되어 있으면, 이런 아름답고 신나는 것들이 현상세계의 근원이 되는 도道에서 우리의 관심을 멀어지게 하는 족쇄가 될 수 있으니 조심하라는 뜻이다. 앞에서 언급한 것처럼 《장자》에서도 구도의 길에서 우리가 해야 할 최고의 금식은 바로 '심재心齋' 곧 '마음 굶김' '마음 비움'이라 하지 않았던가.

'안식일安息日을 안식일로 지키지 않으면 아버지를 볼 수 없다'는 말도 이런 맥락에서 이해해야 할 것이다. 안식일은 이 세상 것에 대해 '금식하는 날'이다. 히브리어로 안식일에 해당하는 말 'Shabbāth(샤바트)'는 '쉼'을 의미한다. 세상의 모든 걱정 근심에서 벗어나 육체적으로 편안히 쉬면서 궁극 관심의 대상이 되는 궁극적인 것을 위해 마음을 바치는 날이다. 현재 토요일이나 일요일을 안식일로 지키는 그리스도인들 대부분은, 육체적으로나 정신적으로 주일 중 안식일을 가장 바쁘고 힘든 날로 보내는 것이 현실이다. 안식일의 본래 정신과 동떨어진 일, 정말 안타까운 일이 아닌가.

유대인 심리학자 에리히 프롬Erich Fromm (1900~1980)은 《소유냐 존재냐To Have or To Be》라는 그의 책에서, 안식일은 무엇이든 가지려고 하는 '소유 중심의 방식having mode'에서 '존재 중심의 방식being mode'으로 넘어가, 소유에 대한 관심을 뒤로하고 그냥 그대로 있음을 즐기는 날이라고 했다. 유대인 사상가 아브라함 조슈아 혜셸Abraham Joshua Heschel은 그의 책《안식일Sabbath》°에서, 안식일이란 신이 물질 너머에 계신다는 것과 인간이 물질세계를 초월하여 신의 영역에 동참할 수 있다는 것을 상기시켜주는 특별한 날이라고 했다. 모두 현상세계, 일상의 차원에서 영원의 차원으로 승화됨을 의미하는 것이다.

참된 안식을 통해 얻을 수 있는 이런 영적인 체험 없이 어찌 아버지를 볼 수 있겠는가? 〈도마복음〉 전체의 흐름에

○   한국어 번역판은 김순현 옮김,《안식-현대인이 잃어버린 안식의 참 의미를 말하다》(복있는사람, 2007) 참조.

서 볼 때 영원한 안식은 육체를 벗어나는 것이기에, 여기서 말하는 안식일 준수도 이런 궁극적인 안식에 들어감을 이야기하는 것인지도 모른다. 내가 사는 캐나다 밴쿠버에 '안식安息'이라는 중국 장의사葬儀社가 있는데, 의미 있는 상호다.

내 영혼이 세상의 아픔으로 아파하고

예수께서 말씀하셨습니다.
"나는 내 설 곳을 세상으로 하고,
육신으로 사람들에게 나타났습니다.
나는 그들이 취해 있음을 보았지만,
그 누구도 목말라하는 것을 보지
못하였습니다. 내 영혼은 이런
사람의 자녀들로 인해 아파합니다.
이는 이들이 마음의 눈이 멀어
스스로 빈손으로 세상에 왔다가
빈손으로 세상을 떠나게 된다고
하는 것을 알지 못하기 때문입니다.
그러나 지금은 그들이 취해 있지만,
술에서 깨면 그들은
그들의 의식을 바꿀 것입니다."

Jesus said, "I took my stand in the midst of the world,
and in flesh I appeared to them. I found them all drunk,

and I did not find any of them thirsty. My soul ached
for the children of humanity, because they are blind
in their hearts and do not see, for they came into the
world empty, and they also seek to depart from the world
empty. But meanwhile they are drunk. When they shake
off their wine, then they will change their consciousness."

〈도마복음〉은 예수님이 육체로 오신 것을 부인하고 그저
우리 눈에 그런 모양으로만 나타나 보이기만 했다고 주장
하던 가현설假現說, Docetism을 배격하고, 직접 몸을 입고 오
셨다는 수육受肉, incarnation을 인정하고 있다. 여기서는 예
수님이 이 세상에 육신의 몸으로 온 목적을 천명한다. 그
가 이 세상에 온 것은 세상 죄를 지고 가려는 것이 아니다.
술 취한 상태, 잠자는 상태에 있는 인간들을 일깨우기 위한
것이다. 인간 실존의 한계성 때문에 어쩔 수 없이 우리 눈
에 보이는 현상세계만을 실재로 알고 있는 우물 안 개구리
같은 인간들에게 현상계 너머에 있는, 혹은 그 바탕이 되는
실재, 진여眞如, 여실如實, 자신의 참모습을 보도록 깨우쳐
주기 위한 지혜의 화신으로 오신 것이다.

그러나 이 세상의 상태는 어떠한가? 취해 있지만 취해

있는지도 모르기 때문에, 뭔가 해결책을 찾아 '목말라할 줄도 모르고' 어두움에서 헤매며 고생하고 있다. 예수님은 이렇게 고통당하는 중생의 아픔을 '같이 아파하며' 그들 가운데서 그들을 이끌기 위해 이 세상에 설 곳을 정하신 것이다. 피를 흘려 그 핏값으로 우리를 죄에서 속량하시기 위해 오셨다고 믿는 이른바 '대속적 기독론substitutionary Christology'과 현격한 대조를 이룬다.°

《도덕경》 53장을 보면, 대도大道의 길이 평탄하지만 사람들은 곁길만 좋아하고, '비단옷, 맛있는 음식, 넘치는 재산'에만 정신이 팔려 있는 현실을 향해, 노자도 "이것이 도둑이 아니고 무엇이냐?"라고 외친다. 눈앞에 있는 현실적 이익을 추구하느라 참된 현실이 어떤 것인지도 모르는 이런 비극적 현실을 안타깝게 생각한 것이다. 제16절에서도

°   미국 성공회 신부 존 쉘비 스퐁John Shelby Spong(1931~2021)에 의하면, 공관복음, 특히 〈마태복음〉에는 대속적 기독론이 없었는데, 이방인들이 그리스도교 신도의 다수를 차지하며 예수가 우리의 죄를 속량하기 위한 희생제물이었다는 생각이 자리 잡게 되었다고 한다. 그의 최근 책, *Biblical Literalism: A Gentile Heresy: A Journey into New Christianity through the Doorway of Matthew's Gospel*(HarperOne; Reprint edition, 2017) 참조.

지적한 것처럼 노자를 비롯하여 종교적 선각자들은 무지 몽매한 인간들을 가엾게 여기고 그들을 일깨우려 노력하는 이들이다.

부처님도 사람들에게 자기가 깨친 진리를 가르치기 시작하면서, '고집멸도苦集滅道'라고 하는 이른바 '네 가지 거룩한 진리' 혹은 '사성제四聖諦'를 설파했는데, 그중 첫째가 모든 것이 아픔이라는 사실을 깨달으라는 '아픔[苦]'에 관한 '진리[諦]'였다. 일단 병이 들었다는 사실을 알아야 병의 원인[集]도 알고, 그것을 없애겠다는[滅] 마음을 가질 수 있고, 일정한 방법[道]에 따라 고침을 받을 수 있는 것이 아닌가? 이런 의미에서 볼 때 아픔 자체보다 아픔을 자각하지 못하는 것이 진정 '죽음에 이르는 병'이다.

'마음의 눈이 멀어 빈손으로 왔다가 빈손으로 가는 것'을 알지 못한다고 했다. 그야말로 예수님이 가르쳐주는 지혜와 깨달음이 바로 우리 앞에 있는데, 그것을 잡지 못하고 공수래공수거空手來空手去 하는 현실이라는 것이다. 그러나 완전한 절망만은 아니다. 지금은 우리가 취해 있지만 우리의 취한 상태, 잠자는 상태를 깨우기 위해 일부러 육신을 쓰고 이 세상에 오신 예수님의 가르침을 받아 술 취한 상태, 잠자는 상태에서 깨어나면, 그리하여 심안心眼의 개안開眼이 있기만 하면, 완전한 '의식의 변화'를 맛보게 된다고 했다.

마지막 구절은 종교사적으로 너무나도 중요한 발언이다. "술에서 깨면 그들은 그들의 의식을 바꿀 것"이라고 할 때 '의식을 바꿀 것이다'라고 번역한 이 말의 원문은 콥트어 판에서도 그리스말을 그대로 사용하여 '메타노이아metanoia'로 되어 있다. 이것은 예수님 가르침의 핵심에 해당하는 부분이다. 공관복음에서 예수님이 공생애를 시작하며 "회개하라. 천국이 가까웠느니라." 하고 외쳤을 때 그 '회개'에 해당하는 말이기 때문이다. 본 해설자가 그동안 여기저기 책이나 논문에서 계속해서 강조한 것처럼, '메타노이아'는 어원적으로 '의식noia의 변화meta'를 의미한다. 단순히 옛 잘못을 뉘우치고 새로운 삶을 살기로 작정한다는 식의 회개라는 뜻 그 이상이다. 우리의 이분법적 의식을 변화시켜 초이분법적trans-dualistic 의식을 갖게 된다고 하는 뜻이다. 말하자면 공관복음에서 "회개하라. 천국이 가까웠느니라." 하는 예수님의 '하느님 나라 복음'이란 결국 '우리의 이분법적 의식을 변화시키고, 그로 인해 하느님의 주권이 내 가까이 있음을 깨닫게 되리라'는 말씀으로 풀이해도 무리가 없다. '의식의 변화'를 체험하는 것이야말로 예수님이 그를 따르던 모든 사람이 갖게 되기를 바라던 최대의 소원이었다.

이것은 사실 우리 주위에 있는 불교나 유교에도 해당되는 말이다. 불교에서 '붓다' '부처' '불佛'이란 '깨침을 얻은 이the Awakened, the Enlightened'라는 뜻이고, '불교'라는 말 자체가 '깨침을 위한 가르침'이라 할 수 있다. '성불成佛하라'는 말은 '깨침을 얻어라'라는 말이다. 유교에서도 신유학은 자기들의 가르침을 '성학聖學'이라고 했는데, '성인들의 가르침'이라는 뜻보다는 '성인이 되기 위한 가르침 Learning for Sagehood'이라는 뜻이 더 강하다. 또 '성인聖人'이란, 한문 '성聖'이라는 글자에 포함된 귀[耳]가 나타내듯 '특수 인식능력의 활성화'를 이룬 사람이라 할 수 있다. 모두 '의식의 변화'를 가리키는 말이라 해도 무방하다.

문제는 메타노이아다.° 여기 이 절은 이 메타노이아의

○　예수님의 가르침 중에서 '메타노이아'의 중요성, 그리고 그것을 통해 어떻게 그리스도교와 불교, 그리스도교와 유교 간의 건설적인 대화를 가능하게 할 수 있을까 하는 문제를 다룬 것으로 졸고,《예

체험이 우리에게 가능하다는 것을 보장하는 말로 끝을 맺는다. 기가 막힌 복음이 아니고 무엇인가.

수는 없다》(현암사, 2001, 2007), pp. 284-289; "The Christian-Buddhist Encounter in Korea," Robert E. Buswell Jr. & Timothy S. Lee, ed., *Christianity in Korea*(Honolulu: University of Hawai'i Press, 2006), pp. 371-385;《불교 이웃종교로 읽다》(현암사, 2006), pp. 340-355; "Sagehood and Metanoia: Confucian-Christian Encounter" in Korea. in *The Journal of the American Academy of Religion*, vol. LXI, no. 2. Summer 1993, pp. 303-320 등을 참조할 수 있다.

육이 영을 위해

예수께서 말씀하셨습니다.
"만약 육이 영 때문에 생겨나게
되었다면 그것은 놀라운 일입니다.
그러나 영이 몸 때문에 생겨났다면
그것은 더욱 놀라운 일입니다.
그러나 나는 이 큰 부요함이 어떻게
이와 같은 궁핍 속에 나타났는지
놀라워할 따름입니다."

Jesus said, "If the flesh came into being because of spirit,
that is a marvel, but if spirit came into being because of
the body, that is a marvel of marvels. Yet I marvel at how
this great wealth has come to dwell in this poverty."

고대에는 육sarx이 영pneuma 때문에 생긴 것이라 믿었다. 영이 먼저 있고 그로 인해 육이 생겨난다는 것이다. 하느님의 영에서 이 물질세계가 흘러나오거나 창조된 것이라 본 것이다. 이 물질 세상이 '유출流出'의 결과든 '창조創造'의 결과든 이렇게 존재한다는 자체가 실로 놀라운 일이다. 그리하여 역사적으로, 조금이라도 깊이 생각하는 사람이라면 "도대체 왜 공허만이 아니라 존재라는 것이 있다는 것인가?Why are there beings at all, rather than nothing?" 하는 질문을 계속했다. 이른바 '존재의 신비mystery of being' 혹은 '존재의 충격shock of being'을 말하고 있는 것이다.

서양 최고의 철학자 중 한 사람인 이마누엘 칸트Immanuel Kant (1724~1804)는, 생각하면 할수록 자신을 경탄과 경외심으로 가득 채워주는 두 가지 사실이 있는데, 그것이 바로 '내 위에 별들이 총총한 하늘이 있고 내 속에 도덕률이 있다고 하는 것'이라고 했다. '현상세계' 자체만으로도 경탄과 경외심을 불러오기에 충분하다는 말이 아닌가.

그런데 이 절에서는 '영이 몸 때문에 생겨났다면 그것은 더욱 놀라운 일' '기적 중의 기적'이라고 했다. 무슨 뜻일까? 본문에서는 '육sarx'과 '몸soma'을 구분하고 있다. 그 당시 일반적인 견해에 의하면, 영soul · 육flesh 간의 관계에서 육은 영혼soul이 극복할 대상이었다. 이렇게 인간의 영혼이 육을 극복하려고 노력할 때 바로 '하느님의 영Spirit'이 우리 속에 내재하여 우리를 도와주는 것이라고 믿고, 우리 속에서 발견되는 이런 성령의 내재야말로 신비스럽고도 놀라운 것이 아니냐는 뜻이다.

아무튼 우리 인간이 이런 현상세계를 통해서 그것을 초월하는 신적 존재를 감지하고 신비스럽게 여기거나 충격을 받는다는 사실 자체가, 결국 물질세계로 인해 그 전까지 의식하지 못하고 있던 초월의 세계, 영적 세계로 들어가는 셈이 아닌가? 그런 의미에서 이 물질세계는 그것을 초월하는 세계를 일러주는 표지sign, code, cypher나 그것을 가리키는 손가락이라는 말과 같다. 좀 어려운 말을 쓰면, 궁극 실재인 비존재non-being가 현상세계의 존재beings를 가능하게 하는 근원이지만, 그 존재는 우리에게 비존재의 실재를 체험하도록 인도해주는 역할을 한다는 것이다.

또 이 구절은 〈창세기〉에 나오는 이야기처럼, 하느님이 흙으로 사람의 모양을 빚으시고 "생기ruach를 그 코에 불어넣으시니 사람이 생령이 되었다."(창2:7)는 말과 같이, 몸이 먼저 있고 그것으로 인해 사람이 생령으로 나타난 것을 가리킨다고 보기도 한다. 이것도 몸 안에 있는 하느님의 영의 존재를 더욱 기이하게 생각한다는 점에서 신의 현존에 대한 경이를 나타내는 말이라 할 수 있다.

　마지막 구절, "나는 이 큰 부요함이 어떻게 이와 같은 궁핍 속에 나타났는지 놀라워할 따름입니다." 한 것은 영적 세계라는 그 '큰 부요함'이 일반적으로 '궁핍'한 것으로 여겨지는 물질세계에 내재한다는 사실, 그리고 내재한다는 사실뿐 아니라 물질세계를 통해 영의 세계를 감지할 수 있다는 사실이 정말로 놀랍고 신기하다는 말로 새겨도 될 것이다. 좀 더 구체적으로 좁혀서 생각한다면, 인간 안에 있는 신의 임재야말로 신비 중의 신비라는 말이라 볼 수 있을 것이다.

둘이나 한 명이 있는 곳에

예수께서 말씀하셨습니다.
"세 명의 신이 있는 곳에서는
그들이 신입니다.
둘이나 한 명이 있는 곳에는
나도 그와 함께 합니다."

Jesus said, "Where there are three deities, they are divine.
Where there are two or one, I am with that one."

지극히 난해한 구절 중 하나다. 이 절에 해당하는 그리스어 버전이 있는데, 이 구절에 대한 견해도 학자마다 다 다르다. 마빈 메이어Marvin W.Meyer에 의하면 "셋이 있는 곳, 그들에게는 하느님이 [같이하지 않]는다. 오로지 [하나]이면, 내가 이르노니, 나도 그 하나와 함께하노라."로 복원할 수 있다고 한다. 에이프릴 디코닉April D.DeConick은 이 절에는 번역상의 오류가 있었으리라 보고 "셋이 있는 곳에 하느님이 계시고, 하나나 둘이 있는 곳에는 내가 함께하리라."로 읽어야 한다고 주장한다. 콥트어 번역자가 잘못된 그리스어 필사본을 번역하느라, 의미가 통하지 않는 말을 한 것이 아닌가 추측한다. 또 그리스어 버전에는 이 말에 이어서 제77절에 해당하는 말, "돌을 들어라. 너희는 거기서 나를 찾으리라. 나무를 쪼개라. 내가 거기 있느니라."는 말이 덧붙어 있다.

몇 가지 추측이 가능하다. 추측성 발언을 싫어할 경우 이 절은 건너뛰어도 좋을 것이다. 그래도 추측을 해본다면, 첫째, 어느 사람 셋이서 스스로 완전하다고 생각하고 자고自高한 마음을 갖는다면, 사실 그들 세 명은 스스로 신이 되는 셈이다. 그러나 이런 식으로 스스로 신이 된 신이란 참된 신일 수 없고, 그러기에 예수님도 그런 사람들과 함께

할 수 없다. 그러나 '한 개인이, 혹은 둘이 합하여 하나가 된 곳이라면 나도 거기에는 함께한다' 하는 식으로 새겨듣는다는 것이다.

좀 더 영적인 메시지가 있다고 볼 수도 있다. '우리가 절대적인 가치로 받드는 것들, 우리가 우리의 신으로, 우리의 우상으로 모시는 것들이 셋이나 우리를 점하고 있을 경우 예수님이 들어설 자리가 없지만, 우리의 관심사가 하나나 기껏해야 둘이 될 경우 예수님이 우리와 함께하며 우리를 인도할 수 있는 가능성이 열린다'라고 푸는 것이다.

아주 정반대의 해석을 할 수도 있다. '우리는 모두 하느님을 우리 안에 모시고 사는 사람들, 우리는 결국 모두 하느님이다. 셋이 모이면 하느님 셋이 있는 셈이다. 이런 하느님들이 있는 곳, 셋도 필요 없고 둘만 있어도, 심지어 하나만 있어도 나도 거기 함께한다. 둘이나 셋, 그 이상 모인 곳이면 하느님의 임재하심과 그 능력이 얼마나 더 클까?' 하는 뜻으로 푼다.

학자들 중에는, 오역이기는 하지만 그리스어 원문이 그래도 이해하기가 더 쉽다고 믿는 이들이 많다. 그리스어 원문을 토대로 해서 풀 경우, 이것을 〈마태복음〉에 나오는 "두세 사람이 내 이름으로 모여 있는 자리, 거기에 내가 그들 가운데 있다."(18:20)는 말씀의 또 다른 버전이라 보는 것이다. 〈마태복음〉에는 '두세 사람'이 모이는 곳에 예수님이 함께한다고 했는데, 여기서는 오로지 '하나'이면, 혹은 하나라도 함께한다고 했다. '오로지 하나이면'으로 이해한다면, 앞에서 지적한 것처럼 '홀로' 사는 수도자의 삶을 강조하는 것이라 볼 수도 있다.

예언자가 고향에서는

예수께서 말씀하셨습니다.
"예언자가 자기 고향에서는
환영을 받지 못하고,
의사가 자기를 잘 아는 사람들은
고치지 못합니다."

Jesus said, "No prophet is welcome on his home turf;
doctors don't cure those who know them."

문맥과 사용된 낱말들은 조금씩 다르지만 4복음서 모두에 나오는 이야기다(막6:4, 마13:57, 눅4:24, 요4:44). 이것들과 비교해보면 〈도마복음〉에 나오는 말이 가장 간결하다. 학자들 중에는 이런 이유로 〈도마복음〉의 상당 부분이 다른 복음서에 나오는 것들보다 더 오래된 전승을 포함하고 있다고 생각한다.

예언자·선지자가 누구인가? 우리는 예언자 혹은 선지자라고 하면 미래를 미리 알고 말해주는 사람이라 생각하기 쉽다. 그러나 영어로 'prophet'이라 할 때 그 그리스어 원어의 어근이 'pre+phetes(미리+말하다)'가 아니라 'pro+phetes(위하여+말하다)'임을 기억할 필요가 있다. 선지자 혹은 예언자는 '미리 말하는 자'가 아니라 '위하여 말하는 자', 곧 하느님을 위하여 하느님의 말씀과 뜻을 전달하는 사람을 일컫는다. 물론 하느님의 말씀을 전하다 보면 앞날에 대해 이야기할 수도 있지만, 그 본업은 점쟁이처럼 미래를 알아맞히는 것이 아니라 하느님이 맡겨주신 말씀, 하느님이 일러주신 삶의 원칙을 사람들에게 말해주는 사람이다. 따라서 요즘은 '미리 아는 사람'이라는 오해를 가져다주는 '선지자'라는 말보다 '예언자'라는 말을 선호하고, 표준새번역에서도 '예언자'라는 말을 쓰고 있다. '예언자'를 한문으로 쓸 때도 미리 예豫를 써서 '豫言者'라 하지 않고 맡길 예預를 써서 '預言者'라 하는 것이 옳다.

예언자가 하느님의 말씀을 전할 수 있는 것은 '하느님의 영이 내게 임하시매'의 경험을 전제로 한다. 의식의 전환을 통해 '특수 인식 능력의 활성화'를 체험한 사람, 다시 말해 '깨친 사람'이라야 가능하다는 뜻이다.

사람의 말이 설득력을 갖기 위해서는 보통 세 가지 요소가 갖추어져 있어야 한다. 첫째는 '로고스logos'-말하는 내용이 논리적이고 합리적이어야 한다. 둘째는 '파토스pathos'-말하는 방법이 정열적이고 힘차야 한다. 셋째는 '에토스ethos'-말하는 사람의 됨됨이가 신뢰를 받을 만큼 그럴듯해야 한다는 것이다. 어느 한 가지라도 결여되면 듣는 사람을 설득하기 곤란하다. 그런데 예언자의 경우 자기 고향에서는 이 셋째 요소를 갖추기 힘들다. 아무리 영을 받아 새로운 사람이 되어 새로운 메시지를 가지고 힘차게 외치는 예언자가 되었어도, 고향에서는 옛날 그 코찔찔이, 발가벗고 개울에서 물장난이나 하고 뛰놀던 개구쟁이, 기껏해야 아버지 어머니를 도와 집안일이나 거들던 착한 아이 정도로만 기억하고 있기 때문이다. 그런 이미지에

'에토스'적 요소가 갖추어질 수 없다. 에토스적 요소가 없으면 '콩으로 메주를 쑨다' 해도 곧이듣지 않기 마련이다.

물론 예언자, 혹은 영적으로 깨친 이들은 변화된 사람들이다. 조금만 주의 깊게 보면 이들은 보통 사람들과 확연히 다름을 발견하게 된다. 그러나 예언자의 어릴 때를 생각하는 사람들은 머리에 박힌 선입견 때문에 그런 것이 보이지 않고, 자기들이 과거에 알고 있던 이미지를 새로 찾아온 고향 출신 예언자에게 투영하고 마는 것이다.

한편, 많은 정신적 영웅들이 영적 모험을 감행하고 고향에 돌아왔을 때 이처럼 냉대나 심지어 박해까지 받을 수 있는 또 다른 이유를 생각해볼 수 있다. 정신적 영웅들이 천신만고 끝에 발견한 진리를 고향 사람들에게 전하면, 고향 사람들은 이런 고매한 진리를 이해할 수가 없다. 이런 '엉뚱한' 혹은 '뒤집어엎는' 파격적 말을 하는 사람들을 기존의 질서를 파괴하는 사람으로, 심지어 미친 사람으로 볼 수도 있다. 리처드 바크Richard Bach가 쓴 《갈매기의 꿈》에 나오는 주인공 갈매기 '조너선 리빙스턴'의 경우와 같다. 그는 비상飛翔의 비밀을 터득하고 그 황홀한 즐거움을 자기 형제들과 나누기 위해 찾아가지만, 어선 뒤를 따라다니며 버린 생선이나 주워 먹는 것을 삶의 전부라 믿고 사는 그들은 조너선에게 갈매기 형제단의 질서와 평화를 교란한다는 죄목을 씌워 그를 추방하고 만다.

사실 부처님도 깨침을 얻고 나서 그가 깨친 바를 사람들에게 가르칠까 말까 망설였는데, 그 이유는 바로 자신이 깨달은 진리를 일반인들이 알아들을 수 있을까 하는 염려 때문이었다. 그러나 부처님은 처음부터 가르치는 것에 성공적이었고, 고향으로 돌아가서도 크게 환영을 받았을 뿐만 아니라 아버지, 계모, 전 부인, 아들, 사촌, 친구까지도 불가에 많이 귀의하게 했다. 이런 모습은 세계 종교사에서도 이례적인 예라 할 수 있다.

'의원이 자기 아는 사람을 고치지 못한다'고 한 구절은 〈도마복음〉에만 나오는 것이다. 〈누가복음〉에도 의원에 대한 이야기가 나오지만 약간 다른 맥락에서 쓰였다. 성경에 나오는 복음서에 의원에 관한 이야기가 없어진 것은, 초대교회에서 예수님을 이해할 때 더 이상 병을 고치거나 기적을 행하는 분으로 여기기보다는 예수님의 예언자적 기능을 더욱 중요시하게 되었기 때문이 아닌가 짐작할 수 있다.

참고 마르틴 루터Martin Luther (1483~1546)는 그 당시 신부들만이 맡아 하던 제사장직 제도에 반대하고 이른바 '만인 제사장직'을 주장했다. 우리 모두가 하느님께 직접 나갈 수 있는 제사장이 되어야 한다는 것이다. 이와 마찬가지로 이제 '만인 예언자직'을 제창할 수는 없을까? 우리 모두 '깨침'을 얻을 수 있는 가능성을 가지고 있다고 한다면, 우리 모두는 적어도 잠재적 '예언자'가 아닌가.

산 위의 도성

예수께서 말씀하셨습니다.
"산 위에 세워지고 요새처럼 된 도성은
쓰러지거나 숨겨지지 않습니다."

Jesus said, "A city built on a high hill and fortified cannot
fall, nor can it be hidden."

〈마태복음〉에는 "너희는 세상의 빛이다. 산 위에 세운 마을은 숨길 수 없다."(5:14)라고 했다. 우리가 빛이 되면 산 위에 세운 마을처럼 숨겨질 수 없음을 강조하고 있다. 여기 〈도마복음〉에 나오는 구절도 우리의 내면적 변화라는 맥락에서 이해하는 것이 좋을 것 같다. 그러면 바로 위 제31절에서 '예언자가 고향에서는 환영받지 못한다'고 한 말과 자연스럽게 연결되기 때문이다. 예언자처럼 영을 받은 사람, 깨친 사람, 내면의 빛을 발견한 사람, 의식의 변화를 받은 사람이 비록 고향에서는 인정을 받지 못하지만, 선입견 없이 보는 일반 사람들에게는 산 위에 우뚝 세워진 도성처럼 뚜렷하게 보인다는 뜻이 아니겠는가?

여기 〈도마복음〉에는 그런 사람들이 요새처럼 쓰러지지도 않는다는 사실을 하나 덧붙였다. 영적으로 거듭나고 성숙한 사람은 사실 어떤 어려움이나 공격을 받아도 내면에 있는 성벽으로 인해 쉽게 무너지지 않으며, 이런 난관이나 공격·핍박에 의연하고 늠름하게 대처할 뿐 결코 쓰러지지 않는다는 것을 부언한 것이라 여겨진다.

지붕 위에서 외치라

예수께서 말씀하셨습니다.
"여러분의 귀로, 또한
다른 귀로 듣게 될 것을
여러분의 지붕 위에서 외치십시오.
누구도 등불을 켜서 말 아래 두거나
숨겨진 구석에 두지 않습니다.
오히려 등경 위에 두어
오가는 사람들이 모두
그 빛을 보게 할 것입니다."

Jesus said, "What you will hear in your ear, in the other ear proclaim from your rooftops. After all, no one lights a lamp and puts it under a basket, nor does one put it in a hidden place. Rather, one puts it on a lampstand so that all who come and go will see its light."

'여러분의 귀로, 또한 다른 귀로'라고 하는 말은 필사 과정에서의 실수일 수도 있고, '다른 귀'가 우리 속에 있는 '내면의 귀', 보통 사람의 귀로는 들을 수 없는 것을 들을 수 있는 '특별한 귀'를 가리키는 것일 수도 있다. 한문으로 '성인聖人'이라고 할 때 쓰는 '거룩할 성聖'이라는 글자에 '귀 이耳'가 들어가 있다는 것은 의미 있는 일이다.

이런 귀로 들은 것을 지붕 위에서 외치라고 했다. 그것이 복음福音, 곧 '좋은 소식'이기 때문이다. 인간의 조건에 얽매여 고통을 당하던 내가 깨침을 통해 나의 참나[眞我]를 발견하고, 변하여 새 사람이 됨으로써 해방과 자유를 누리며 살 수 있다고 하는 소식처럼 복된 소식이 어디 있겠는가? 이런 소식을 자기 혼자만 간직하고 살 수는 없다. 다른 사람들과 나누어야 한다.

대승불교에서는 보살의 길에서 실천해야 할 여섯 가지 '바라밀波羅蜜, pāramitā'을 이야기하는데, 맨 처음 실천 사항이 바로 사람들과의 '나눔'이다. 전통적인 불교 용어로 '보시布施, dāna'라는 것이다. 일반적으로 보시에는 세 가지가 있다고 한다. 첫째, 재시財施로 물질을 나누는 것, 둘째, 무외시無畏施로 다른 사람들이 두려움에서 벗어나게 용기를 주는 것, 셋째, 법시法施로 진리를 나누는 것이다. 이 셋 중 물론 진리를 나누는 것을 가장 훌륭한 나눔이라 본다. 그리스도교 용어로 하면 진리의 복음을 널리 전파하는 것이다. 물론 복음을 전파한다는 것과, 내 교회나 내 교파의 교인 수를 늘리는 데만 신경을 쓰는 것은 전혀 다른 이야기다.

종교학의 대가로 시카고 대학교에서 가르친 요아힘 바흐Joachim Wach (1898~1955)는 진정한 종교적 체험이 갖는 네 가지 특성 중 한 가지가 '그 체험이 행동으로 나타나는 것'이라고 했다. 기막힌 종교적 체험을 했으면, '내가 여기 있나이다. 나를 보내소서.'라고 한 예언자 이사야와 같은 심정으로 그 체험을 다른 사람들과 나누게 된다는 것이다.°

물론 진리를 나누거나 전한다고 하여, 스스로 완전히 깨

° 네 가지 특성은 다음과 같다. ①'궁극 실재'로 여겨지는 것에 대한 반응 ②인간의 전 존재로 반응하는 전폭적 반응 ③강도에 있어서 가장 강력한 체험 ④행동을 수반함. 오강남, 《세계종교 둘러보기》 (현암사, 개정판 2013), p. 23에서 재인용.

치지도 못한 사람이 부산하게 쏘다니며 요란을 떠는 일이 있어서는 안 될 것이다. 우선 등불을 켜는 일이 중요하다. 그리고 등불을 켜서 등경 위에 놓기만 하면 된다. 변화된 나의 영적 상태를 구태여 숨기려고 애쓸 필요 없이, 내 속에 밝혀진 빛을 가지고 가만히 그 모습 그대로 유지하면 된다. 제20절 풀이에서도 언급한 것처럼, 뭔가 한다고 요란스럽게 하지 않고 그냥 있어도 '오가는 사람들이 모두 볼 수 있게' 될 것이다. 중세의 위대한 신비주의자 마이스터 에크하르트Meister Eckhart의 말이 생각난다.

> 무엇을 해야 할까보다 어떤 인간이 되어야 할까를 더 많이 생각해야 한다. 성결의 기초를 행위에 두지 말고 됨됨이에 두도록 하라. 행위가 우리를 성화시키는 것이 아니라 우리가 행위를 성화시켜야 하기 때문이다. 누구든지 본질적 됨됨이에 있어서 위대하지 못한 사람은 무슨 일을 하든 그 행위는 헛수고에 그치고 만다.

전도傳道란, 변화된 사람의 '무위의 위無爲之爲'를 통해 이루어진다는 말이 아니겠는가.

그러나 한 가지 언제나 명심할 일이 있다. 외친다고 해서 아무에게나 외쳐서는 안 된다는 것이다. 앞서 제8절 풀이에서도 지적한 것과 마찬가지로 너무나 심오한 진리, 진주를 돼지에게 주면 돼지는 그것을 짓밟을 뿐 아니라 그것을 주는 사람을 물어뜯어 해친다는 사실을 알아야 한다. 우리도 남을 물어뜯지 말아야겠고, 또 우리에게 있는 작은 빛이라도 함부로 남에게 던지는 일이 있어서는 안 되겠다 (눅8:16, 11:33, 12:3, 마5:15, 10:27, 막4:21 참조).

The

Gospel

of Thomas

도마복음, 영지주의 복음서

6

깨침의
열쇠를
찾아

눈먼 사람이 눈먼 사람을

예수께서 말씀하셨습니다.
"눈먼 사람이 눈먼 사람을 인도하면,
둘 다 구덩이에 빠질 것입니다."

Jesus said, "If a blind person leads a blind person, both
of them will fall into a hole."

공관복음에도 나오는 이야기다(마15:14, 눅6:39). 여기서 우리를 인도하는 '눈먼 사람' 혹은 '맹인'은 누구인가? 〈도마복음〉의 맥락에서 보면 물론 '깨침을 얻지 못한 사람'이다. 비록 정규 과정을 다 밟고 어느 종교 집단에서 지도자가 될 자격증까지 받았다고 하더라도 진정으로 깨달음에 이르지 못했으면 그는 우리를 오도하는 영적 소경에 불과하다. 이런 사람들이 우리 같은 사람들을 인도한다고 하는 것은 장님이 장님을 인도하는 것과 같다는 뜻이다.

좀 더 구체적으로, 제3절에서 지적한 것처럼 하느님 나라가 하늘에 있다, 혹은 바닷속에 있다 하며 자기도 모르는 것을 가르치는 '지도자들'이 바로 눈먼 지도자들이다. 이들이 제28장에 언급된 것처럼 눈이 멀고 술 취한 것 같은 우리 보통 사람들을 인도한다고 나서서 인도해 가면 결국 그들도 우리도 다 구덩이에 빠지고 만다. 이처럼 지도자·인도자가 되기 위한 최고의 조건은 스스로 깨어나는 것, 눈뜨는 것이다. 오늘 우리를 인도하고 있는 지도자는 진정으로 눈이 뜨인 지도자, 깨달음을 얻은 지도자인가? 아무나 따라가면 우리도 결국 그들과 함께 구덩이에 빠지고 마는 위험이 있다는 사실을 감안하고 지도자를 선택할 때 사려 깊게 선별하는 조심성을 발휘해야 할 것이다.

플라톤의 책 《국가Politeia》를 보면, 참된 지도자는 우리가 보지 못하는 실재의 세계를 본 사람들이라고 하며 이를 설명하기 위해 우화를 들려준다. 우리 인간은 모두 동굴 속에 갇혀 동굴 안쪽 벽면만을 바라볼 수 있도록 쇠사슬에 묶여 있다는 것이다. 바깥 실재의 세계는 보지 못하고 그 동굴 벽면에 비친 바깥 세계의 그림자만 보고 살 수밖에 없는 포로들이다. 그중 참으로 용감한 사람이 자기를 묶고 있는 쇠사슬을 끊고 밖으로 나와 실재의 세계를 직접 보게 된다. 이렇게 실재의 세계를 본 사람만이 동굴 속에 갇혀 있는 사람들을 바깥 세계로 인도할 수 있는 참된 지도자의 역할을 할 수 있다고 했다.

사실 이 절에 나오는 '눈먼 인도자'를 우리를 잘못 인도하는 외부의 인도자라고만 할 필요는 없다. 내 속에서 나를 이끄는 나의 욕심이나 이기심, 변화되지 않은 자아가 결국 나를 구덩이로 인도하는 안내자가 될 수도 있기 때문이다. 변화된 자아, 나의 참된 자아만이 나의 삶을 자유와 평화의 삶으로 인도해줄 수 있기에, 맹목적으로 나의 충동이나 정욕을 따르지 않도록 하라는 뜻이라 볼 수도 있다.

어느 경우든 눈먼 지도자를 따라가면 안 된다는 것이다.

오로지 산 위에 세워진 성채처럼 우뚝 선 지도자(제32절), 등경 위에서 모든 이에게 빛을 비추는 지도자(제33절), 즉 '깨침gnosis'을 얻은 지도자가 우리가 믿고 따를 수 있는 참된 지도자라는 이야기이다.

먼저 힘센 사람의 손을 묶어놓고

예수께서 말씀하셨습니다.
"사람이 먼저 힘 센 사람의 손을
묶어놓지 않고서야 어떻게
그 힘센 사람의 집에 들어가
그 집을 털어갈 수 있겠습니까?"

Jesus said, "One can't enter a strong person's house and take it by force without tying his hands. Then one can loot his house."

이 말은 예수님 당시의 속담일 수 있다. 공관복음에도 인용되어 있는데(마12:29, 막3:27, 눅11:21-22), 모두 예수님이 귀신을 쫓아내는 일과 연결시켜놓았다. 〈마태복음〉에 나온 이야기를 중심으로 살펴보면, 예수님이 어느 귀신 들린 사람을 고쳐주었다. 사람들이 이를 보고 놀랐지만, 바리새파 사람들만은 "이 사람이 귀신의 두목 바알세불의 힘을 빌리지 않고서는 귀신을 쫓아내지 못할 것이다."라고 했다. 예수님이 바알세불의 부하임에 틀림이 없다는 뜻이다. 이에 예수님이 "어느 나라든지 서로 갈라지면 망하고, 어느 도시나 가정도 서로 갈라지면 버티지 못한다. 사탄이 사탄을 쫓아내면, 스스로 갈라진 것이다."라고 대답한 뒤 여기 이 절에 나온 말을 했다.

전후 문맥으로 보면 결국 예수님이 '내가 귀신 들린 사람을 고친 것은 그 사람 속에 있는 힘센 귀신의 손을 결박하고서만 할 수 있는 일일 터. 내가 만약 바알세불 같은 귀신의 힘을 빌린 것이라면 귀신이 귀신을 결박하여 내분을 일으키는 셈이 아닌가. 말도 안 되는 소리다. 그러니 내가 귀신을 쫓아낸 것은 바알세불의 힘을 빌린 것이 아니라 하느님의 영에 힘입어 바알세불의 손을 결박하고 이룬 결과가 아닐 수 없다.' 하는 식의 논증의 일부로 인용되어 있다.

그러나 〈도마복음〉에서는 아무런 전후 맥락이 없이 달랑 이 말만 나와 있다. 내면적인 것을 강조하는 〈도마복음〉 전체의 기본 정신에 따라 내면적인 변화와 관계되는 것으로 이해해보면 어떨까. 우리가 우리 속에 있는 값진 것을 되찾아올 수 있으려면 지금 우리의 삶을 점유하고 있는 힘센 자를 결박해야 한다. 우리를 점유하고 있는 그 힘센 자란 결국 우리를 손아귀에 넣고 우리의 삶을 좌지우지하고 있는 우리의 이기적인 자아와 거기에 따르는 욕심, 정욕, 무지, 자기중심주의, 충동, 악한 성향, 악습 등등이 아닌가. 우리의 삶을 지배하고 있는 이런 것들을 제어하지 않고서는 우리 속에 잠재된 값진 삶을 되찾아올 수가 없다.

거의 모든 종교에서는 우리의 이런 '이기적 자아ego'를 없애야 한다고 강조한다. 불교에서 말하는 '무아無我'나 유교에서 말하는 '무사無私'라는 것도 이런 이기적 자아를 없애라는 가르침이다. 예수님도 "누구든지 자기 목숨을 구하고자 하는 사람은 잃을 것이요, 나 때문에 자기 목숨을 잃는 사람은 찾을 것이다."(마16:25)라고 했다. 작은 목숨 즉 '소문자 life'나 '소문자 self'를 구하겠다고 안간힘을 하고 있는 이상, 큰 목숨 즉 '대문자 Life'나 '대문자 Self'를 잃어버리게 된다는 것이다. 나의 작은 목숨, 작은 자아

를 내어놓을 때 비로소 큰 목숨, 큰 자아와 하나가 되어 그
것을 찾게 된다. 작은 자아, 소아小我를 죽이고 대아大我,
진아眞我로 부활하는 죽음과 부활의 역설적 진리를 체득하
라는 것이다. 나의 의식적이고 자기중심적인 나를 쫓아냄,
《장자》에서 말하는 '오상아吾喪我(내가 나를 여읨)' 하는 체험,
이것이 전통적으로 말하는 '귀신 쫓아냄exorcism, 逐鬼'의 깊
은 뜻이 아닐까?

무엇을 입을까 염려하지 말라

예수께서 말씀하셨습니다.
"아침부터 저녁까지,
그리고 저녁부터 아침까지
무엇을 입을까 염려하지 마십시오."

Jesus said, "Do not fret, from morning to evening and
from evening to morning, [about your food- what you're
going to eat, or about your clothing] what you are
going to wear. [You're much better than the lilies, which
neither card nor spin. As for you, when you have no
garment, what will you put on? Who might add to your
stature? That very one will give you your garment.]"

그리스어 사본 조각에 있는 것을 괄호 안에 덧붙여 번역하면, "아침부터 저녁까지, 그리고 저녁부터 아침까지 [먹는 것을 두고 무엇을 먹을까, 입는 것을 두고] 무엇을 입을까 염려하지 마십시오. [여러분은 수고도 하지 않고 길쌈도 하지 않는 백합화보다 귀합니다. 여러분에게 입을 것이 없으면 여러분은 무엇을 입겠습니까? 누가 여러분의 키를 더 크게 할 수 있습니까? 바로 그이가 여러분에게 여러분의 옷을 줄 것입니다.]"로 되어 있다. 그리스어 사본은 공관복음(마5:25-34, 눅12:22-32)에 나오는 것과 대동소이하다. 그러나 나그함마디 콥트어 사본에는 '무엇을 먹을까를 염려하지 말라'는 어구는 빠지고 오로지 옷 입는 것만을 강조해서 그것에 대해 염려하지 말라고 했다. 무슨 이유일까?

〈도마복음〉 전통에서 '옷을 입는다'는 것은 육신을 입는다는 뜻이다. 무슨 옷을 입을까 염려하지 말라고 한 것은 어떤 육신을 가지고 태어났든지, 또 이 육신을 입든지 벗든지 염려할 것이 아니라는 뜻이라 볼 수 있다. 이런 생각을 한다면 문자적으로 우리가 일상으로 착용하는 옷을 입고 벗고 하는 것도 문제이지만, 육신이라는 옷을 입고 벗는 것이 더 큰 문제라 할 수 있다. 특히 이생에서의 옷을 벗고 내생에서 무슨 새 옷을 입을까 그렇게 염려할 것이 아니라는 뜻이라 이해할 수 있다. 그야말로 죽든지 살든지 하느님께 맡기고, 그의 뜻과 섭리를 믿고 염려에서 벗어난 삶을 사는 것이 최고라는 것이다.

사실 우리가 많이 쓰는 '믿음'이란 말은 결국 이처럼 '턱 맡김으로써 염려에서 벗어남'이라 할 수 있다. 여기서 잠깐 믿음에 대해 생각해본다. 복음서에는 믿음에 대한 이야기가 많이 나온다. 특히 〈요한복음〉에는 "이는 그를 믿는 자마다 멸망하지 않고 영생을 얻게 하려 하심이라."(요3:16), "나는 부활이요 생명이니 나를 믿는 자는 죽어도 살겠고, 무릇 살아서 나를 믿는 자는 영원히 죽지 아니하리니"(요11:25, 26) 하는 등 '믿음'을 강조하고 있다. 따라서 그리스도인들은 그리스도교가 결국 '믿음의 종교'일 수밖에 없다고 믿고 있다. 그러나 '믿음'이라는 것이 과연 무엇인가?

신학자 마커스 J. 보그Marcus J. Borg (1942~2015)의 분석에 의하면 '믿음'에는 네 가지 종류가 있다고 한다. 첫째, "남의 말을 참말이라 받아들이는 것"과 같은 믿음이다. 좀 더 거창한 말로 표현하면 '우리가 직접 경험하거나 확인할 길이 없는 것에 대한 진술이나 명제를 사실이라고 인정하는 것'이다. 이른바 'assénsus(아센수스)'로서의 믿음이다. 이 라틴어 단어는 영어 'assent'의 어근이다. 우리말로는 '승인承

認'이나 '동의'라 옮길 수 있을 것이다. 이런 믿음의 반대
는 물론 '의심'이다.

　현재 교회에서 의심하지 말고 믿으라고 하는 것은 이런
'승인으로서의 믿음'을 가지라는 뜻이다. 교회에서 믿음이
좋은 사람이라고 하면, 교회에서 가르치는 것이면 무조건
모두 사실인 것으로 받아들이는 사람을 의미한다. 그리스
도교 역사에서 근대에 와서야 이런 형태의 믿음이 '믿음'
으로 강조되기 시작하다가 근래에는 급기야 믿음이라면
바로 이것이 전부인 것처럼 생각되는 경지에 이른 것이다.

　그 이유는 무엇일까? 17~18세기 계몽주의와 더불어 과
학 사상이 발전하고, 이와 더불어 진리를 '사실factuality'과
동일시하는 경향이 생기게 되었다. 그러면서 성경에 나오
는 이야기 중에 창조, 노아 홍수 등 사실이라 인정할 수 없
는 것들을 배격하기 시작했다. 이렇게 되자 그리스도교 지
도자들 중 더러는 그리스도인들에게 성경에 있는 이런 것
들을 '사실'이라 받아들일 것을 강조하고, 결국 '믿음'이란
이처럼 성경에 나오는 이야기 중 사실이라 받아들이기 힘
든 것을 사실로, 참말로, 정말로 받아들이는 것과 동일시
하게 된 것이다. 엄밀히 말하자면 이런 종류의 믿음은 그

리스도교에서 가장 중요한 것도 아니고, 또 처음부터 가장 보편적 형태의 믿음으로 내려온 것도 아니다.

둘째, 성경에서, 그리고 17세기 계몽주의 이전에 강조된 믿음이란 '턱 맡김'이다. 내가 곤경에 처했을 때 내가 하느님을 향해 "나는 하느님만 믿습니다." 할 때의 믿음 같은 것이다. 이때 믿는다는 것은 교리 같은 것을 참말로 받아들인다는 것과 거의 관계가 없다. 이런 식의 믿음은 어떤 사물에 대한 진술이나 명제, 교리나 신조같이 '말'로 된 것을 믿는 것이 아니라 상대방의 신의와 능력을 믿는 것이다. 라틴어로 'fidūcia(피두치아)'로서의 믿음이다. 영어로 'trust'라는 말이 가장 가까운 말이다. 우리말로 하면 '신뢰로서의 믿음' '턱 맡기는 믿음'이라 할 수 있을 것이다.

이런 믿음은, 덴마크의 실존 철학자 키르케고르Søren Aabye Kierkegaard (1813~1855)가 표현한 대로, 천만 길도 더 되는 깊은 바닷물에 나를 턱 맡기고 떠 있는 것과 같은 것이다. 잔뜩 긴장을 하고 허우적거리면 허우적거릴수록 더욱더 빨리 가라앉고 말지만, 긴장을 풀고 느긋한 마음으로 몸을 물에 턱 맡기고 있으면 결국 뜨게 되는 것이다. 하느님을 믿는 것은 하느님의 뜨게 하심을 믿고 거기 의탁하는 것이다.

이런 믿음의 반대 개념은 의심이나 불신이 아니라 바로 불안, 걱정, 초조, 두려워함, 안달함이다. 우리에게 이런 믿음이 있을 때 우리는 근심과 염려, 걱정과 두려움에서 해방되는 것이다. 예수님이 우리에게 가장 강조해서 가르치려 하신 믿음도 바로 이런 믿음이었다. 그러기에 예수님은 우리에게 "공중의 새를 보아라. 씨를 뿌리지도 않고, 거두지도 않고, 곳간에 모아들이지도 않으나, 너희의 하늘 아버지께서 그것들을 먹이신다. … 들의 백합화가 어떻게 자라는가 살펴보라." 하며 하느님의 무한하고 조건 없는 사랑을 믿고 "무엇을 먹을까, 무엇을 입을까 걱정하지 말라"고 하셨다(마6:25-32).

   오늘처럼 불안과 초조, 근심과 걱정, 스트레스와 긴장이 많은 사회에서 우리에게 이런 신뢰로서의 믿음, 마음 놓고 턱 맡김으로서의 믿음은 어떤 진술에 대한 승인이나 동의로서의 믿음보다 더욱 중요하고 필요한 것이 아닌가. 그렇기에 하느님에 대한 이런 믿음은 우리를 이 모든 어려움에서 풀어주는 해방과 자유를 위한 믿음이다.

   〈도마복음〉에서 무엇을 입을까 염려하지 말라고 할 때도 우리에게 이런 믿음을 가지고 살라는 충고로 받아들이라는 뜻이 아니겠는가.

[참고] 나머지 두 종류의 믿음에 대해서도 살펴보자.

셋째, '믿음직스럽다'거나 '믿을 만하다'고 할 때의 믿음이다. 내가 믿음을 갖는다고 하는 것은 내가 믿음직한 사람, 믿을 만한 사람이 된다는 것이다. 라틴어로 'fidélitas(피델리타스)', 영어로는 'faithfulness'라 옮길 수 있다. '성실성으로서의 믿음'이다. 이런 믿음을 갖는다는 것은 하느님께만 충성을 다한다는 뜻으로, 이런 믿음의 반대는 우상숭배다.

넷째, '봄으로서의 믿음'이다. 이른바 'vísĭo(비지오)'로서의 믿음이다. 이런 믿음에서 가장 중요한 요소는 '사물을 있는 그대로 봄seeing things as they really are'이다. 좀 어려운 말로 하면 사물의 본성nature이나 실재reality, 사물의 본모습, 실상, 총체적인 모습the whole, totality을 꿰뚫어 봄에서 생기는 결과로서의 믿음이다. 이런 믿음은 말하자면, 직관, 통찰, 예지, 깨달음, 깨침, 의식의 변화 등을 통해 자연스럽게 얻어지는 확신conviction 같은 것이다. 일종의 세계관이나 인생관·역사관같이 세계와 삶에 대한 총체적 신념 같은 것이다. 〈도마복음〉은 '믿음'을 강조하지 않지만, 이런 '봄'으로서의 믿음이 〈도마복음〉에서 말하는 '깨침'과 같다고 볼 수 있을 것이다.

부끄럼 없이 옷을 벗어 발아래 던지고

그의 제자들이 말했습니다.
"당신은 언제 우리에게 나타나시고,
우리는 언제 당신을 볼 수 있겠습니까?"
예수께서 말씀하셨습니다.
"여러분이 어린아이들처럼
부끄러워하지 않고 옷을 벗어
발아래 던지고, 그것을 발로 밟을 때,
여러분은 살아 계신 분의 아들을 보고도
두려워하지 않을 것입니다."

His disciples said, "When will you appear to us, and
when will we see you?" Jesus said, "When you strip
without being ashamed, and you take your clothes and
put them under your feet like little children and trample
them, then [you] will see the son of the living one and
you will not be afraid."

공관복음에는 없는 말이다. 여기서 제자들이 '당신은 언제 우리에게 나타나시겠습니까?' 하고 물었다는 사실은, 제18절 풀이에서 언급한 것처럼, 제자들이 그 당시 많은 사람과 마찬가지로 예수님의 재림을 염두에 두고 있었다는 뜻이다. 내 안에 있는 하느님의 나라가 아니라 하늘에 떠 있거나 하늘에서 내려오는 외적 천국을 상정하고 이런 천국이 언제 이르는가를 물은 것이다. 이런 통속적이고 인습적인 질문에 예수님은 '언제'라고 가르쳐주시는 대신 전혀 엉뚱한 대답을 하신다. 부끄럼 없이 옷을 벗어 발로 밟으라고 했다. 도대체 왜 이런 엉뚱한 대답을 하셨을까? 화두話頭나 공안公案처럼, 충격요법의 하나로 툭 던져보신 것인가?

부끄럼 없이 옷을 벗는다는 것은, 제21절에서 언급한 것처럼, 옷을 벗고 물에 잠기는 '침례'를 받는다는 뜻일 수 있다. 또 옛 사람을 벗고 새 사람이 된다는 뜻일 수도 있고, 몸을 벗고 죽는다는 말일 수도 있다. 그러나 전후 문맥으로 보아 여기서는 역사적으로 묻은 때를 다 벗고 에덴동산에서의 타락 이전인 원초적 인간 상태로 되돌아감을 의미하는 것으로 보는 것이 순리라 할 수 있을 것 같다. 특히 옷을 벗고도 부끄러워하지 않는 상태를 회복하라는 말에서 그런 암시를 강하게 받는다. 성경에 아담과 하와가 선과 악을 알게 하는 나무의 열매를 먹기 전에는 "둘 다 벌거벗고 있었으나, 부끄러워하지 않았다."(창2:25)라고 하고, 그 열매를 먹자 "두 사람의 눈이 밝아져서, 자기들이 벗은 몸인 것을 알고, 무화과나무 잎으로 치마를 엮어서, 몸을 가렸다."(창3:7)라고 하였기 때문이다.

주객을 분리하는 이분법적 의식이 없을 때는 자신을 대상object으로 분리하여 볼 자의식self-consciousness이 없기 때문에 벌거벗은 것을 부끄러워할 수 없다. 짐승이나 어린 아기가 벗었음을 부끄러워하지 않는 것은 그런 까닭이다. 우리도 변화를 받아 이런 이분법적 사고에서 해방될 때 진정한 초월과 자유를 누릴 수 있다.

그런데 여기서 다시 주의해야 할 것은, 제22절 풀이에서 지적한 것과 마찬가지로, 우리가 이분법적 의식이 없던 이전 상태로 '퇴행'하는 것이 아니라는 것이다. 우리 스스로 옷을 벗어 던지고 그것을 밟을 수 있다는 것은 이제 육체적으로 갓난아이가 아니라는 뜻이다. 따라서 이분법적 의식을 벗어나는 것은 그것을 '초월'하는 것이다. 다시 어머니 배 속에 들어갔다가 나오는 것이 아니라 정신적으로 다시 나는 것을 의미한다.

이렇게 될 때 '살아 계신 분의 아들을 보고도 두려워하지 않을 것'이라고 했다. 제3절에 우리가 깨닫기만 하면 우리가 모두 '살아 계신 분의 아들들'임을 알게 된다고 한 것을 보면, '살아 계신 분의 아들을 본다'는 것도 결국 우리의 참된 정체성을 발견한다는 말이라 할 수 있다. 이런 참된 정체성을 발견하면 어떤 상황에서도 기절초풍하는 일이 없고, 두려움 없는 삶을 살 수 있다. 신과 내가 하나이고, 삶과 죽음이 하나인데 두려울 것이 무엇이겠는가? "내가 너와 함께 있으니 두려워하지 말아라."(사43:5)

나를 찾아도 나를 볼 수 없는 날이

예수께서 말씀하셨습니다.
"여러 차례 여러분은
내가 지금 여러분에게 하고 있는
이런 말을 듣고 싶어 했습니다.
그런데 다른 누구에게서도
이런 말을 들어볼 수 없었습니다.
여러분이 나를 찾아도
나를 볼 수 없게 되는 날이 올 것입니다."

Jesus said, "Often you have desired to hear these sayings that I am speaking to you, and you have no one else from whom to hear them. There will be days when you will seek me and you will not find me."

이 절의 내용은 예수님도 이집트 신 오시리스Osiris나 그리스의 신 디오니소스Dionysos, 페르시아 신 미트라Mithras, 시리아의 신 아도니스Adonis처럼 하늘에서 왔다가 이 땅에서 사명을 다하고 다시 하늘로 돌아간다는, 그 당시 보편적이던 신화론적 신인神人, godman관을 전제로 하고 있다. 〈요한복음〉에 그것이 분명히 나타나 있다. "나는 잠시 동안 너희와 함께 있다가 나를 보내신 분께로 간다. 그러면 너희가 나를 찾아도 만나지 못할 것이요, 내가 있는 곳에 너희가 올 수도 없을 것이다."(요7:33-34) 이렇게 잠시 동안이나마 이 땅에 오셔서 하시는 말씀은 인간들이 그렇게도 오랫동안 갈망했지만 들어보지 못했던 그런 말씀이라는 것이다. 이처럼 이 세상에 오신 예수님의 말씀이 우리가 일상적으로 들을 수 있는 예사 말씀이 아니니, 찾아도 볼 수 없는 날이 이르기 전에 이런 천재일우千載一遇의 기회를 놓치지 말고 그 말씀을 잘 들어 깨달으라는 뜻이다.

공관복음에서는 우리가 예수님의 말씀을 들을 수 있을 뿐 아니라 예수님을 뵐 수 있는 것은 우리 앞의 어느 누구도 누리지 못했던 큰 특권이라고 하면서, "너희의 눈은 지금 보고 있으니 복이 있으며, 너희의 귀는 지금 듣고 있으니 복이 있다. … 많은 예언자와 의인이 너희가 지금 보고 있는 것을 보고 싶어 하였으나 보지 못하였고, 너희가 지금 듣고 있는 것을 듣고 싶어 하였으나 듣지 못하였다."(마 13:16-17, 눅10:23-24)라고 하고 있다. 오늘을 사는 우리는 물론 직접 보고 들을 수는 없지만, 영의 눈과 영의 귀로 보고 들을 수 있다고 할 수 있을 것이다.

불교에서도 인간이 진리를 필요로 할 때 부처님이 이 땅에 오셔서 진리를 가르치는 것이라고 이야기한다. 기원전 6세기 인도에서 난 석가모니 부처님도 사실 우리 인간들을 위해 이렇게 이 땅에 나타난 여러 부처님 중 한 분이다. 석가모니 부처님 전에도 여러 부처님이 있었고, 또 앞으로 미륵 부처님이 이 땅에 오실 것을 믿고 있다. 석가모니 부처님이 나타난 이후 아직 아무 부처님도 나타나지 않았다는 것만 보아도 부처님이 나타나는 시간적 간격이 무척 긴 것임을 알 수 있다. 불교인들은 부처님이 우리 인간들을 위해 나타나신 것을 고맙게 생각하고 그의 진리를 귀담아 들으며 깨침을 얻고 있는 사람들이라 할 수 있다.

힌두교에서도 '아바타라Avatāra'라고 하여 신이 적절한 때에 적절한 형태로 이 세상에 나타나 사람들에게 도움을 준다고 가르친다.《장자》에서도 성인들이 나타나 우리를 일깨우는 일이 너무나도 오랜만이기에, 성인이 나타나고 그다음 성인이 나타날 때까지의 시간에 비하면 웬만한 기간은 그저 잠깐에 해당될 정도라고 하였다. 성인의 출현은 드문 일이니, 성인이 나타났을 때 그에게서 배울 수 있는 기회를 큰 특권으로 여기라 하고 있다. 플라톤도 자신이 가진 세 가지 행운 중 하나가 바로 소크라테스와 같은 시대에 태어나서 그에게 배울 수 있는 특권을 가진 것이라고 했다.

물론 예수님이나 기타 성현들처럼 위대한 스승을 직접 뵙고 그들의 가르침을 듣는 것도 무한한 특권이지만, 위에서 지적한 것과 같이, 우리처럼 그들이 남겨놓은 가르침을 간접적으로 얻는 것도 중요한 일이다. 사실 엄격하게 말하면 직접 들을 수 있느냐 없느냐가 절대적으로 중요한 것은 아니다. 예수님 당시 그의 말씀을 직접 들은 사람 중에서도 깨치지 못한 사람이 많았기 때문이다. 정말 중요한 것은 얼마나 마음 문을 열고 가르침을 배울 준비를 갖추었느냐 하는 것이다. 준비만 되었으면, 제23절 풀이에서도 지적한 것처럼, 오늘 같은 정보화 시대에, 위대한 스승을, 그 스승들의 가르침을 전하는 사람들을 통해, 책을 통해, 다른 매체를 통해, 언제나 어디서나 찾을 수 있다.

인간은 진리를 추구하려는 생래적인 욕망을 가지고 있다. 이를 그리스 사람들은 '타우마제인thaumazein'이라 했다. 경이롭게 생각하고 호기심을 갖는다는 뜻이다. 이렇게 '지혜sophia를 사랑함philo'이 바로 philosophy(철학)의 어원이었다. 이런 열린 마음이 있을 때 예수님의 가르침을 진정으로 받아들일 수 있을 것이다.

깨달음의 열쇠를 감추고

예수께서 말씀하셨습니다.
"바리새인들과 서기관들이
깨달음에 이르는 열쇠들을 가져다가
감추었습니다. 그들은 자기들도
들어가지 않고 들어가려는 사람도
들어가지 못하게 했습니다.
여러분은 뱀같이 슬기롭고
비둘기같이 순진하십시오."

Jesus said, "The Pharisees and the scholars have taken
the keys of knowledge and have hidden them. They
have not entered nor have they allowed those who want
to enter to do so. As for you, be as sly as snakes and as
simple as doves."

〈마태복음〉(23:13)과 〈누가복음〉(11:52)에도 나오는 말이다. 다만 이 두 복음서에는 바리새인들, 서기관들 혹은 율법 교사들을 향해 '화 있을진저' 하면서 그들을 정죄하는 데 치중하고 있는 반면, 여기 〈도마복음〉에는 제자들에게 이들을 조심하라고 경고하는 어조가 더욱 강하다.

여기서 '깨달음의 열쇠'라고 옮긴 말을 한글개역이나 표준새번역에는 '지식의 열쇠'라 번역했다. 물론 '그노시스gnōsis'를 '지식'이라 번역할 수 있지만, 우리가 〈도마복음〉 풀이를 통해 계속 강조한 것처럼, 여기 언급하는 그노시스는 보통의 지식이 아니라 통찰, 예지, 직관, 꿰뚫어 봄 등의 의미다. 따라서 '깨달음'이나 '깨침'이 원의에 가까운 번역이라 할 수 있다. 아무튼 이런 깨달음에 이르는 열쇠를 종교 지도자들이 가지고 있으면서도 감추었다니, 무슨 뜻인가?

바리새인들과 서기관들 혹은 율법 교사들은 이런 깨침의 진리에 무지하거나, 비록 무지하지는 않았다 하더라도 이런 깊은 차원의 진리를 짐짓 외면하거나 다른 이들에게 가르치려 하지 않았다. 심지어 이런 '깨침'의 진리를 이야기하거나 그리로 인도하려는 사람들을 방해하고 박해하기도 했다. 이들은 이런 '깨침'의 가르침보다, 사람들이 쉽게 받아들일 수 있고 또 그것으로 사람들을 좌지우지하여 자기들의 세속적 이익을 극대화할 수 있도록 하기 위해 무조건 율법에 순종하면 복을 받는다는, 단순하고 기복적인 차원의 종교만 가르치고 있었다는 뜻이다. 그들에게는 이른바 '사회적 통제social control' 수단으로서의 종교가 무엇보다 중요했다. 이처럼 '깨침'의 열쇠를 자기들도 사용하지 않으니 자신이 들어가지 못하는 것은 물론, 이런 열쇠가 있는 줄도 모르는 일반인들도 들어갈 수 없게 되는 것이다. 예수님은 이런 이들을 조심하라고 한 것이다.

어떻게 조심해야 하는가? '뱀처럼 지혜롭고 비둘기처럼 순진하라'고 했다. 구체적으로 무슨 뜻일까? 뱀과 비둘기는 서로 양립 불가한 반대 개념이 아닌가? 아니다. 이 복음서가 쓰일 당시 뱀과 비둘기가 무엇을 상징하고 있었는가를 알아보면 어느 정도 감을 잡을 수 있다. 뱀은 일반적으로 배로 땅에 기는 형태를 가졌을 경우 사람의 발꿈치나 무는 불길하고 사악한 것으로 여겨지지만, 머리를 하늘로 향해 올라가는 모양을 가지고 있을 경우 그것은 의식의 변화와 치유를 상징하는 좋은 동물이었다. 특히 뱀은 허물을 벗기 때문에 옛 사람을 벗고 새 사람으로 태어나는 변

화, 좀 더 구체적으로 신체의 최상층부 에너지 근원chakra
이 열리면서 이분법적 의식이 초이분법적 의식으로 바뀌
는 변화를 상징한다. 이집트 왕들이 머리에 뱀의 모양을
달고 있는 것이나, 아담과 이브에게 선악을 알게 하는 나
무의 열매를 먹게 한 뱀이 '주 하나님이 만드신 들짐승 가
운데 가장 간교하더라'(창3:1) 한 것이나, 이스라엘 사람들
이 사막에서 십자가에 달린 뱀을 쳐다보고 병이 나았다고
하는 것이나, 지금도 각국의 의사협회 문양에 뱀이 그려져
있는 것이 모두 그 이유에서이다.°

비둘기는 동서고금을 막론하고 순결, 순진, 평화, 전령
등을 상징한다. 그러나 성경이 쓰일 당시 더욱 중요한 의
미는 그것이 성령을 상징하는 것으로 나타난다는 사실이
다. 예수님이 침례를 받을 때 '성령'(눅3:22)이, 혹은 '하나
님의 영'(마3:16)이, '비둘기'의 모양으로 내려왔다고 하는
이야기에 잘 나타나 있다. 오늘 우리가 보통 쓰는 말로 하
면 비둘기는 초이분법적 의식을 상징한다는 것이다.

°   좀 더 자세한 것은 Ken Wilber, *Up From Eden*(Boulder: Shambhala,
     1983), pp. 143-145 참조.

따라서 '뱀처럼 지혜롭고 비둘기처럼 순진하라'는 말은 모순되는 개념이 아니라, 둘 다 우리의 의식이 바뀌는 '깨침'의 체험을 하라는 말과 다를 바가 없다. 깨침의 비밀을 감추고 있는 바리새인과 서기관 같은 종교 지도자들, 장님이 장님을 인도하는 격의 그런 사람들을 의존하지 말고, 우리 각자가 직접 초이분법적 의식, 곧 깨침의 경지로 들어가라는 말이라 볼 수 있다.

지금 우리는 어떤가? 오늘날 그리스도교 지도자들 대부분은 이런 '깨침의 열쇠'를 감추는 것이 아니라 아예 그런 것이 있는 줄도 모르는 것이 현실 아닌가. 그리스도교 역사에서 그동안 너무 오래 감추다가, 이제 아주 잊어버리거나 잃어버린 셈이다. 오늘 우리가 〈도마복음〉의 가르침에서 뭔가를 얻을 수 있다면, 오늘날 그리스도교에서 해야 할 가장 시급한 일도 이처럼 종교 지도자들이 감추거나 잃어버린 '깨침의 열쇠'를 다시 찾아 활용하라는 권고 같은 것이 아닐까?

참고1 〈도마복음〉 전체를 통해 강조하는 '깨달음'이나 '깨침'의 진리는 일반 사람들이 이해하거나 실천하기 힘든 것이 사실이다. 중국 화엄 불교 전통에 의하면 부처님도 깨침을 얻어 부처님이 된 다음 그 깨침의 내용을 사람들에게 가르쳐보았는데, 사람들이 전혀 이해를 못 해 마치 '귀머거리나 벙어리'같이 아무 반응이 없었다고 했다. 그리하여 일단 그 가르침을 옆으로 하고 《아함경》에 나오는 가르침같이 아주 단순하며 기본적인 것을 가르치기 시작하였다고 한다. 사람들의 이해 정도가 깊어지면서 점점 어려운 가르침들을 가르쳤고, 그의 깨침 직후에 가르쳤던 심오한 진리는 마지막에 가서 가르쳤는데, 그 가르침이 바로 《화엄경華嚴經》에 포함된 진리라는 것이다.

어느 종교에서나 이런 신비적·심층적 차원에 관심을 가지는 사람들의 수는 적을 수밖에 없다. 그러나 그런 깊은 차원을 아예 배척하거나 말살하는 일이 있어서는 안 될 것이다. 적어도 틈새시장이 있듯, 이런 것을 필요로 하는 사람들에게 그런 데 관심을 갖도록 하는 일은 허용되어야 할 것이다.

참고2 나그함마디 문서에 속하는 〈빌립복음〉을 보면, 농사를 지어 추수를 하려면 토양과 물과 바람과 빛이라는 네 가지 기본 요소가 필요한 것처럼, 하느님의 농사에도 믿음, 소망, 사랑, 깨침이라는 네 가지 요소가 있어야 한다고 하면서 다음과 같이 말했다. "믿음은 우리의 토양, 우리가 거기에 뿌리를 내리고; 소망은 물, 우리가 그것으로 양분을 얻고; 사랑은 공기, 우리가 그것으로 자라고; 깨침(그노시스)은 빛, 우리가 그것으로 익게 됩니다."(〈빌립복음〉 79:25-31).

바울은 〈고린도전서〉에서 "믿음, 소망, 사랑, 이 세 가지는 항상 있을 것인데, 그 가운데서 으뜸은 사랑입니다."(고전13:13)라고 했다. '깨침'은 어디로 간 것인가? 바울 당시에도 그것이 감추어져 있었을까?

포도 줄기가 아버지와 떨어져

예수께서 말씀하셨습니다.
"포도 줄기가 아버지와 떨어져서
심어져, 튼튼하지 못하기에,
뿌리째 뽑혀 죽고 말 것입니다."

Jesus said, "A grapevine has been planted apart from the
Father. Since it is not strong, it will be pulled up by its
root and will perish."

여기서 뿌리째 뽑혀 죽고 말 '포도 줄기'란 무엇을 의미할까? 해석에 따라 그것은 우선 이 세상이라 풀 수 있다. 이 세상이 아버지와 함께하지 않으면 망한다는 일반적인 교훈으로 보는 것이다. 또 그것이 〈도마복음〉의 기별과 같은 깊은 차원의 내면적 기별과 상관없이 사는 사람들, 심지어 그것을 반대하는 사람들, 나아가 그런 사람들의 신앙 공동체나 종교 제도를 의미하는 것일 수도 있다. 그런 사람들도 아버지와 하나 됨이라는 근본 진리를 깨닫지 못했기 때문에 어쩔 수 없이 뿌리째 뽑혀 말라 죽고 말 것이라는 뜻이다. 형식적 종교, 외형적 종교의 한계와 숙명을 이야기하는 것이라 풀이된다.

그러나 좀 더 개인적인 측면에서 보면, 여기의 죽고 말 포도 줄기란 결국 나의 이기적 자아自我, 즉 ego를 상징하는 것이라 볼 수도 있다. 나의 나 됨을 아버지와 떨어져서 설정하는 행위는 결국 자멸을 자초하는 일이라는 뜻이다. 그러나 헛된 자아를 떠나 나를 하느님 안에 심어 하느님과 하나가 되면, 본래의 나를 찾아 더욱 풍성한 삶을 살고 더욱 훌륭한 열매를 맺을 수 있을 것이다. "그는 시냇가에 심은 나무가 철 따라 열매를 맺으며 그 잎이 시들지 아니함 같으니, 하는 일마다 잘될 것이다."(시1:3)

The Gospel of Thomas

7

나그네가
되어라

가지고 있는 사람은 더 많이

예수께서 말씀하셨습니다.
"손에 뭔가를 가지고 있는 사람은
더 많이 받을 것이지만,
아무것도 가지지 않은 사람은
그들이 가지고 있는 그 작은 것마저
빼앗길 것입니다."

Jesus said, "Whoever has something in hand will be
given more, and whoever has nothing will be deprived of
even the little they have."

'부익부富益富 빈익빈貧益貧'은 인간 사회에 공통적인 원칙인가? 제41절의 이 구절은 공관복음서에도 여러 번 언급되며, 〈마태복음〉(25:29)에는 '달란트' 비유의 결론에 해당하는 말로 나와 있다. 어느 부자가 먼 길을 떠나면서 종들을 불러놓고 한 사람에게는 금 다섯 달란트, 다른 한 사람에게는 두 달란트, 또 다른 사람에게는 한 달란트를 주었다는 이야기. 주인이 돌아와 셈을 하는데, 다섯 달란트 받은 사람은 그 돈을 잘 굴려서 다섯 달란트를 남기고, 두 달란트 받은 사람도 두 달란트를 남겼는데, 한 달란트 받은 사람은 그 돈을 땅을 파고 숨겨두었다고 했다. 주인이 화를 내면서 "그에게서 한 달란트를 빼앗아 열 달란트 가진 사람에게 주어라. 가진 사람에게는 더 주어서 넘치게 하고, 가지지 못한 사람에게서는 있는 것도 마저 빼앗을 것이다."라고 했다는 것이다. 〈누가복음〉(19:24)에 나오는 '므나' 비유도 이와 비슷하다.

이 구절은 〈마태복음〉(13:12)과 〈누가복음〉(8:18)에도 나와 있는데, 여기서는 하느님 나라의 비밀을 아는 것과 관련된 말로 되어 있다. 예수님이 많은 사람에게 '씨 뿌리는 자의 비유'를 말씀하시자 제자들이 그가 왜 비유로 말씀하시는가 물었다. 예수님은 제자들에게 '하느님 나라의 비밀을 아는 것이 너희에게는 허락되었으나 다른 사람들에게는 허락되지 않았는데, 이는 마치 가진 자는 더 받고 없는 자는 그 있는 것마저도 빼앗기는 격'이라고 말한 것으로 되어 있다.

그런데 여기 〈도마복음〉은 전후 문맥이 없이 이 구절만 달랑 나와 있기에 어떻게 적용되는 말인가 어리둥절할 수밖에 없다. 달란트 비유나 씨앗 비유가 모두 하느님 나라의 비밀과 관계되는 말이라 이해할 경우, 어느 정도 실마리가 잡힌다. 우리가 받은 달란트, 우리 속에 있는 씨앗, 우리 속에 있는 신적 요소, 하느님의 불꽃, 우주 의식, 신령한 빛을 깨닫고 이를 인간이 가질 수 있는 최고의 자산이라 여길 줄 아는 사람은 삶이 더욱 풍요로워지지만, 이를 깨닫지 못하는 사람은 결국 본래적으로 가지고 있던 이런 요소들마저 시들고 메말라 없어지고 마는 것이라는 뜻이 아닐까?

참고 흥미롭게도 이 달란트 비유를 해방신학적 관점에서 이해하려는 사람들이 있다. 이들에 의하면, 그 부자란 바로 사람들을 수단 방법을 가리지 않고 착취하는 악덕 자본가로서, 그에게서 다섯 달란트를 받고 다섯 달란트를, 혹은 두 달란트를 받고 두 달란트를 벌어서 바친 종들은 결국 사람들을 착취하는 악덕 자본가의 하수인 노릇을 하는 데 충실한 사람일 뿐이다. 오히려 자기 달란트를 땅에 묻었던 사람이야말로 악덕 자본가의 술수에 온몸으로 저항한 사람이며, 우리도 현 사회에서 이런 사람의 모본을 따라야 한다는 식으로 푼다.

여기서 어느 해석이 옳고 어느 해석이 그르다고 주장하려는 것이 아니다. 성경을 '읽는다는 것은 곧 해석하는 것'이란 기본 원리를 말하려는 것뿐이다. 누구의 해석만 유일하게 옳다고 주장할 수가 없다. 성경을 보고 다른 해석을 하고 다른 뜻을 끌어낼 수 있다는 이야기다.

여러 가지 해석 중 어느 것이 더 성서적일까? 우리가 처한 역사적·사회적·심리적·정서적·지적 조건이라는 구체적 상황에 영향을 받지 않을 수 없는 인간으로서는 이런 판단을 함부로 할 수가 없다. 우리가 신이 아닌 다음에야, 이 중 어느 하나는 절대적으로 진리요 다른 하나는 절대적으로 오류라 만용을 부릴 수 없다는 뜻이다. 그나마 판단 기준을 얘기한다면, 나와 이웃을 하느님께 더욱 가깝게 가도록 하고, 하느님이 사랑하시는 이웃을 더욱 사랑하도록,

궁극적으로 나와 하느님이 하나 되도록 하는 데 어느 쪽의 해석이 더 도움이 되는 것일까 물어보는 일 정도라 할 수 있을 것이다.

이런 엄연한 사실을 알지 못하고, 자기 해석은 절대적으로 '성서적'이고 남의 해석은 '인간의 말'이나 '인간의 생각'이라 밀어붙이는 억지는, '성경 읽기'라는 것의 기본 원리를 조금이라도 아는 사람으로서는 도무지 할 수가 없는 일이다. '내 말은 성서적'이라는 말은 내 해석만이 성서적이라는 주장으로서, 그야말로 아무런 의미가 없기 때문이다.

나그네가 되라

예수께서 말씀하셨습니다.
"나그네가 되십시오."

Jesus said, "Be passersby."

〈도마복음〉에만 있고, 또 콥트어로 세 단어밖에 되지 않아 〈도마복음〉에서 가장 짧은 절이다. '나그네'의 의미를 가장 잘 말해주는 것 중 하나로 "인생은 나그넷길, 어디서 왔다가 어디로 가는가, 구름이 흘러가듯 떠돌다 가는 길에, 정일랑 두지 말자, 미련일랑 두지 말자" 하는 최희준의 노래 〈하숙생〉을 들 수 있을 것이다. 그리고 오래전 한국에서 독일어 선생을 한 적이 있는데, 당시 교과서에 실렸던 나그네 이야기도 인상 깊어 잊혀지지 않는다. 어느 날 한 나그네가 길을 가다가 날이 저물자 어느 성을 찾아 문을 두드리며 하룻밤 자고 가게 해달라며 간청했다. 주인은 나그네를 보고, 여기는 '나그네를 위한 여관Gasthaus, 客舍'이 아니니 저 아래 여관으로 가보라고 하며 문을 닫으려 했다. 나그네는 잠깐만 물어볼 것이 있다고 했다. "이 성에 지금 주인 되시는 분 이전에는 누가 살았습니까?" "그야 물론 우리 아버지시지요." "그 아버님 전에는 누가 사셨나요?" "우리 할아버지시지요." "그 할아버지 전에는?" "물론 우리 증조할아버지…." "아, 그렇다면 이 성 또한 여러 윗분들이 나그네처럼 잠깐씩 머물다가 가신 집이네요. 그러니 이 성도 결국 나그네를 위한 여관이나 객사가 아니겠습니까?"

〈하숙생〉 노래와 여관 이야기는 모두, 이 세상이 잠시 지나가는 나그네의 삶이라는 것, 따라서 삶에 대한 집착에서 해방되라는 내용으로 볼 수 있다. 제21, 27, 56, 80, 110, 111절 등에도 비슷한 생각이 되풀이되고 있다. 그러나 한 가지 주의해야 할 것이 있다. 집착하지 않는다고 해서 무조건 염세적이 되어 이 세상이 줄 수 있는 즐거움을 모조리 다 거부하고 오로지 세상을 혐오해야만 한다는 뜻이 아니라는 것이다. 세상에서 줄 수 있는 즐거움을 고맙게 여기고 즐기면서 살아가지만, 이 삶이 우리의 궁극 목적지가 아니라는 것을 분명히 알고 유유히 길을 계속 가느냐, 혹은 갈 길을 완전히 잊어버리고 이 삶에 달라붙느냐 하는 것이 문제다.

사실 '길을 떠난다', 혹은 '집을 떠난다' 하는 것은 세계 여러 종교에서 강조하는 가르침 중 기본적인 것이라 볼 수 있다. 가장 잘 알려진 예가 이슬람이다. 이슬람은 모든 신자가 반드시 지켜야 할 다섯 가지 가장 중요한 의무를 '다섯 가지 기둥'이라 하는데, 신자들이 적어도 일생에 한 번은 메카를 다녀오는 '순례hajj'를 그중 하나로 지정하였다.° 앞에서 언급한 조지프 캠벨의《천의 얼굴을 가진 영웅》이라는 책의 내용이나 선불교에서 유명한 '십우도十牛圖'°°도 모두, 종교적 수행의 시작이 집을 떠나는 것과 같다는 것을 보여주는 예라 할 수 있다. 동학의 최수운 선생 등 종교적 창시자들도 '주유천하周遊天下'했다고 한다. 갈 바를 알지 못하고 떠난 아브라함처럼 고향을 떠나는 것이다. 과감하게 떠나지 못하고 머뭇거리면서 뒤를 돌아보면 결국 롯의 부인처럼 소금기둥이 되고 만다. 개인적인 차원에서뿐만 아니라 실낙원, 출애굽, 바벨론 포로 등 성경의 큰 이야기들도 모두 '떠남과 돌아옴'이라는 정신적 순례를 예표하는 것들이라 할 수 있다.°°° 심지어 그리스도교 구속救贖(대속하여 구원함)의 전 과정 자체도 하나의 여정으로 표현하고 있지 않은가.

° 다른 네 가지는 ①신앙 고백 ②매일의 기도 ③자선 기부 ④1년에 한 달씩 하는 정기적 단식이다.

°° 십우도에 대해서는 오강남, 성소은 지음,《나를 찾아가는 십우도 여행》(판미동, 2020) 참조.

°°° 성경을 이런 관점에서 읽은 예로 Marcus J. Borg, *Reading the Bible Again for the First Time: Taking the Bible Seriously but not Literally*(San Francisco: HarperSanFrancisco, 2001)를 참조할 수 있을 것이다. 한국어 번역판은 염승철 옮김,《성서 제대로 다시 읽기》(동연, 2019).

물론 집을 떠난다는 것은 물리적·지리적 이동만을 의미하는 것이 아니다. 우리의 인습적·일상적·관습적인 생활방식이나 사유방식, 고정관념, 편견, 선입견, 당연히 여기는 마음 등을 뒤로하고 새로운 차원의 삶, 해방과 자유의 삶을 향해 출발함을 상징하는 것이다. 외적 공간에서의 이동이 아니라 내적 공간inner space에서 자유롭게 노닒이다. 장자의 표현을 쓰면 '북쪽 깊은 바다[北溟]'에서 남쪽 '하늘 못[天池]'으로 나는 붕새의 '붕정鵬程'이요 '소요유逍遙遊'다.

나그네가 되어야 할 뿐만 아니라, 우리는 나그네 된 사람들을 어떻게 대해야 할까? 성경에 보면 "너희는 너희에게 몸 붙여 사는 나그네를 학대하거나 억압해서는 안 된다. 너희도 이집트 땅에서 몸 붙여 살던 나그네였다."(출22:21)라고 하는 구절이 있다. 곱씹어볼 말씀이다.

당신은 누구십니까?

그의 제자들이 그에게 말했습니다.
"이런 일을 저희에게 말씀하시는
당신은 누구십니까?"
"여러분은 내가 여러분에게 하는 말로
내가 누구인지 알지 못하고 있습니다.
여러분은 오히려 유대인들과 같이
되었습니다. 그들은 나무를 사랑하지만
그 열매를 싫어하든가,
열매를 사랑하지만
그 나무를 싫어합니다."

His disciples said to him, "Who are you to say these
things to us?" "You don't understand who I am from
what I say to you. Rather, you have become like the
Judeans, for they love the tree but hate its fruit, or they
love the fruit but hate the tree."

공관복음에는 없는 말이다. 이 절에 의하면, 제자들은 예수님이 하시는 말씀을 듣고 이런 말씀을 하시는 분이 도대체 누구실까 하는 질문을 했다. 제자들의 놀라움을 표현한 말인가? 혹은 그들의 무지를 드러낸 말인가? 이 질문에 대한 예수님의 반응으로 미루어보면 무지 쪽에 가까운 것 같다. 예수님은 자기가 하는 말을 듣고도 그가 누구인 줄을 모르다니 말이 되느냐 하는 식으로 반응하고 있기 때문이다. 더욱이 제자들이 유대인과 같이 되었다는 예수님의 말씀이 이를 뒷받침하고 있다.

그런데 '유대인과 같이 됨'이란 무엇을 의미하는가? 본문에는 나무를 사랑하면서도 열매를 싫어하는 것, 혹은 열매를 사랑하면서도 나무를 싫어하는 것이 그 특색이라고 했다. 여러 가지 의미로 새길 수 있겠지만, 우선 이 '유대인들'의 사고방식은 앞뒤가 맞지 않고 일관성이 없다는 것이다. 나무를 사랑했으면 열매도 사랑하고, 열매를 사랑했으면 나무도 사랑하는 것이 정상이거늘, 이 유대인들은 나무와 열매를 분리해서 따로 생각하므로, 나무를 싫어하면서 열매는 좋아하고 열매는 좋아하면서 나무는 버리는 정신분열증 같은 증상을 보이고 있다는 이야기다.

이런 유대인처럼 나무와 열매를 따로 떼어서 생각했기에, 예수님처럼 훌륭한 가르침을 펼치는 이를 보고도 그 가르치는 분의 진정한 신원도 알아보지도 못한 채 새삼 '당신이 누구십니까?' 하니 말이 되느냐 하는 나무람인 셈이다. 이제 예수님의 말씀을 듣고 이를 사랑한다면 그가 누구인지도 알고 그를 따라야 할 것 아니냐, 유대인들은 예수님의 가르침을 보고도 예수님을 배격하니 그런 유대인처럼 되지 말아야 한다는 뜻이라 볼 수 있다.

바로 뒤에 나오는 제44절에서, 아버지나 아들을 모독하는 것은 용서를 받을 수 있지만 성령을 거역하는 것은 용서를 받을 수 없다고 하는데, 이와 연관해서 생각해볼 수도 있을 것 같다. 우리 속에서 속삭이시는 성령의 음성에 귀를 기울이면 영적 체험을 하게 되는데, 성령의 음성에 귀 기울이는 것은 좋게 여기면서 영적 체험을 두려워한다거나, 영적 체험을 좋게 생각하면서 성령의 음성에 귀 기울이기를 거부하는 것, 둘 다 바람직하지 않다는 것이다. 성령의 음성에 귀를 기울이고 영적 체험을 받아들이는 일관성을 유지하라는 말로 풀 수 있을 것 같다.

성령을 모독하는 사람은

예수께서 말씀하셨습니다.
"아버지를 모독하는 사람도 용서를
받을 수 있을 것이고, 아들을 모독하는
사람도 용서를 받을 수 있을 것입니다.
그러나 성령을 모독하는 사람은
이 땅에서나 하늘에서나
용서를 받을 수 없습니다."

Jesus said, "Whoever blasphemes against the Father will
be forgiven, and whoever blasphemes against the son will
be forgiven, but whoever blasphemes against the holy
spirit will not be forgiven, either on earth or in heaven."

공관복음에서도 어구는 약간 다르지만 대략 같은 내용을 이야기하고 있다(막3:28-29, 마12:31-32, 눅12:10). 모두 '성령을 모독하면' 용서받을 수 없다고 하는 내용에서 일치하고 있다. 다만 〈도마복음〉의 특징이라면, 아버지를 모독하는 사람마저도 용서받을 수 있다고 한 점이다.

한국의 사극史劇 드라마를 보면 임금이 신하를 보고 "네가 지금 나를 능멸凌蔑하는 것이냐? 네 죄를 용서치 않으리라!" 하며 호통치는 장면이 자주 나온다. 〈도마복음〉에 의하면 임금을 능멸한 죄는 물론이고 심지어 하느님 아버지를 능멸하였어도 용서를 받을 수 있지만, 성령을 거스르면 용서받을 수 없다고 했다. 도대체 성령을 모독하는 것이 무엇이기에 그리도 엄중하여 결코 용서받을 수 없다는 것일까?

성령을 모독한다는 것, 혹은 성령을 거스르는 것은 우리 속에 역사役事하시는 성령의 세밀한 소리를 거절한다는 뜻이 아닌가? 내면의 미세한 소리에 귀 기울이는 것이야말로 우리의 내적 성장에 절대적으로 중요한 일이다. 이런 성령의 속삭임을 외면하는 것은 영적 성장을 거부하는 것과 같다. 영적으로 성장하기만 하면 아버지를 모독한 것,

아들을 모독한 것, 그 외에 어떠한 잘못도 모두 스스로 깨닫고 그것이 얼마나 잘못되었던가, 얼마나 어리석었던가, 얼마나 한심한 것이었던가를 알게 되어 고치며 계속 성장할 수 있다. 그러나 이런 모든 것이 가능하기 위한 전제조건은 우리 속에 역사하시는 성령의 움직임에 민감하게 반응하는 것이다. 이런 전제 조건을 거부하는 데에선 더 이상 어떠한 가능성도 희망도 있을 수 없다.

문제는 '여는' 것이다. 귀를 열고 마음을 여는 것이다. 독일 철학자 하이데거에 의하면, 진리는 '열어놓음'이다. 예수님이 귀먹은 사람을 보시고 안타까운 마음, '탄식'하시는 마음으로 그를 향해 "에바다(열려라)!"라고 하셨다는데(막7:34), 영적으로 귀가 먹은 상태, 아니 마음이 강퍅한 상태에 있는 우리가 이런 상태에서 해방되기 위해서 우선적으로 해야 할 일은 바로 '여는 것'이다. 〈도마복음〉에서 계속 강조하듯, 우리에게 들을 귀가 있는가?

[참고] 여기 이 절에 '아버지' '아들' '성령'이 함께 언급된 것으로 보아, 예수님의 직접적인 말씀이라기 보다는 예수님 이후 삼위일체 사상이 태동한 후의 사정을 반영하는 것이라 볼 수도 있다. 〈마태복음〉(28:19)에서 예수님이 "그러므

로 너희는 가서, 모든 민족을 제자로 삼아서, 아버지와 아들
과 성령의 이름으로 세례를 주고"라 한 말씀을, 아직 삼위
일체 사상이 확립되기 전 시대에 사신 예수님 자신의 말씀
이라 보기 어렵다고 하는 이유와 같은 맥락이다.

덤불과 가시는 좋은 과일을 맺을 수 없기에

예수께서 말씀하셨습니다.
"가시나무에서 포도를 딸 수 없고,
엉겅퀴에서 무화과를 얻을 수 없습니다.
이런 것들은 좋은 과일을
맺을 수 없기 때문입니다.
좋은 사람들은 그들이 쌓아놓은 것에서
좋은 것을 가져오지만, 나쁜 사람들은
그들의 마음속에 쌓아놓은 곳에서
나쁜 것을 가져옵니다. 그들의 마음에
가득 넘치는 것에서 그들은 나쁜 것을
가져오기 때문입니다."

Jesus said, "Grapes are not harvested from thorn trees, nor are figs gathered from thistles, for they yield no fruit. Good persons produce good from what they've stored up; bad persons produce evil from the wickedness they've stored up in their hearts, and say evil things. For from the overflow of the heart they produce evil."

'가시나무에서 포도를 딸 수 없고, 엉겅퀴에서 무화과를 얻을 수 없다'고 하는 것은 그 당시 속담이었다. 공관복음에도 비슷한 말이 인용되고 있다(마7:16-20, 12:33-35, 눅6:43-45). 속담이란 어떻게 적용하느냐에 따라 여러 가지 뜻으로 쓰일 수 있다. 여기서 마지막에 '그 마음에 가득 넘치는 것에서 나쁜 것을 가져온다'는 구절을 덧붙인 것을 보면, 특히 가시나무 같고 가시 엉겅퀴 같은 우리의 변화되지 않은 마음, 이기적이고 자기중심적인 자의식으로 가득한 마음에서는 포도나 무화과같이 아름다운 것이 나올 수 없고 어쩔 수 없이 악한 것만 나올 수밖에 없다는 사실을 더욱 강조하고 있다고 볼 수 있다. 악을 경계하고 그 악의 근원을 지적하는 셈이다.

세상을 나와 너로 가르고, 무슨 일이 있어도 내가 너보다 잘되어야 한다는 생각은 시기, 증오, 질투, 경쟁, 분쟁, 투쟁, 전쟁 등 우리가 이 세상에서 개인적으로나 집단적으로 겪는 모든 악과 비극의 근원이라 할 수 있다. 그렇기에 모든 종교에서는 우리에게 무엇보다 자기중심주의를 극복하라고 가르친다. 부처님이 제일 먼저 가르친 가르침도 바로 '사제팔정도四諦八正道'와 '무아無我, anātman'의 교리였다. 유교도 물론 무사無私를 강조한다. 영국의 유명한 역사가 아놀드 토인비Arnold J.Toynbee (1889~1975)는 종교를 '자기중심주의의 극복'이라 정의했다. 먹어야 할 것이 많지만 그중에서 제일 조심해서 먹어야 할 것은 '마음먹기'임에 틀림이 없다.

자기중심주의를 극복하고 아름다운 것으로 채운 마음에서는 선한 것이 나온다고 한다. 사랑, 평화, 협력, 공존, 상생, 조화, 동정, 공평, 부드러움 등은 모두 이렇게 이기적 자아를 극복하고, 진정으로 '나의 나라는 가고, 당신의 나라가 임하게 하소서'를 아뢸 수 있는 마음이 있을 때 기대할 수 있는 아름다운 열매들이다.

여자에게서 난 사람 중에

예수께서 말씀하셨습니다.
"아담으로부터 세례 요한에 이르기까지
여자에게서 난 사람 중 세례 요한보다
더 위대한 사람이 없습니다. 따라서
그는 누구 앞에서도 눈을 아래로
뜰 필요가 없습니다. 그러나 나는
여러분에게 말했습니다. 여러분 중
누구나 어린아이가 되면
[하느님의] 나라를 알게 되고,
또 요한보다 더욱 위대하게 됩니다."

Jesus said, "From Adam to John the Baptist, among
those born of women, no one is so much greater than
John the Baptist that his eyes should not be averted. But
I have said that whoever among you becomes a child
will recognize the [Father's] kingdom and will become
greater than John."

제15절에는 여자에게서 나지 않은 사람을 보거든 엎디어 경배하라고 했다. 육체적으로 난 보통 사람들이 아니라 영과 불로 다시 난 사람들은, 육체적으로 난 자연인 중 가장 위대한 세례 요한보다 더욱 위대하므로 우리의 경배를 받기에 충분하다는 이야기였다. 여기 제46절에서 이런 생각을 되풀이한다. 세례 요한은 '물'로 세례를 주면서 하느님의 율법이나 윤리 강령을 어긴 사람들, 특히 그런 지도자들을 향해 그 길을 돌이키라고 외쳤다. 아직 '성령(바람)'과 '불'로 세례를 주는 일과는 무관하였다. 〈도마복음〉에 의하면 이런 율법주의적·윤리적 차원은 종교적 수행 과정에서 필요한 하나의 단계일 수는 있지만 아직 최상급의 종교적 차원이 되지 못한다. 율법주의적으로나 윤리적으로 보아 세례 요한처럼 완벽한 사람조차도 이제 예수님의 가르침에 따라 성령과 불로 거듭남으로써 어린아이처럼 새롭게 된 사람, 모든 편견과 선입견에서 해방된 아이 같은 사람에 비하면 가장 작은 자로 여겨질 수밖에 없다는 것이다.

여기서는 또 제22절에 언급된 것과 같이 '젖 먹는 아기 같아야 그 나라에 들어갈 수 있다'는 사실을 다시 강조하고 있다. 말할 것도 없이 이분법적 사고에서 해방되어 양극을 조화시키고 일치시키는 능력을 의미한다. 이런 순진

무구한 초이분법적 의식 구조에서만, 성경적으로 표현하여 '성령과 불로 세례'를 받고 새로 지음을 받아 어린아이 같이 된 새 사람의 마음속에서만, 하느님의 임재臨在를 경험할 수 있는 것이다(제22절 풀이 참조).

동시에 두 마리 말을 탈 수 없고

예수께서 말씀하셨습니다.
"사람이 한꺼번에 두 마리 말을 탈 수
없고 두 개의 활을 당길 수 없습니다.
하인이 두 주인을 섬길 수 없는데,
한 주인을 존경하면 다른 주인을
경시할 것이기 때문입니다. 누구나
오래 익은 포도주를 마시고 곧바로
새 포도주를 마시지 않습니다.
새 포도주는 헌 가죽 부대에 넣지
않습니다. 그것이 헌 가죽 부대를
터뜨릴 것이기 때문입니다. 오래 익은
포도주를 새 가죽 부대에 넣지 않습니다.
포도주가 망가지기 때문입니다. 낡은
천 쪼가리로 새 옷을 깁지 않습니다.
그것이 새 옷을 찢을 것이기
때문입니다."

Jesus said, "A person cannot mount two horses or bend two bows. And a slave cannot serve two masters, otherwise that slave will honor the one and offend the other. Nobody drinks aged wine and immediately wants to drink young wine. Young wine is not poured into old wineskins, or they might break, and aged wine is not poured into a new wineskin, or it might spoil. An old patch is not sewn onto a new garment, since it would create a tear."

그 당시 알려졌던 속담을 모아놓은 것이다. '두 마리 말을 한꺼번에 탈 수 없고, 두 개의 활을 한꺼번에 쏠 수 없다'는 말은 성경에 없다. '두 주인을 섬길 수 없다'는 말은 공관복음에도 있는데(마6:24, 눅16:13), 아무런 해석을 붙이지 않은 〈도마복음〉과는 달리, 하느님과 재물을 함께 섬길 수 없음을 강조하기 위해 사용되고 있다.

요즘은 컴퓨터 기술에서 나온 말로 '멀티태스킹multitasking' 이라고 하여 여러 가지 일을 동시에 처리할 수 있는 기능을 좋게 여긴다. 밥을 먹으면서 텔레비전도 보고 다른 사람과 이야기도 한다. 그러나 불교에서 말하는 명상법으로, '마음 다함mindfulness' '마음 챙김', 혹은 '정념正念' 수련에서는 한 가지 일을 할 때 거기에만 온 정신을 집중하고 몰두하도록 가르친다. 삶에서 일어나는 여러 가지 문제들은 오히려 이런 능력이 부족한 데서 생기는 것이라고 한다. 컴퓨터와 사람은 다른 모양이다.

예수님이 물 위를 걸으시는 것을 보고 베드로는 자기도 물 위를 걷게 해달라고 했다. 예수님이 오라고 하자 그는 배에서 내려 물 위를 걸어서 예수님을 향해 가기 시작했다. 그러나 베드로는 거센 풍랑이 닥쳐오는 것을 보고 겁에 질려 물속으로 빠져들게 되었다. 살려달라고 소리치자 예수님이 곧 손을 내밀어 그를 건져주시면서 "믿음이 적은 사람아, 왜 의심하였느냐?"(마14:31)라고 하셨다.

이때 '의심하다distazō'라는 낱말의 그리스어 본래 뜻은 '두 쪽을 보다'이다. 오로지 예수님만 바라보고 걸으면 되었을 터인데 거센 풍랑을 보면서 두 마음이 들었다. 이처럼 두 마음을 품는 것이 '의심'이다. 의심을 뜻하는 영어의 'doubt'나 독일어의 'Zweifel(츠바이펠)'도 어원상 '두 쪽'이라는 뜻을 가지고 있다. 특히 독일어에서는 Zweifel을 더욱 심하게 한다는 뜻으로 'Verzweifelung(페어츠바이펠룽)'이라고 하면 '절망'이라는 뜻이 된다. 올라가는 에스컬레이터

나 내려가는 에스컬레이터 둘 중 하나를 타고 있으면 문제가 없는데, 이 둘을 한꺼번에 타려고 하면 결국 허둥지둥 갈팡질팡할 수밖에 없다. 그래도 갈팡질팡을 계속하고 있으면 절망이다. 여기서도 이 말이든 저 말이든 하나를 타고, 이 주인이든 저 주인이든 하나를 골라 섬기면 문제가 없을 터인데, 둘을 한꺼번에 하겠다는 데 문제가 있다는 이야기를 한다. "의심하는 사람은 마치 바람에 밀려서 출렁이는 바다 물결과 같습니다. 그런 사람은 … 두 마음을 품은 사람이요, 그의 모든 행동에는 안정이 없습니다."(야고보서1:6-8)라고 했다.

그런데 이 절을 보면 마치 '이 말도 저 말도' 하는 '도도both/and'주의가 아니라 '이 말이냐 저 말이냐' 하나를 골라잡아야 한다는 '냐냐either/or'주의를 강조하는 것 아닌가 하는 생각이 들기도 한다. 〈도마복음〉에서 지금까지 '둘이 아니라 하나가 되어야' 한다는 것을 기본 가르침으로 강조하고, 심지어 바로 앞 절에서는 이분법적 사고를 지양하고 모든 것을 통전적統全的으로 보는 어린아이 같은 시각을 가지면 세례 요한보다 더 위대하게 된다고 주장했는데, 어찌 여기서는 양자택일, 이항대립 같은 것을 강요하는 모순된 입장을 보이는가?

흔히 '이것도 저것도' 하는 도도주의를 취하면 모든 것을 무원칙적으로 다 허용하는 것이라 잘못 알고 있다. 다원주의多元主義적인 태도는 모든 것을 무조건 다 받아들이는 입장이라 오해하기 쉽다. 그러나 다원주의도 다원주의 그 자체를 부정하는 입장까지 받아들이거나 인정할 수는 없다. 그렇게 되면 다원주의 자체가 무의미해지고, 다원주의 자체가 성립될 수 없기 때문이다.

　어떤 사물에 대해 이런 견해도 저런 견해도 모두 일리 있는 것이라 인정하고, 둘을 다 받아들임으로써 사물의 진면목을 더욱 뚜렷이 알 수 있는 깨침을 얻어야 한다고 하는 것이 다원주의다. 그러나 그런 깨침 자체를 부정하는 견해마저도 받아들이는 것은 다원주의와 상관없는 일이다. 코끼리를 만진 장님들이 서로 가지가 경험한 바를 제시하면 그것을 모두 일리 있는 말이라 인정하는 것이 다원주의적 입장이다. 하지만 그중 하나가 자기 말만 절대적으로 옳고 다른 사람의 말은 절대적으로 틀렸다고 주장하면서, 너희가 다원주의 입장을 취하려면 나의 이런 말도 받아들여야 한다고 강변한다고 생각해보라. 그의 말을 받아들이면 다원주의라는 것은 있을 수 없게 되고 만다. 다원주의란 그런 '독단'을 배격하자는 것이지, 이런 독단까지도 무조건 받아들이자는 것이 아니다.

여기서 두 말을 한꺼번에 탈 수 없다거나 두 활을 한꺼번에 쏠 수 없다고 하는 것은 깨침을 거부하는 삶과 깨침을 추구하는 삶, 혹은 깨침을 얻기 전의 삶과 깨침을 얻은 후의 삶을 서로 대비시키고 있다고도 볼 수 있다. 우리는 물론 두 가지 삶 중에서 깨침을 추구하는 삶, 그래서 깨침을 얻고 자유를 구가하는 삶을 택해야 하는 것이다.

묵은 포도주와 새 포도주, 낡은 가죽 부대와 새 포도주, 새 옷과 낡은 천 조각에 대한 것도 모두 새로움과 낡음을 대조하고 이 둘이 양립할 수 없음을 강조하는 말들이다. 공관복음서에는 바리새파와 예수님의 제자들 사이의 논쟁과 관련해서 이런 말들이 한편으로 낡은 종교로서의 유대교와 다른 한편으로 이제 새로 등장하는 예수의 가르침을 서로 대비시키는 말로 사용되고 있다(마9:16-17, 막2:21-22, 눅5:36-39). 그러나 여기 〈도마복음〉에서는 아직 유대교와 그리스도교를 차별화한다는 의식이 만개하기 전의 서술로서, 오로지 깨침을 거스르는 일체의 낡은 사고방식이나 행동은 버릴 것을 촉구하는 말로 쓰인 것이라 보면 될 것이다. 쟁기를 잡았으면 뒤를 돌아보지 말아야 한다(눅9:62).

공관복음에서는 새 포도주를 헌 가죽 부대에 넣을 수 없다고 했다. 새 포도주가 발효해서 팽창하면 낡은 가죽 부대는 그 압력에 견디지 못해 터지고 말기 때문이다. 여기 〈도마복음〉에는 묵은 포도주를 새 가죽 부대에 넣지 않는다는 말을 덧붙이고 있다. 맛있는 포도주를 아직 가죽 냄새가 나는 새 가죽 부대에 넣으면 포도주에 좋지 않은 맛을 더하여 포도주가 망가지기 때문이다. 또 공관복음서에서는 새 천 조각을 낡은 옷에다 대고 깁는 사람은 없다고 했다. 빨래를 하면 새 천 조각이 줄어들면서 헌 옷을 잡아당기기 때문에 헌 옷이 더욱 크게 찢어지기 때문이다. 그런데 〈도마복음〉에서는 반대로 헌 천 조각을 새 옷에 대고 깁지 말라고 했다. 필사 과정에 혼동을 일으킨 것이 아닌가 보는 학자들도 있다. 아무튼 둘이 같이 갈 수 없다는 것을 이야기하는 점에서는 다를 바가 없다.

한 집에서 두 사람이 서로 화목하고

예수께서 말씀하셨습니다.
"한 집에서 두 사람이 서로 화목하고
그들이 산을 향해
'여기서부터 옮겨 가라!'라고 하면
그것이 옮겨 갈 것입니다."

Jesus said, "If two make peace with each other in a single house, they will say to the mountain, 'Move from here!' and it will move."

〈도마복음〉에서는 집이 우리 몸을 가리키는 경우가 많다(제71, 98, 103절 등). 따라서 이 절은 우리 몸에서 일어나는 두 가지 원리의 화해라는 관점에서 이해하는 것이 좋을 것이다. 우선 내 영혼과 하늘의 영이 서로 분리되어 있었지만 화해reconciliation, 하나 됨at-one-ment, 재결합re-union을 통해 양쪽이 어우러질 때 얼마나 큰 힘이 나올 수 있는가를 말해주는 것이라 이해할 수 있다.

약간 다른 차원에서도 읽을 수 있다. 우리는 모두 내 속에 있는 '이기적 자아'와 '참 자아', 혹은 소문자 자아self 와 대문자 자아Self 가 충돌하는 것을 경험한다. 바울은 이런 경험을 두고 '내가 원하는 선한 일은 하지 않고, 도리어 원하지 않는 악한 일을 함'(롬7:19), 혹은 '나는 선을 행하려고 하는데, 그러한 나에게 악이 붙어 있다'(롬7:21)라는 말로 표현하였다. 우리가 우리 속에 있는 이런 두 가지 자아, 두 가지 '나'가 충돌하게 되면 어쩔 수 없이 바울과 마찬가지로 "아, 나는 비참한 사람입니다. 누가 이 죽음의 몸에서 나를 건져 주겠습니까?"(롬7:24) 하고 절규할 수밖에 없다. 이런 상태가 우리의 일상적 실존의 상태다. 그러나 이런 상태가 변화를 받아 이기적인 나, 비본래적인 나, '제나'로부터 신적인 존재로서의 나, 본래적인 나, '얼나'로 귀속

함으로써 둘 사이에 충돌이 없어지고 조화스럽게 움직여서 무한한 힘과 활력을 얻을 수 있게 된다면, 산을 움직이는 것이 무슨 문제일까 하는 식으로 읽는 것이다.

다시 이 절을 좀 다른 시각으로 이해할 수도 있다. 두 사람이 한집에서 왜 싸우는가? 두 사람의 의견이 서로 다르기 때문이다. 그러나 의견이 서로 다르다고 해서 틀린 것이 아닐 뿐 아니라, 두 의견은 서로 보완관계에 있다는 것을 알게 되면 싸울 이유가 없어진다. 커피 컵을 위에서 보면 동그랗지만 옆에서 보면 직사각형이다. 동그랗다고 보는 사람과 직사각형으로 보는 사람은 싸울 것이 아니라 서로 의견을 말하고 다른 관점을 배움으로써 자신의 안목을 넓혀갈 수 있는 것이다.

한국 사상사에서 가장 뛰어난 사상가 중 한 분으로 7세기 통일신라 시대의 원효元曉를 들 수 있을 것이다. 그가 중국으로 가다가 밤에 해골바가지에 고인 물을 마셨다는 이야기도 유명하지만, 학문적으로는 그의 '화쟁론和諍論'이 더욱 중요하다. 화쟁론이란 바로 두 가지 상반되는 것 같은 견해 사이에 모순이 아니라 상보적 관계를 보라는 이야기이다. 현대적 용어로 옮기자면 다원주의적 입장이라 할 수 있다.

그는 《열반종요涅槃宗要》라는 책에서 법신法身이 유색有色이냐 무색無色이냐 하는 대립된 두 가지 견해를 놓고 어느 견해가 맞느냐 하는 문제에 대해, "일방적으로 한 면만 고집[定取一邊]"하면 두 견해가 모두 틀렸다고 했다. 그 이외에도 이와 비슷한 여러 가지 일견 상반되는 것 같은 견해들을 놓고, 원효는 언제나 어느 한 가지 입장만을 절대화하거나 독단화하면 결국 오류를 범하는 것이고, 여러 가지 입장을 '보완적'인 것으로 받아들이면 이 모든 상반된 견해가 실상實相에 대한 우리의 이해를 돕는 데 기여하게 된다고 강조했다.

'군맹무상群盲撫象'이라는 코끼리 이야기에도 다시 나오지만, 어느 장님이 코끼리가 구렁이처럼 생겼다고 하는 말은 코끼리의 실상에 대한 우리들의 이해를 도와주는 것이다. 그러나 이 장님이 자기의 일방적이고 단편적인 견해를 절대화하여 자신과 같은 견해를 가지고 있지 않은 다른 장님들을 모두 이단시하고 박멸할 대상으로 본다면 심각한 오류에 빠져들고 만다. 따라서 코끼리가 구렁이처럼 생겼다, 혹은 바람벽처럼 생겼다 하는 대립적인 생각은 둘 다

맞을 수도 있고, 둘 다 틀릴 수도 있다. 맞다 틀리다를 결정하는 잣대는 결국 다원주의적 태도에서 남의 의견에 귀를 기울이느냐, 혹은 획일주의적 입장에서 자기의 독단적 주장만을 유일한 진리로 절대화하느냐 하는 데 달렸다고 볼 수 있다.

코끼리가 구렁이처럼 생겼다고 생각하는 사람들만 사는 세상이라고 상상해보라. 코끼리에게 동시에 다른 면 또한 있을 거라는 사실을 알 길이 없다. 따라서 우리 주위에 코끼리의 다른 면이 동시에 있다고 생각하는 사람들이 있다는 것은 불가피한 일일 뿐 아니라 바람직한 일이기도 하다. 결코 서로 정죄하지 말고 함께 앉아서, 각자가 발견한 코끼리의 일면들을 분명하고 확실한 말로 서로 이야기하고 나누어 가짐으로써, 코끼리의 실상에 더욱 가까운 그림에 접근하도록 최선을 다하는 진지함이 필요할 뿐이다.

우리 사회가 이런 식으로 성숙하게 된다면, 그야말로 산을 보고 움직이라 하면 산인들 안 움직이고 버틸 수 있겠는가?

The Gospel of Thomas

8

어디서
왔느냐고
묻거든

홀로이며 택함을 받은 이

예수께서 말씀하셨습니다.
"홀로이며
택함을 받은 이는 행복합니다.
나라를 찾을 것이기 때문입니다.
여러분은 거기에서 와서
그리로 돌아갈 것이기 때문입니다."

Jesus said, "Congratulations to those who are alone and
chosen, for you will find the kingdom. For you have
come from it, and you will return there again."

〈도마복음〉에는 계속 '홀로 됨' 혹은 '홀로 섬'을 강조하고 있다(제16, 23, 48, 75절 참조). 하나 됨, 단독자, 홀로인 자와의 홀로됨alone with the Alone 등의 중요성을 부각하고 있다. 제16절 풀이에서도 언급한 것처럼 '홀로'라는 뜻의 그리스어 '모나코스monachos'에서 수도사라는 'monk'나 수도원이라는 'monastery'라는 낱말이 파생되었다고 한다. 모두가 수도원에서 수도사가 되어야 행복하고, 그래야 나라를 찾을 수 있다는 것인가?

성경에는 사막에서 홀로 지낸다는 이야기가 자주 등장한다. 모세도 광야에서 40년간 홀로 있었다 하고, 예수님도 광야에서 40일간 금식 기도를 했으며, 바울도 사막에서 2년간 홀로 지냈다고 했다. 사막은 하늘과 모래뿐, 아무것에도 매일 필요 없이 홀로 지내기에 가장 좋은 곳이기 때문이었을 것이다.

20세기 가장 위대한 사상가 중 하나로 꼽히는 토머스 머튼Thomas Merton (1915~1968)도 이 문제로 고민을 많이 했다. 자신이나 다른 모든 사람이 사막의 교부들처럼 사막으로 가서 홀로 지내는 것이 참된 종교인으로서 실행해야만 하는 마땅한 도리가 아닌가? 고민 끝에 내린 그의 결론은,

'사막'이란 결국 지리적인 장소이기보다 정신적인 자세라는 것이었다. 실제로 사회를 등지고 산이나 사막으로 나가 독신으로 사는 것도 좋겠지만, 세상에서 사람들과 함께 살면서도 거기에 집착하지 않는 '정신적 사막'을 만들어, 그 속에서 수행하는 태도를 가지는 것이 어쩌면 더욱 훌륭한 일일 수도 있다고 여긴 것이다. 스님들이 속세를 떠나 사는 출세간의 삶을 강조한 것에 반해, 신유학자들은 세상 속에서 살면서 격물치지格物致知의 삶을 살아야 한다고 주장한 것과 비슷한 생각일지도 모르겠다.

힌두교 요가 전통에서는 '브라마차리아Brahmacharya'를 실천하여, 자녀를 낳기 위한 것 이외에는 성생활을 하지 않는다고 한다. 다석 류영모 선생님도 '결혼結婚'을 했으니 '해혼解婚'해야 한다고 하면서 50세에는 부인과 한집에서 오누이처럼 살면서 '홀로 사는 삶'을 실천했다고 한다. 이런 말을 하고 있으니 칼릴 지브란이 지은 《예언자》 중 〈결혼에 대하여〉라는 장이 생각나 여기 인용한다.

두 분은 함께 태어나서 영원히 함께하실 것입니다.
죽음의 흰 날개가 두 분의 사는 날을 흩뜨려버릴 때라도
두 분은 함께하실 것입니다.

그렇습니다. 두 분은 심지어 하느님의 잠잠한 기억 속에서마저 함께하실 것입니다.

하지만 두 분의 그 함께함 속에 공간이 있게 하십시오.

그리고 두 분 사이에서 하늘의 바람이 춤추게 하십시오.

서로 사랑하십시오. 그러나 사랑이 속박이 되게 하지는 마십시오.

사랑이 두 분 영혼의 해변 사이에서 출렁이는 바다가 되게 하십시오.

서로의 잔을 채워주십시오. 그러나 한쪽 잔에서만 마시지는 마십시오.

서로에게 자기의 빵을 나누어주십시오. 그러나 한쪽 조각만을 먹지는 마십시오.

함께 노래하고 춤추며 기뻐하십시오. 그러나 각각 혼자이게 하십시오.

거문고 줄들이 비록 같은 노래로 함께 울릴지라도 모두 각각 혼자이듯이.

서로 마음을 주십시오. 그러나 그 마음을 붙들어놓지는 마십시오.

저 위대한 생명의 손길만이 여러분의 마음을 잡아둘 수
있기 때문입니다.

그리고 함께 서십시오. 그러나 너무 가까이 서지는 마십
시오.

성전의 기둥들도 서로 떨어져 서 있고,

참나무 삼杉나무도 서로의 그늘 속에서는 자랄 수 없기
때문입니다.°

　본문에 의하면 이렇게 하나 됨, 홀로 됨을 실천하는 사람
은 '나라'를 찾는데, 이 나라는 바로 우리가 나온 근원이며
또 우리가 돌아가야 하는 궁극적 목적지이기도 하다. 플라
톤, 플로티노스나 《도덕경》에서 모든 것이 근원에서 나와
그 근원으로 다시 '돌아감'을, '반본환원返本還源'을 강조하
는 것과 맥을 같이한다고 볼 수 있다.

°　　칼릴 지브란 지음, 오강남 옮김, 《예언자》(현암사, 2003), pp. 30-31.

어디서 왔느냐고 묻거든

예수께서 말씀하셨습니다.
"그들이 여러분에게 어디서 왔느냐고
묻거든 그들에게 말하십시오.
'우리는 빛에서, 빛이 스스로 생겨나,
확고히 되고 그들의 형상으로
나타나게 된 그곳에서 왔다'고.
그들이 여러분에게 '그것이 너희냐?'
하고 묻거든 말하십시오.
'우리는 그 [빛의] 자녀들로서, 살아 계신
아버지의 선택받은 사람들'이라고.
그들이 여러분에게 '너희 속에 있는 너희
아버지를 입증할 증거가 무엇이냐?'고
묻거든 그들에게 말하십시오.
'그것은 움직임과 쉼'이라고."

Jesus said, "If they say to you, 'Where have you come
from?' say to them, 'We have come from the light, from

the place where the light came into being by itself, established [itself], and appeared in their image.' If they say to you, 'Is it you?' say, 'We are its children, and we are the chosen of the living Father.' If they ask you, 'What is the evidence of your Father in you?' say to them, 'It is motion and rest.'"

이것은 〈도마복음〉식으로 믿는 사람들이 자기들의 정체성을 분명히 알고 있도록 하기 위한 간단한 교리문답 형식의 가르침이라 볼 수 있다. 또 여기서 말하는 '사람들'이라는 것이 〈도마복음〉식 신앙을 받아들이지 않은 사람들이거나 심지어 그런 신앙을 받아들이는 이들을 핍박하는 사람들을 가리킨다고 보면, 그런 사람들이 힐난조로 물어올 때 자기들은 '빛에서 온 사람들, 빛의 근원에서 나온 사람들, 빛의 자녀요, 아버지의 택함을 받은 사람들'임을 분명하고 당당하게 밝히라는 이야기다. 빛이 '그들의 형상으로 나타났다'고 할 때 '그들'이 무엇을 가리키는 것인지는 문법적으로 모호하다.

그러나 이 절을 역사적 맥락에서 좀 더 구체적으로 이해할 필요가 있다. 앞에서도 몇 번 언급한 것처럼, 초대교회에서는 단순히 믿는 믿음의 단계를 지나 사물의 실상을 꿰뚫어 보는 깨달음의 단계를 추구하는 사람들이 있었다. 이들은 '물'로 세례를 준 세례 요한의 세례는 오로지 '첫 단계'에 불과하므로 이에 만족하지 말아야 한다고 보았다. 세례 요한 스스로도 자기 뒤에 오실 예수님이 "성령과 불로"(마3:11, 눅3:16) 세례를 주리라고 예언했는데, 그들은 바로 이런 세례를 받아 영적으로 거듭나야 한다고 생각했다. 물로 세례를 받았을 때는 하느님을 창조주나 심판자로 믿고 우리 스스로를 '하느님의 종'으로 여기고 살았지만, 성령과 불로 세례를 받아 새로운 깨달음을 얻게 되면 이제 하느님을 모든 존재의 근원으로 보게 되고 자기들을 "하나님의 자녀"이며 "상속자"(갈4:7)로 확신하게 된다는 것이다. 이제 질투하고 진노하는 그런 하느님이 아니라 사랑과 자비로 충만한 새로운 하느님을 발견하게 된다. 이렇게 성령과 불로 받는 제2의 세례를 '아폴루트로시스apolutro-sis'라 불렀는데, 노예가 노예 신분에서 풀려나는 것과 같은 '놓임'이나 '해방' '해탈'을 뜻하는 말이었다.°

   이런 제2의 세례를 받는 방법은 일률적으로 확정된 것

°   Elaine, *Beyond Belief*, pp. 137 이하 참조.

이 아니었다. 세례를 주는 사람에 따라 여러 가지 다른 형식을 취했지만, 적어도 한 가지 공통점은 세례 받기 전 일종의 세례 문답 같은 것이 선행되었다고 하는 것이다. 이때 물어보는 질문 중 하나가 바로 "어디서 왔는가?" 하는 것이었다. 〈도마복음〉 제50절은 이런 역사적 배경을 반영하는 것이라 볼 수 있다.

어디서 왔는가 묻거든 '빛에서 왔다'고 하라는 말을 듣고 있으니 연상되는 것이 있다. 선불교 전통에서 중국 선종禪宗의 육조六祖 혜능慧能 (638~731)이 오조五祖 홍인弘忍 (601~674)을 찾아갔을 때 홍인은 그에게 "어디서 왔고 무엇을 구하는고?" 하고 물었다. 혜능이 자기는 영남 신주에서 깨침을 구하고자 왔다고 했다. 홍인은, 영남 사람이라면 오랑캐인데 어찌 깨침을 얻을 수 있겠는가 했다. 이에 혜능이 한 대답이 유명하다. "사람에게는 비록 남북이 따로 있겠지만 불성에는 남북이 따로 없습니다. 제가 오랑캐의 몸으로는 스님과 같지 않지만, 불성으로는 어찌 차별이 있겠습니까?" 우리 속에 있는 빛, 혹은 우리의 근원인 빛에 있어서, 우리는 모두 같은 사람, 하느님의 택함을 받은 사람이라는 말을 하고 있는 것이 아닐까?

〈도마복음〉 여러 곳(제11, 24, 33, 61, 77, 83절)에서와 마찬가지로 여기서도 빛에 대해 이야기하고 있다. 그러나 다른 곳에서는 '우리 속에 있는 빛' '모든 것 위에 있는 빛' '빛을 비추라'는 등에 대해 언급하고 있는 데 비해, 여기서는 '우리가 빛에서 왔다' '우리는 빛의 자녀들이다' 하는 등 우리의 '근원'이요 '바탕'으로서의 빛을 강조하고 있다. 빛에 대해서는 제77절 풀이에서 다시 자세히 언급하기로 한다.

마지막 부분에서, 우리 안에 있는 아버지의 증거가 "움직임과 쉼"이라고 한 것은 무슨 뜻인가? 대략 세 가지로 나누어 생각해볼 수 있다. 첫째, 성경 〈창세기〉에서 태초에 "하나님의 영은 물 위에 움직이고"(창1:2), 엿새 동안 창조 사업을 다 마치신 다음 "이렛날에는 하시던 모든 일에서 손을 떼고 쉬셨다."(창2:2)라고 했는데, 이런 원초적 '움직임과 쉼'이 바로 하느님의 내재하심의 증거라는 이야기로 볼 수 있다. 둘째, 더욱 근본적인 것은 본래 움직임이 없던 근원으로서의 궁극 존재가 움직여 만물이 생기게 되고, 이 만물이 다시 본래의 근원으로 돌아가 움직임이 없는 쉼의 상태에 이른다고 하는 이 우주의 엄청난 순환 원칙이 신의 실재성을 증명하는 것이 아니고 무엇이냐 하는 말로 새길 수도 있을 것이다. 셋째, 좀 더 개인적인 차원에서 풀면, 내 속에 영의 움직임을 감지하고 깊은 평강과 쉼을 느끼는데, 이것이 바로 하느님의 임재를 증명하는 것이라는 말이라 볼 수도 있을 것이다. '움직임과 쉼'을 각각 우주창생론적 cosmogonical, 존재론적ontological, 개인 심리적psychological 측면으로 본 셈이다. 어느 것이 더 설득력이 있을까를 결정하는 것은 결국 우리 자신의 몫일 수밖에 없다.

언제 쉼이 있겠으며 언제 새 세상이

그의 제자들이 그에게 말했습니다.
"언제 죽은 사람들의 쉼이 있겠으며,
언제 새 세상이 이르겠습니까?"
그가 그들에게 말씀하셨습니다.
"여러분이 기다리는 것이
이미 와 있지만, 여러분들이
이를 알지 못하고 있을 뿐입니다."

His disciples said to him, "When will the rest for the
dead take place, and when will the new world come?"
He said to them, "What you are looking forward to has
come, but you don't know it."

여기서 '쉼'이란 구원과 같은 말이다. 앞 절에서 본 것과 같이 우리의 본래적인 근거인 궁극 실재로 되돌아가 그것과 다시 하나가 됨으로써 얻을 수 있는 평화와 조화와 안식의 상태를 가리킨다. 영적으로 깨치지 못한 사람은 죽은 사람과 같아서 부평초처럼 떠다니며 불안한 삶을 살 수밖에 없다. 아우구스티누스가 그의 《고백록》 첫 부분에서 한 유명한 말이 생각난다.

> "오 주님, 주님께서는 당신을 위해 저희를 지으셨으니, 저희 마음은 당신 안에서 쉼을 얻기까지 쉼이 없사옵니다."

여기서 제자들은 이런 개인적 구원과 함께 신천지가 도래할 우주적 '종말'이 언제 올 것인가 물어보고 있다. 학자들 중에는 공관복음에 나오는 것처럼 "회개하라, 천국이 가까이 왔느니라."(마4:17)라는 예수님의 선포를 놓고, 예수님이 세상의 종말을 어떻게 보았을까 하는 문제를 가지고 격론했다. 크게 두 가지 대조적인 입장으로 나뉜다. 알베르트 슈바이처 박사는 예수님이 자기 당대에 종말이 있을 것이라 믿었다고 주장한 반면, C. H. 도드C. H. Dodd (1884~1973) 교수는 예수님이 미래에 올 종말을 기다리지 않고, 종말이 이미 실현된 것으로 알고 있었다고 보았다.

그런데 여기 이 절에서 예수님은 분명히 제자들이나 그 당시 많은 유대인이 기다리던 종말이 이미 이르렀으니 별도의 종말을 기다리지 말라고 한다. 종말이 이미 이르렀지만 그들이 알지 못하고 있을 뿐이라는 것이다.

〈도마복음〉식으로 하면, "나라가 임하시오며" 하는 주기도문도 장차 이르게 될 나라가 임하기를 간구하는 것이 아니라 내 속에 이미 와 있는 나라를 깨닫도록 해달라는 간구로 이해할 수 있을 것이다. 〈도마복음〉의 예수님은 천지개벽天地開闢 같은 우주적 대사건으로서의 종말이 아니라, 깨침을 경험함으로써 가능한 내적 변화 같은 것을 통해 옛 사람이 죽고 새 사람이 부활하는 개인적인 내면의 개벽을 강조하고 있기 때문이다. 이런 내적 개변을 통해 하느님의 나라를 새롭게 발견하고, 그 새로운 세계에 들어가는 것이다. 어느 면에서 이런 독특한 종말관 때문에 〈도마복음〉이 정경正經, canon으로 채택될 수 없었는지도 모른다.

예언자들이 말했는데

제자들이 예수께 말했습니다.
"이스라엘에서 스물네 명의
예언자들이 말했는데, 그들이
모두 선생님에 대해 말했습니다."
그가 그들에게 말씀하셨습니다.
"여러분은 여러분과 함께하고 있는
산 사람은 무시하고
죽은 사람들에 대해 이야기합니다."

His disciples said to him, "Twenty-four prophets have spoken in Israel, and they all spoke of you." He said to them, "You have disregarded the living one who is in your presence, and have spoken of the dead."

앞 절의 연장선에서 이해할 수 있다. 제51절은 '미래'에 대한 생각에 정신을 팔지 말고 그 미래라는 것이 지금 여기에 와 있으니 현재에 초점을 맞추라는 것이고, 제52절은 '과거'에 매이지 말고 지금 현재를 중요시하라는 말이라 볼 수 있다. 둘 다 '지금 여기here and now, hic et nunc'를 강조하는 셈이다.

'스물네 명의 예언자들'에서 스물넷은 유대교에서 전통적으로 받아들이던 히브리어 성경 중 예언서의 수와 동일한 숫자다. 공관복음은 예수님을 메시아로 부각하기 위해 그가 바로 예언서에서 예언한 분, 예언서에서 예언한 대로 행하는 분임을 입증하려 했다. 〈누가복음〉은 예수님이 "모세의 율법과 예언서와 시편에" 기록한 모든 일을 다 이루신 분으로 묘사하고 있다(눅24:44). 특히 〈마태복음〉은 예수님의 행적을 이야기할 때마다, "이것은 주님께서 예언자를 시켜서 말씀하신 대로"라는 말을 계속한다(마1:22, 2:15, 2:17 등). 여기 이 절에서 제자들도 이와 비슷한 태도를 취하고 있다. "스물네 명의 예언자들이 선생님에 대해 이야기하고 있으니 선생님은 정말 특별하신 분으로, 죽은 사람들에게 쉼을 주고 새 세상을 가져다주실 분이 아니십니까?" 하는 식으로 물어본 것이다.

이런 질문에 대해 예수님은 왜 자신들과 함께하고 있는 산 사람을 무시하고 과거의 예언자들같이 죽은 사람들을 들먹이는가 하고 나무란다. 이 말은 예언자들이 한 말이 아니라 지금 그가 하고 있는 말이 더 중요하다는 것, 혹은 과거의 예언자들이 아니라 지금의 그가 더 큰 관심을 집중해야 할 대상이라는 것을 뜻한다.

중세의 많은 신비주의자가 고백한 것과 같이, 하느님의 임재를 체험하는 것은 미래나 과거가 아니라 '영원한 현재 eternal now, nunc aeternus'를 체험하는 것이다.

할례가 쓸데 있습니까?

그의 제자들이 그에게 말했습니다.
"할례가 쓸데 있습니까, 없습니까?"
예수께서 그들에게 말씀하셨습니다.
"할례가 유익했다면 아이들이
어머니 배에서 이미 할례 받고
태어나게 하였을 것입니다.
오히려 영적으로 받는 참된 할례가
모든 면에서 유익합니다."

His disciples said to him, "Is circumcision useful or not?"
He said to them, "If it were useful, their father would
produce children already circumcised from their mother.
Rather, the true circumcision in spirit has become
profitable in every respect."

할례割禮는 유대인들의 종교 생활에서 가장 기본적인 의식儀式이었다. 유대인이냐 아니냐 하는 것은 할례를 받았느냐 안 받았느냐 하는 것에 의해 결정될 정도로 중요한 의식이었다. 그리스도인이라면 모두 침례나 세례를 받는 것과 마찬가지로 유대인 남자라면 모두 할례를 받았다. 초대교회에서 비유대교 이방인들 중에 그리스도교로 개종하는 사람들이 늘어나면서, 그들도 그리스도인이 되기 위해 먼저 할례를 받아야 하는가 혹은 받지 않아도 되는가 하는 것이 중요한 문제였다. 이 절은 이런 역사적 배경을 반영하고 있다.

여기 〈도마복음〉에 나타난 예수님은 제14절에서 형식적인 금식·기도·구제를 배격했는데, 여기서는 특히 그런 형식적 의례로서의 육체적 할례가 무의미하다는 것을 위트 있는 말로 분명히 하고 있다. 육신으로 받는 할례가 그렇게 중요하다면 아이들이 아주 배 속에서부터 할례를 받고 나오게 했어야 하지 않겠느냐는 식이다. 그러면서 참된 할례는 영적 할례임을 강조했다. 아무것도 모르는 아기에게서 신체의 일부분을 도려내는 육체적인 할례가 아니라, 자신의 의식적 결단에 의해 마음속에 있는 한 부분을 과감히 잘라내는 그런 할례를 말하는 셈이다. 그런데 마음속에서 도려내야 하는 것이 무엇일까? 아직도 죽지 않고 성성하

게 살아 있는 자신의 이기적인 마음, 옛 사람의 찌꺼기가
아닐까?

바울도 이와 비슷한 말을 했다. 로마인들에게 보낸 편지
에서 "율법의 조문을 따라서 받는 할례가 아니라 성령으로
마음에 받는 할례가 참 할례입니다."(롬2:29)라고 하고, 또
갈라디아에 있는 사람들에게 쓴 편지에서 "할례를 받거나
안 받는 것이 중요한 것이 아니라, 새롭게 창조되는 것이
중요합니다."(갈6:15)라고 힘주어 말했다. '새롭게 창조된다
는 것'이 바로 〈도마복음〉의 예수님이 말하는 영적 할례가
아닌가. 옛 사람을 뒤로하고 새 사람으로의 탄생을 고하는
것이다.

가난한 사람은 행복

예수께서 말씀하셨습니다.
"가난한 사람들은 행복합니다.
하늘나라가 여러분의 것이기
때문입니다."

Jesus said, "Congratulations to the poor, for to you
belongs Heaven's kingdom."

이른바 '팔복' 중 처음 나오는 복이다. 〈누가복음〉의 평지 설교에서는 "너희 가난한 사람들은 복이 있다. 하나님의 나라가 너희의 것이다."(6:20)라고 되어 있고, 〈마태복음〉의 산상 설교에서는 여기에다 '마음이'라는 말을 덧붙여 "마음이 가난한 사람은 복이 있다. 하늘나라가 그들의 것이다."(5:3)라고 하였다. 〈누가복음〉은 경제적으로 가난한 사람이 복이 있다고 한 데 반해, 〈마태복음〉은 가난을 영적인 것으로 추상화시키고 있는데, 본래 예수님은 경제적 가난을 염두에 두고 말씀하셨으리라 추정하는 것이 보통이다. 주목할 것은 여기 〈도마복음〉에도 '마음이'라는 말은 없다는 사실이다.

'마음이'라는 말이 있든 없든, 가난 자체가 복이 되느냐 아니냐 하는 것보다는 부에 무조건 집착하느냐 하지 않느냐, 지나칠 정도로 돈에 욕심이 있느냐 없느냐가 행복의 조건으로 더 중요하다는 이야기를 하고 있는지 모른다. 이런 집착과 욕심을 도려내는 것이 앞에서 말한 '마음의 할례'를 뜻할 수 있다. 이렇게 자기중심주의의 찌꺼기가 말끔히 치워져 없어진 곳에 '하늘나라'가 들어올 자리가 마련된 셈이고, 이로 인해 새로운 삶을 사는 행복을 누릴 수 있다. 유교에서도 소인배가 탐하는 이利가 아니라 군자가 추구하는 의義를, 대의大意를 이상으로 삼기 때문에 외적 빈부에 상관하지 않고, 또 어쩔 수 없이 가난해진다 해도 이런 청빈淸貧이야말로 참된 청복淸福의 근원이라 여기면서 살 수 있다고 한다.

특히 〈도마복음〉의 경우 '홀로' 수행함을 행복한 삶으로 여기고 있으므로, 여기에서 말하는 가난은 '자발적 가난', 곧 재산을 버리고 속세를 떠나 무소유의 삶을 사는 사람이 스스로 선택한 가난일 가능성이 높다. 종교사를 통해서 볼 때 많은 종교에서는 재물을 탐하지 않는 것뿐 아니라 이처럼 있는 재물이라도 뒤로하고 걸식하거나 탁발승으로 천하를 주유周遊하며 살아가는 것을 종교적 삶의 이상으로 삼는 경우가 많다. 부처님이나 성 프란체스코의 경우가 대표적이라 할 수 있을 것이다. 예수님의 경우 본래 재산이 있었다가 스스로 가난해지셨는지 모르지만, 재산이 많은 어느 부자 젊은이에게 "가서 네 소유를 팔아서, 가난한 사람에게 주어라."(마19:21) 하고 충고한 것을 보면 자발적 가난을 염두에 두신 것이 분명하다.

그런데 이와는 대조적으로 요즘 그리스도교에서는 이른바 '번영신학prosperity theology'이 한창이다. 우리말로 '성공신학'이나 '잘살아보세 신학'이라 할 수 있을 것이다. 잘 믿으면 무엇보다 경제적으로 잘살게 된다는 생각이다. 이른바 남 보란 듯 잘살려면 잘 믿으라는 것이다. 물론 여기서 '잘 믿는다는 것'은 하느님께서 우리를 부자로 만드실 수 있다는 믿음을 가지고 그것을 후한 헌금으로 표시함을 의미하는 경우가 대부분이다. 이제 "예수 믿고 복 받으세요." 하는 말이나 더욱 노골적으로 "예수 믿고 부자 되세요."라는 말을 당연한 것으로 여긴다. 좋은 차를 원할 때 그대로 믿고 바라면 하느님이 그 소원을 들어주신다고 하기도 한다. 어쩌면 이런 신학을 받아들인 사람들의 경우 "가난한 자는 복이 있나니"라고 한 예수님의 말씀은 대실수일 뿐, 지금은 "부자는 복이 있나니"가 훨씬 더 실감 나고 현실성 있는 말이라 주장할지도 모른다.

그러나 이런 번영신학에 기초한 신앙을 가질 때 우리가 우리도 모르게 빠져들 수 있는 몇 가지 위험이 도사리고 있다. 첫째, 우리가 가진 신앙은 나의 경제적 부를 축적하기 위한 한갓 수단으로 전락되고 만다. 하느님도 결국은 우리가 두들기기만 하면 무엇이나 내놓는 복덕 방망이나, 카드만 넣고 단추 몇 개 누르면 곧바로 현금을 내어주는 현금인출기로 둔갑하게 된다. 둘째, 가난은 잘 믿지 못한

결과라는 생각을 가질 수 있다. 정의롭고 의미 있게 사느라 고난받는 것은 있을 수 없는 일이다. 어떻게 살든 결과적으로 가난하면 불편함뿐만 아니라 이제 죄책감까지 함께 감내해야만 한다. 셋째, 더욱 문제가 되는 것인데, 부한 것을 잘 믿은 덕이라 생각하므로, 일단 부하게 되면 부를 모으면서 있을 수 있었던 여러 가지 부정한 수단까지 다 정당화된 것으로 착각할 수 있다는 것이다. 친일파 후손으로 부자가 된 것도, 심지어 누가 뇌물을 주어도 그것이 하느님께서 축복해주시는 하나의 방법이구나 생각할 수 있다. 정말 무서운 일 아닌가.

심지어 최근에는 경제 제일주의를 주장하는 그리스도인 지도자도 있다. 경제가 인생사의 모든 것에 우선한다는 것을 공식적으로 표방하는 사람이라면 그리스도인임을 포기해야 할 것이다. 물론 배고픈 사람들에게 당장 먹을 것을 구해주는 것 같은 '경제 활동'이라면 그것이 최우선의 과제일 수도 있을 것이다. 그러나 '빈익빈 부익부', 철저히 천박한 자본주의적 재테크에 따라 땅 투기나 기타 모든 수단을 동원해서 오로지 돈을 모으겠다는 일념으로 살고, 다른 사람들도 그렇게 되도록 하는 것을 최고의 가치로 받들고 있는 사람이라면 스스로 예수님을 따르는 사람이라 주장할 수는 없는 노릇 아닌가. 그는 그냥 금송아지를 섬기는 사람일 뿐이다.

진정한 그리스도인이라면 예수님 말씀처럼 "목숨을 부지하려고 무엇을 먹을까 또는 무엇을 마실까 걱정하지 말아야"(마6:25) 할 것이다. "나는 어떤 처지에서도 스스로 만족하는 법을 배웠습니다. 나는 비천하게 살 줄도 알고, 풍족하게 살 줄도 압니다."(빌4:11-12)라고 한 바울의 말처럼 어떤 경우에도 집착하는 일이 없이 자유롭게 살 줄 알아야 할 것이다.

자기 부모를 미워하고

예수께서 말씀하셨습니다.
"누구든지 자기 아버지와 어머니를
미워하지 않는 이들은
내 제자가 될 수 없고,
자기 형제자매를 미워하고,
내가 하는 것처럼
십자가를 지고 따르지 않으면
내게 합당하지 않습니다."

Jesus said, "Whoever does not hate father and mother
cannot be my disciple, and whoever does not hate
brothers and sisters, and carry the cross as I do, will not
be worthy of me."

〈마태복음〉(10:37)에는 부모와 자식을 예수님보다 더 사랑하면 안 된다고 하고, 〈누가복음〉(14:26)에는 부모와 자식뿐 아니라 형제자매, 아내와 자기 자신까지 사랑하면 안 된다고 했다. 〈도마복음〉 제99절과 101절에도 비슷한 말이 나온다. 그런데 정말로 부모나 형제자매나 처자식을 모두 미워해야 할까? 십계명에도 다섯째 계명이 '너희 부모를 공경하라'는 것이고, 또 공관복음에 보면 예수님 스스로도 어느 부자 청년에게 영생의 길을 가르쳐주면서 "아버지와 어머니를 공경하여라."(마19:19) 하지 않았는가?

부모를 미워하라는 말은 부모에게 집착하지 말라는 뜻으로 보아야 한다. 바로 앞 절에서 재물에 집착할 위험을 경계했는데, 집착이란 재물에 한하는 것이 아니라 가족 관계에도 가능할 수 있음을 말해주는 셈이다. 무엇에 집착한다는 것은 그것에 절대 가치를 부여한다는 뜻이다. 그야말로 그것을 '궁극 관심'의 대상으로 삼는다는 뜻으로서, 이를 종교적인 용어로 말하면 '우상숭배'라 할 수 있다. 우상숭배는 우선순위의 혼동이다. 상대적인 것을 절대화하고, 절대적인 것을 상대화하는 무지의 결과다. 이 절은 결국 가족을 절대화하여 우상처럼 떠받드는 우상숭배에서 자유로워야 한다는 의미이다. 물론 가족을 사랑하지만 그것이 모든 가치에 우선하는 절대적 가치로 둔갑시키는 일을 하면 안 된다는 이야기다.

모든 종교적 여정의 출발점은 지금껏 내가 그렇게 소중하게 여기던 일상적인 것, 인습적인 것, 당연시하던 것, 혹은 내가 생각 없이 무조건 복종만 하던 권위적인 것, 정통적인 것 등을 뒤로한다는 뜻이다. 이를 신화적 용어로 하면 '집을 떠남leaving home'이다. '십우도十牛圖'에서 구도자가 집을 떠나고, 세계의 여러 영웅 신화에서 모든 영웅이 집을 떠난다. 부처님도 집을 떠났고, 예수님도 집을 떠났다. 그들을 따르는 사람들도 출가出家를 하거나 수도修道의 삶을 산다. 모두 심리적으로 부모에 연결되었던 제2의 탯줄을 끊었다는 뜻이다.

마지막 구절, "내가 하는 것처럼 십자가를 지고"라는 말에 주목해야 한다. 〈도마복음〉에는 예수님의 수난이나 죽음이나 부활에 대한 이야기가 전혀 없는데, 여기 '십자가를 진다'는 언급은 어떻게 된 것인가? 여기서 누구나 다십자가를 져야 한다는 것을 강조한 것을 보면 역사적 사건으로서의 십자가를 가리키는 것보다, 이렇게 집을 떠나거나 전통적 권위에서 벗어날 때 어쩔 수 없이 닥쳐올 어려움을 감내하는 것, 한 걸음 더 나아가 자신의 이기적 자아를 못 박는다는 종교적 상징으로서의 십자가를 뜻하는 것이라 볼 수도 있을 것이다.

참고 사실 이런 거창한 종교적 의미는 그만두고라도 십 대 때는 부모를 미워해야 한다고 한다. 진화심리학자들의 말에 의하면, 인간의 발달단계상 십 대가 되어 아기를 낳을 수 있는 단계가 되면 누구나 자동적으로 부모와 형제들을 미워하도록 되어 있다고 한다. 부모와 형제자매를 미워하지 않고 그 주위에서 맴돌면 이른바 족내혼族內婚, endoga-my이 되어 유전적으로 열등한 자식을 낳을 수밖에 없는데, 부모를 미워하여 집을 떠나야 족외혼族外婚, exogamy이 가능하여 좋은 자식을 낳을 수 있게 된다는 것이다. 오랜 진화과정을 거치면서 우리도 모르게 부모를 미워할 때 미워하여 떠났다가, 다시 사랑해도 될 때 돌아와 사랑하게 되도록 코딩이 되었다는 이론이다. 이 경우 부모를 미워하는 것은 윤리적 당위의 문제라기보다 생물학적 생존의 문제라는 뜻이다.

세상을 알게 된 사람은 시체를 찾은 사람

예수께서 말씀하셨습니다.
"누구든지 세상을 알게 된 사람은
시체를 찾은 사람입니다.
시체를 찾은 사람은
세상보다 더 값진 사람입니다."

Jesus said, "Whoever has come to know the world has
discovered a carcass, and whoever has discovered a
carcass, of that person the world is not worthy."

지금껏 종교적 형식이나 재물이나 가족 관계 같은 것에 집착하면 안 된다는 것을 말한 다음, 여기 이 절에서는 그것을 종합적으로 매듭짓고 있는 셈이다. 즉, 세상에 집착하지 말라는 것이다. 이 세상을 좇아 뭔가를 얻으려고 하지만, 세상이 결국 '시체', 곧 '죽음'이라는 것을 알라는 것이다. 그것을 알게 되면 세상이 우리에게 그렇게 가치 있는 것이 아니라는 것을 깨닫게 되고, 그렇게 되면 세상에 살지만 세상에 속하지 않게 된다. 거기에 매이지 않는다. 자유를 얻는다. 이런 위대한 발견을 한 사람은 이 허망한 세상보다 더욱 위대한 영을 소유한 사람이다.

제80절에도 '세상을 알면 몸을 알게 된 사람, 그 사람은 세상보다 더 값진 사람'이라고 했고 또 제110, 111절에도 세상을 버리거나 세상에 대해 큰 가치를 두지 말라고 했다. 말할 것도 없이 플라톤이나 힌두교나 불교에서도, 우리가 지금 경험하는 이 세상은 궁극적으로 실재성이 없는 현상세계에 불과하다고 본다.

정확한 이야기인지 모르겠지만, 중·고등학생 때 영어에서 제일 긴 단어라고 하면서 외운 단어가 있었다. 스물아홉 글자로 된 'floccinaucinihilipilification'였다. '부나 세상사를 뜬구름처럼 여김'이라는 뜻이다. 세상이나 물질세계에 대한 이런 식의 태도를 두고 염세주의적 혹은 도피주의적 세계관이라 할 수도 있을 것이다. 그러나 여기서도 세상을 무조건 버리거나 무조건 미워하라는 뜻보다는, 세상을 절대적 우선 가치로 떠받드는 태도, 세상을 우상화하는 자세를 경계하라는 이야기로 보면 될 것이다. 우리가 세상에 사는 이상 세상을 완전히 무시할 수는 없다. 세상의 상대적 가치를 인정하지만 그것을 절대적인 것으로 착각하지 않고 거기 달라붙지 않는 태도, 영어로는 'in the world, but not of the world'의 자세를 이야기하는 것으로 보면 좋을 것이다.

가라지 씨를 뿌리고

예수께서 말씀하셨습니다.
"아버지의 나라는 좋은 씨를 가진
사람과 같습니다. 밤에 그의 원수가
와서 좋은 씨 사이에 가라지 씨를
뿌리고 갔습니다. 농부는 일꾼들에게
가라지를 뽑지 말게 하고 그들에게
말했습니다. '당신들이 가라지를
뽑으려다가 밀까지 뽑을까 걱정입니다.'
추수 때가 되어 가라지가 드러나게 될 때
뽑아 불태울 것이기 때문입니다."

Jesus said, "The Father's kingdom is like a person who
has [good] seed. His enemy came during the night and
sowed weeds among the good seed. The person did not
let the workers pull up the weeds, but said to them, 'No,
otherwise you might go to pull up the weeds and pull
up the wheat along with them.' For on the day of the
harvest the weeds will be conspicuous, and will be pulled
up and burned."

여기 나오는 농부가 현명한 사람이라는 것인지 어리석은 사람이라는 것인지 헷갈리게 하는 말이다. 아무튼 정상적인 농부라면 좋은 씨에서 나오는 싹과 가라지 씨에서 나오는 싹을 구별할 줄 알고, 가라지 싹이 뿌리를 내려서 좋은 싹으로 갈 영양분을 다 뺏어가기 전에 일찌감치 가라지 싹을 제거해야 하는 것 아닌가. 사실 다 자라서 추수할 때 가라지를 골라 불태운다는 것은 의미 없는 일이다. 좋은 씨가 땅의 영양분이나 햇빛을 받고 잘 자라게 하기 위해서는 가라지가 나오자마자 없애줘야 한다.

그런데 왜 여기서는 가라지를 추수 때까지 그냥 두라고 했을까? 〈마태복음〉(13:24-30)에도 나오는 이 이야기를 교회에서는 보통 이렇게 설명한다. 교회에 좋은 교인도 있고 나쁜 교인도 있지만 나쁜 교인을 골라 쫓아낼 생각을 하지 말고 그냥 두면 심판의 날 그들이 모두 솎아져 불에 들어갈 것이라는 식으로 푼다. 이런 해석이 가능할 수도 있겠지만, 〈도마복음〉에서는 최후 심판 같은 것을 상정하지 않는다는 사실을 감안하면, 적어도 여기에서는 이런 식의 해석이 별로 설득력이 없다. 그러면 어떻게 이해하는 것이 좋을까?

앞 몇 절에 '세상'이나 '재물'이나 '가족' 같은 것을 절대시하는 집착執着을 버리라고 했는데, 이런 맥락에서 이 절을 이해해볼 수도 있을 것이다. 우리의 마음 밭에 본래 신성神性이라는 선한 씨앗이 들어 있었는데, 어쩐 일인지 이런 집착이나 욕심 같은 나쁜 씨가 들어와 뿌려졌다고 보는 것이다. 물론 이런 나쁜 마음을 당장 말끔히 제거하면 좋겠지만, 무리하게 서두르다가는 자칫 깨달음을 향해 가는 영적 생활 자체가 크게 손상될 수 있다. 조금 기다려 이기심·집착·욕심·염려·안달함·열등감 등 이런 부정적인 마음 상태를 가지고 살아가는 것이 얼마나 고통스러운가를 스스로 발견하고, 자연히 이를 제거하려 하는 마음을 갖는 순리의 과정을 밟으라는 말로 풀면 어떨까? 다음 절에 '아픔을 겪는 자는 행복'하다고 하는데, 이런 식의 아픔을 알 때 집착의 사슬을 좀 더 쉽게 끊을 수 있기 때문이 아닐까.

The Gospel of 거라스

9

당신은
누구시기에

아픔을 겪는 사람은 행복하니

예수께서 말씀하셨습니다.
"아픔을 겪는 사람은 행복합니다.
그는 생명을 찾았습니다."

Jesus said, "Congratulations to the person who has toiled
and has found life."

공관복음에는 나오지 않는 말이다. 의미상 가장 가까운 상응절은 〈마태복음〉에 나오는 이른바 팔복 중 하나로 "의를 위하여 박해를 받은 사람은 복이 있다. 하늘나라가 그들의 것이다."(마5:10)라고 하는 말이다. 그러나 이 말은 〈도마복음〉 제68절에 나오는 "여러분이 미움과 핍박을 받으면 행복합니다. 여러분이 박해를 받는 곳을 그들은 찾지 못할 것입니다."라고 한 말에 더 가깝다고 볼 수 있다. 공관복음은 아니지만 〈베드로전서〉에도 비슷한 말이 나온다. "정의를 위하여 고난을 받으면, 여러분은 복이 있습니다. 그들의 위협을 무서워하지 말며, 흔들리지 마십시오."(벧전3:14) 둘 다 그리스도인으로 올바르게 살려고 할 때 어쩔 수 없이 받게 될 박해와 핍박을 이야기하고 이로 인해 겪게 되는 아픔을 오히려 복된 것으로 받아들이라는 뜻이다.

여기 〈도마복음〉의 말씀도 그런 외부적 조건에 의해 받게 되는 고난을 이야기하는 것으로 보아도 무방하다. 또 몇몇 학자들이 지적한 것과 같이 여기에 나오는 아픔을 '애씀/수고함 toil/labor'을 뜻하는 것으로 풀어, 깨침을 얻기 위해 열심히 힘쓰는 사람, 심지어 힘센 신神 헤라클레스같이 영웅적 노력을 기울이는 사람이 복이 있다는 뜻으로도 볼 수 있을 것이다. 그러나 좀 더 깊이 들어가, 여기서 말하는 아픔이라는 것이 우리가 인간으로서 가지고 있을 수밖에 없는 실존적 한계 상황에서 오는 근원적 아픔이나 고통을 이야기하는 것으로 보아도 좋겠다는 생각이 든다.

예수님은 우리에게 "수고하며 무거운 짐을 진 사람은 모두 내게로 오너라. 내가 너희를 쉬게 하겠다."(마11:28)라고 했다. 인간이라면 어쩔 수 없이 경험하게 되는 수고하고 무거운 짐을 지는 고통을 겪어야 비로소 이런 초청에 실감나게 응할 수 있고, 그래야 예수님께 나아가 쉼을 얻는 복을 누릴 수 있다는 이야기라 볼 수 있지 않은가.

부처님도 깨침을 얻은 직후 '고·집·멸·도苦集滅道'라는 '네 가지 거룩한 진리[四聖諦]'를 설파하며 그 처음의 진리로 '괴로움의 진리[苦諦]'를 꼽았다. 삶이 괴로움이라는 근본 사실을 알아야 한다는 선언과 같은 것이다. 그러고 나서야 비로소 그 원인이 집착이나 욕심이라는 것을 알고, 괴로움을 없애는 길로 나아갈 수 있게 된다는 가르침이다.°

°   자세한 설명은 오강남, 《불교, 이웃종교로 읽다》(현암사, 2006), pp. 58 이하 참조. 고苦의 산스크리트어는 'du⌐kha'이다. 기름을 쳐서 부드럽게 돌아가야 할 수레바퀴 축에 모래가 들어가 삐걱거린다는

어느 면에서 종교적 삶은 '아픔'을 아는 데서 시작된다고 해도 과언이 아니다. 지금의 상태에 만족하지 못하고 더욱 완전한 상태로 변화하려는 것이 종교라 볼 수 있기 때문이다. 그러나 지금의 상태가 완전하지 못하다는 것을 알지 못하면 완전에의 희구도 있을 수 없고, 물론 종교적 추구나 구도의 삶도 있을 수 없다. 이처럼 아픔을 자각하는 것은 축복이요, 이런 자각을 통해 생명을 얻게 된다. 병이 있으면 병이 있다는 사실을 알고 이를 인정해야 나음을 바라고, 그리하여 나음을 얻게 되는 것과 같다. 서양 말에서 '구원salvation'이란 말도 어원적으로 치유, 고침, 나음, 완전히 됨을 의미하는 말이다. 우리의 삶이 아픔이라는 것을 아는 것이 바로 '생명을 찾음'이다. 고통을 통해 현실의 불완전성이나 모자람을 알고 일단 절망하는 것은 이런 면에서 '죽음에 이르는 병'이 아니라 생명에 이르는 병 혹은 생명을 향해 가는 여정의 시발점이라 할 수 있다. 이런 삶으로의 여정에 나갈 수 있는 것은 괴로움을 아는 사람만이 누릴 수 있는 특권이다.

뜻이다. 보통 괴로움suffering, 아픔pain, 불만족dissatisfaction, 근심distress, 비극적 얽힘tragic entanglement, 끊임없는 좌절perpetual frustration, 인간적 곤혹human predicament 등으로 옮기기도 한다.

살아 있을 동안 살아 계신 이를 주목하라

예수께서 말씀하셨습니다.
"여러분이 살아 있는 동안 살아 계신
이를 주목하십시오. 그러지 않으면
죽을 것입니다. 그때는 살아 계신 이를
보려고 해도 볼 수 없을 것입니다."

Jesus said, "Look to the living one as long as you live,
otherwise you might die and then try to see the living
one, and you will be unable to see."

공관복음에는 없는 말이다. 여기서 "살아 계신 이"란 물론 예수님이다. 서언에 '살아 계신 예수께서 하신 말씀'이란 말이 나온다. 제52절에서도 예수님은 스스로에 대해 "여러분과 함께하고 있는 산 사람"이라고 했다. 예수님이 '살아 계신 분'이라고 할 때, 그는 옛 사람에 죽고 새 사람으로 살아나 진정한 삶을 살고 계시는 분이라는 뜻으로 볼 수도 있다. 우리가 사는 한 계속해서 이처럼 새 생명을 얻어 참된 삶을 살아가시는 분, 예수님을 주목해야 한다는 이야기다.

제38절에 "여러분이 나를 찾아도 나를 볼 수 없게 되는 날이 올 것입니다."라고 했다. 그가 잠시 동안 우리와 함께 있겠지만 우리와 함께할 수 없는 날이 올 것이니 그를 열심히 찾으라는 뜻이다. 그런데 여기 이 절에서는 그가 어디로인가 가기 때문이 아니라 우리가 죽기 때문에 그를 볼 수 없게 될 수 있음을 경고하고 있다. 예수님을 주목하고 그의 말씀을 듣고 그대로 실천하여 깨달음을 얻는 길이 생명으로 가는 길이고, 그러지 않으면 죽을 것인데, 죽으면 다시는 살아 계신 이를 볼 수 없을 것이니 지금 살아 있을 때 기회를 놓치지 말아야 하는데, 기회는 다시 오지 않기 때문이다, 하는 식이다. 지금 여기서가 아니라 죽은 다음 하늘나라에 들어가 영생을 누리게 된다는 식의 생각을 부

정하고 있는 셈이다.

불교에 '맹귀우목盲龜遇木'이라는 거북이 이야기가 있다. 우리가 인간으로 태어날 수 있는 확률은, 망망대해에 조그만 구멍 하나가 뚫린 작은 나뭇조각이 물결에 따라 떠다니는데 눈먼 거북이가 백 년에 한 번씩 물 위로 머리를 내밀다가 우연히 그 나뭇조각에 뚫린 구멍 속으로 머리를 내밀게 되는 확률과 같다는 것이다. 인간으로 태어난 기회를 귀히 여기라는 뜻을 극적으로 표현한 이야기다. 제38절 풀이에서도 약간 언급했지만, 우리가 인간으로 살면서 살아 있을 동안 예수님을 바라보고 그의 말씀을 듣고 깨달음을 얻을 수 있다는 것은 보통의 기회가 아니다. 이생이 허망하게 지나가면 이미 '때는 늦으리'이다.

또 다른 시각에서 보아, 여기 '살아 계신 이'를 내 속에 살아 계신 하느님, 신성, 나의 참사람, 참나로 풀어도 좋을 것이다. 내 속에 '살아 계신 이'는 사라질 염려는 없지만, 내가 이를 알지 못하고 그대로 죽으면 찾을 수 없게 된다는 점에서, 살아 있을 동안 찾아 생명을 얻어야 하는 것이라 할 수 있다. 또 한 가지 주목하게 되는 것은 살아 계신 이를 '믿으라' 하지 않고 '주목하라' '들어라' 하는 말이

〈도마복음〉의 특징이라는 사실이다. 스스로 깨닫고 발견함이 중요하다는 것을 강조하고 있다.

쉴 곳을 찾아 잡아먹히지 않도록

예수께서 한 사마리아인이 양을 끌고
유대로 가는 것을 보시고 제자들에게
말씀하셨습니다. "저 사람이 왜 양을
[묶어서]…" 제자들이 그에게 말했습니다.
"잡아서 먹으려는 것입니다."
그가 제자들에게 말씀하셨습니다.
"양이 살아 있을 때는 그가 그것을
먹지 못하지만, 그것을 죽이고 그것이
시체가 된 다음에만 먹을 수 있습니다."
제자들이 말했습니다. "그럴 수밖에
없습니다." 그가 그들에게 말씀하셨습니다.
"그러므로 여러분도 마찬가지입니다.
여러분이 쉴 곳을 찾으십시오.
그래야 여러분도 시체가 되어 먹히는
일이 없을 것입니다."

He saw a Samaritan carrying a lamb and going to
Judea. He said to his disciples, "that person … around
the lamb." They said to him, "So that he may kill it and
eat it." He said to them, "He will not eat it while it is
alive, but only after he has killed it and it has become a
carcass." They said, "Otherwise he can't do it." He said
to them, "So also with you, seek for yourselves a place
for rest, or you might become a carcass and be eaten."

성경에는 없는 이야기다. 사본에 구멍이 몇 군데 있어서 뜻
이 확실하지 않은 절이다. 유대인의 음식물 규례에 의하면
양을 잡으면 피를 완전히 빼고 나서 먹을 수 있다. 피는 생
명이니 생명을 취하면 안 된다는 뜻이다. 피를 완전히 뺀
상태의 양이 여기서 말하는 '시체'에 해당된다. 중요한 것
은 마지막 결론이다. 양이 살아 있을 때는 먹지 못하지만,
죽은 몸이 되고 생명의 피가 없어진 고깃덩어리가 되면 먹
히고 마는 것처럼, 우리도 생물학적으로 살아 있지만 얼이
나간 산송장처럼 살지 말고, '쉴 곳을 찾아 언제나 살아 있
음을 유지함으로써 잡아먹히는 일이 없도록 하라'는 가르
침이다.

　　〈도마복음〉에서 '쉼'이란, 앞 제50, 51절에서도 언급한

것처럼, '구원'을 뜻한다. 영원한 근원으로 돌아가 그것과 다시 하나가 됨으로써 얻을 수 있는 평화와 안식의 삶이다. 깨달음을 통해 얻을 수 있는 이런 상태에 머무는 한 죽음을 맛보지 않는다. 따라서 살아 있는 양을 그대로 먹을 수 없는 것처럼 우리도 이런 상태에서 참 생명을 누리고 살면 잡아먹힐 염려를 하지 않아도 된다는 것이다. 바로 앞 절에서 '살아 있는 이를 주목하지 않으면 죽으리라'고 했는데, 살아 있는 이를 주목하지 못하여 그의 말씀을 듣고 깨치지 못한 사람은 살아도 죽은 사람, 예수님을 통해 깨침을 받아야 참 생명을 얻는다는 뜻이다.

당신은 누구시기에

예수께서 말씀하셨습니다.
"두 사람이 한자리에 누워 있는데,
한 사람은 죽고, 다른 한 사람은
살 것입니다."
살로메가 말했습니다. "선생님, 당신은
누구십니까? 당신은 특별한 이로부터
오신 것처럼 내 자리에 앉아 내 상에서
드셨습니다." 예수께서 그 여자에게 말씀
하셨습니다. "나는 완전한 분으로부터
온 사람입니다. 나는 내 아버지로부터
받기까지 했습니다." 살로메가 말했습니다.
"저는 당신의 제자입니다."
예수께서 말씀하셨습니다.
"그렇기에 내가 말합니다. 완전한 사람은
빛으로 가득합니다. 그러나 갈라진 것은
어둠으로 가득합니다."

Jesus said, "Two will recline on a couch; one will die, one will live." Salome said, "Who are you mister? You have climbed onto my couch and eaten from my table as if you are from someone." Jesus said to her, "I am the one who comes from what is whole. I was granted from the things of my Father." "I am your disciple." "For this reason I say, if one is whole, one will be filled with light, but if one is divided, one will be filled with darkness."

첫 문장과 비슷한 말은 공관복음서에도 나온다(마24:40-41, 눅17:34-35). 종말의 날에 하나는 구원을 받고 다른 하나는 멸망한다는 뜻으로 쓰여 있다. 그러나 여기 이 절에는 종말이나 심판과 관계없이 사용되고 있다. 이 절을 차라리 앞절에 붙은 것으로 보면 좋을 것이다. 언제나 살아 있어 먹힘을 당하지 않도록 하라는 말씀에 이어, 겉으로 보면 별다를 것이 없이 보이는 두 사람이 한자리에 있어도 한 사람은 깨달음을 얻어 참삶을 살고 있기에 죽음을 맛보지 않을 것이고, 다른 사람은 미망에 빠져 살고 있기에 살아 있어도 산 사람이 아니라 결국은 잡아먹힐 수밖에 없다는 뜻으로 풀 수 있다. '동상이몽同床異夢'이라는 말이 있지만 한 침상에서 완전히 다른 운명을 지니고 있다는 뜻에서 '동상이명同床異命'이라 할까.

여기 나오는 '살로메'는 〈마가복음〉(16:1)에 예수님이 돌아가시고 제3일 새벽 예수님의 몸에 바를 향료를 가지고 갔던 막달라 마리아, 야고보의 어머니 마리아와 함께 등장하는 세 여인 중 한 사람이다. 이 절에서는 살로메가 예수님의 제자가 되는 과정을 이야기하며 예수님이 누구이신가 하는 것을 밝히고 있다.

　　예수님 당시는 식사를 할 때 식탁 주위의 긴 의자에 비스듬히 누워서 식사를 했다. 라틴어로 'manducare(만두카레)'라는 동사는 본래 '비스듬히 눕다'라는 뜻이면서 동시에 '먹다'라는 말이기도 하다.° 여기 전후 문맥으로 보아 불청객으로 와서 이런 식으로 비스듬히 누워 식사를 하고 있는 예수님을 향해 살로메는 도대체 당신의 정체가 무엇인가, 또 누구로부터 온 사람이기에 이처럼 무례하게 내 식탁에서 식사를 하고 있는가 따지고 있다.

　　이렇게 사회적 신분을 캐묻는 살로메에게 예수님은 "나

○　　대학교 1학년 때 배운 라틴어 단어를 아직도 기억하고 있다. 그때 이 단어를 '만두·가래떡'으로 기억해두었기 때문이다.

는 완전한 분으로부터 온 사람"이라 하면서 자기의 내면적이고 근원적인 정체성을 밝힌다. '완전한 분'이라는 말은 풀이에 따라 '동등한 분' 혹은 갈라짐이 없이 '하나인 분' 혹은 '하나—者'라 할 수도 있다. '동등한 분'이라 함은 예수님이 하느님과 동등한 분이라는 〈요한복음〉(5:18, 10:30)이나 《빌립보서》(2:6)의 기독론과 같은 기독론을 이야기하는 것이라 볼 수 있고, 갈라짐이 없이 '하나인 분'이라면 지금까지 계속 말해온 것처럼 분리되지 않은 궁극 실재로서의 하느님으로부터 온 이라는 뜻이다. 이처럼 하느님에게서 온 분일 뿐 아니라 그에게서 뭔가를 받기도 했다고 한다. 번역자에 따라서는 여기서 받은 것을 '제자들'이라 풀기도 한다. 제자들도 자기처럼 아버지와 하나였고, 또 아버지로부터 왔다는 선언이기도 하다.

아무튼 이런 엄청난 선언을 듣고 살로메는 자기도 그의 제자가 되겠다고 한다. 여자도 제자가 될 수 있었다는 사실을 말해준다. 이어서 예수님은 '완전한 이'는 빛으로 채워지고, 갈라진 이는 어둠으로 채워진다는 진리를 말한다. 원초의 '하나'는 빛이지만, 이 빛으로부터 분리되면 어둠이 있을 뿐이라는 〈도마복음〉의 기본 진리를 천명하는 셈이다.

참고 한 가지 흥미로운 사실은 이와 비슷한 사상이 16세기 유대교 신비주의 전통인 카발라에서 말하는 '그릇의 갈라짐the breaking of the vessels'에도 나타난다는 점이다.

오른손이 하는 것을 왼손이 알지 못하도록

예수께서 말씀하셨습니다.
"나는 내 비밀을,
받을 자격이 있는 사람들에게 밝힙니다.
여러분의 오른손이 하는 것을 여러분의
왼손이 알지 못하도록 하십시오."

Jesus said, "I disclose my mysteries to those [who are
worthy] of [my] mysteries. Do not let your left hand
know what your right hand is doing."

예수님의 비밀은 받을 자격이 있는 사람들에게만 밝혀준다고 하는 말은 〈도마복음〉 서언에도 나왔고, 또 공관복음서 여기저기에도 나오는 이야기다(마13:11, 막4:11, 눅8:10). 그리스도교 초기 전통에서 예수님의 가르침은 궁극적으로 밀의적esoteric 성격을 가진 것이기 때문에 모든 사람에게 다 해당되는 것이 아니라 오로지 그것을 받아 깨달을 수 있는 준비가 갖추어진 사람들에게만 주어지는 것으로 여겨졌다는 사실을 다시 확인하는 셈이다.

오른손이 하는 일을 왼손이 알지 못하게 하라는 말은 〈마태복음〉(6:3)에도 나온다. 거기서는 자선을 베풀 때 위선자들처럼 남의 칭찬을 받으려고 '나팔을 불지 말고' 조용히 남모르게 하고 이를 숨겨두라는 윤리적 교훈의 말로 주어졌다. 그야말로 우리의 선한 행위가 무위자연無爲自然의 순리를 따라 물 흐르듯 이루어지는 경우라면 그것은 너무나 자연스럽게 이루어지는 것이기 때문에 구태여 무슨 특별한 행위라 의식되지 않게 된다는 뜻이다. 따라서 오른손이 하는 것을 왼손이 의식할 수도 없고 왼손이 하는 것을 오른손이 알아차릴 일도 없다, 대략 이런 뜻이다.

그런데 여기 〈도마복음〉에서는 오른손이 하는 일을 왼손이 알지 못하도록 하라는 말을 '예수님의 비밀'과 연관시키고 있다. 자선을 할 때 남모르게, 혹은 자연스럽게 하라는 말이 아니라 예수님의 비밀의 말씀을 전할 때 쥐도 새도 모를 정도로 엄격하게 비밀을 지키며 오로지 그 비밀을 받을 자격이 갖추어진 사람에게만 전하라는 뜻일 수도 있고, 오른쪽에 속하는 사람들만 알아야 할 비밀을 왼쪽에 속한 사람들이 알지 못하도록 하라는 말일 수 있다. 어느 쪽이든 선한 일을 남모르게 하라는 식의 윤리적 교훈은 아니다. 종교적 영역에서는 표층적 차원과 심층적 차원이 있고, 심층적 차원의 진리를 준비되지 못한 사람들에게 함부로 공개하지 말라는 지시사항에 해당되는 셈이다. 이를 뒤집으면, 마음을 열고 준비하고 있으면 기필코 예수님이 가르치는 비밀을 받을 수 있을 것이라는 뜻이기도 하다.

부자 농부는 그날 밤 죽고

예수께서 말씀하셨습니다.
"한 부자 농부가 있었습니다. 그 농부는
'나는 돈을 들여 씨를 뿌리고 거두고
심고, 내 소산물로 창고를 가득하게
하겠다. 그러면 내게는 모자랄 것이
없겠다.'라고 했습니다.
그의 마음에 이런 생각이 있었지만,
그 농부는 그날 밤 죽고 말았습니다.
귀 있는 이들은 들으십시오."

Jesus said, "There was a rich person who had a great
deal of money. He said, 'I shall invest my money so
that I may sow, reap, plant, and fill my storehouses with
produce, that I may lack nothing.' These were the things
he was thinking in his heart, but that very night he died.
Anyone here with two ears had better listen!"

앞 절에 이어서, 예수님의 비밀을 받기에 합당하지 않은 사람으로 이 부자 농부를 등장시킨 것이 아닌가 하는 생각이 든다. 오로지 경제적 관심을 궁극 관심으로 삼고 있는 사람에게는 예수님의 비밀을 말하지 말라는 이야기로 이해할 수 있다.

이와 비슷한 비유가 〈누가복음〉(12:16-21)에도 나온다. 다른 점은 〈누가복음〉의 농부는 이미 많은 수확을 거두어 그것을 쌓아둘 '창고'를 다시 크게 지으려 계획하고, 지은 다음에는 자기 영혼을 향해 "영혼아, 여러 해 동안 쓸 많은 물건을 쌓아두었으니, 너는 마음 놓고, 먹고 마시고 즐겨라."라고 말할 수 있으리라 기대하고 있는 반면, 여기 〈도마복음〉의 농부는 이제 새로 씨를 사서 그것을 뿌리고 거둔 다음 창고를 가득 채우겠다는 투자 계획을 세우고 있다는 점이다. 또 다른 차이는 〈누가복음〉에는 하느님이 "어리석은 사람아, 오늘 밤에 네 영혼을 네게서 도로 찾을 것이다. 그러면 네가 장만한 것들이 누구의 것이 되겠느냐?"라고 묻고, "자기를 위해서는 재물을 쌓아두면서도, 하나님께 대하여는 부요하지 못한 사람은 이와 같다."라고 하면서, 부해졌다고 거들먹거리면 천벌을 받을 수 있을 것이라는 결론까지 내려주는 데 반해, 〈도마복음〉에서는 농부가 죽게 된 이유도 밝히지 않고, 윤리적 교훈을 덧붙이지도 않은 채 그 농부가 그냥 죽었다는 말로 끝낸다. 벌을 받아서가 아니라 죽을 때가 되었기에 죽었다. 단 이렇게 언제든지 죽을 수 있다는 사실을 몰랐다는 것이다.

이렇든 저렇든 두 경우 모두 삶을 오로지 재물을 모으는 데 낭비하는 것은 올바른 삶을 사는 일이 못 된다는 것을 말하고 있다. 재물을 위해 평생을 바치기에는 그 평생이 너무나 짧고 귀중하다는 사실을 깨달으라는 것이다. 이른바 요즘 최고로 인기 있다고 하는 '경제 제일주의'나 '성장 제일주의'가 하느님 보시기에는 못마땅하다는 경고의 말씀인 셈이다. 경제를 섬기고 떠받들고 있는 한 예수님의 비밀 같은 것은 눈에 들어오지 않는다. 이처럼 대지에만 발을 굳게 붙이고 서 있는 이들에게는 '하느님 나라의 비밀'같이 일견 구름 잡는 듯한 고매하고 추상적인 이야기가 관심 밖의 일이 될 수밖에 없다. 이런 사람들에게는 그것이 언제나 비밀로만 남을 것이다.

손님을 초청했으나

예수께서 말씀하셨습니다.
"어떤 사람이 손님들을 위해 잔치를
준비했습니다. 잔치가 준비되자 주인은
종을 보내 손님들을 초청했습니다.
종은 처음 사람에게 가서 '제 주인이
손님을 초청합니다.'라고 했습니다.
그 손님은 말했습니다. '장사하는 사람
몇이 내게 빚을 졌는데, 그들이 오늘
저녁 오기로 하여 그들에게 할 이야기가
있기에 가보아야 하네. 부디 저녁 초대에
응하지 못하는 실례를 용서하게.' 종은
다른 손님에게 가서 '제 주인이 손님을
초청합니다.'라고 했습니다. 그 손님은
말했습니다. '내가 집을 사서 내가 하루
종일 나가 있느라 시간이 없네.' 종은
또 다른 손님에게 가서 '제 주인이

손님을 초청합니다.'라고 했습니다.
그 손님은 말했습니다. '내 친구가
결혼을 하게 되어 내가 피로연을
준비해야 하기에 갈 수가 없네. 부디
저녁 초대에 응하지 못하는 실례를
용서하게.' 종은 다른 손님에게 가서
'제 주인이 손님을 초청합니다.'라고
했습니다. 그 손님은 말했습니다. '나는
밭을 샀는데 세를 받으러 가야 하기에
갈 수가 없네. 부디 저녁 초대에 응하지
못하는 실례를 용서하게.' 그 종은
돌아가 주인에게 말했습니다. '주인께서
잔치에 초청한 사람들이 모두 초대에
응하지 못하는 실례를 용서해달라고
했습니다.' 주인이 종에게 말했습니다.
'길거리에 나가서 네가 보는 사람은 모두
데리고 와서 내 잔치에서 먹게 하라.'
장사하는 사람들과 상인들은 내 아버지의
곳으로 들어가지 못할 것입니다."

Jesus said, "A person was receiving guests. When he had prepared the dinner, he sent his slave to invite the guests. The slave went to the first and said to that one, 'My master invites you.' That one said, 'Some merchants owe me money; they are coming to me tonight. I have to go and give them instructions. Please excuse me from dinner.' The slave went to another and said to that one, 'My master has invited you.' That one said to the slave, 'I have bought a house, and I have been called away for a day. I shall have no time.' The slave went to another and said to that one, 'My master invites you.' That one said to the slave, 'My friend is to be married, and I am to arrange the banquet. I shall not be able to come. Please excuse me from dinner.' The slave went to another and said to that one, 'My master invites you.' That one said to the slave, 'I have bought an estate, and I am going to collect the rent. I shall not be able to come. Please excuse me.' The slave returned and said to his master, 'Those whom you invited to dinner have asked to be excused.' The master said to his slave, 'Go out on the streets and bring back whomever you find to have dinner.' Buyers and merchants [will] not enter the places of my Father."

왜 이 주인은 사람들을 일찌감치 초청하지 않고 잔칫날이 되어서야 급히 기별을 했을까? 본문에 나온 것으로 판단하면 초청받은 사람들의 불참 이유와 미안해하는 마음은 조금도 흠잡을 데가 없다. 현재 우리의 입장에서 생각해도 선약先約이 있을 경우 무슨 특별한 이유도 말하지 않고 저녁이나 먹으러 오라는 이런 초청을 정중히 사절하는 것. 하나도 이상할 것이 없다.

그런데 왜 문제인가? 본문을 가만히 보면 잔치에 참석하지 못하는 핑계가 하나같이 경제적인 요인이라는 것이다. 첫째 사람은 빚 갚으려는 사람이 온다니 그들을 만나기 위해서, 둘째 사람은 새로 집을 샀기 때문에, 셋째 사람은 친구의 결혼이 있어서, 넷째 사람은 밭에서 나오는 세를 받으러 가야 하기 때문에 참석하지 못하겠다는 것이었다. 친구 결혼식은 경제적 이유가 아니라 할 수도 있겠지만, 그것도 그 친구와 서로 경제적 이해관계가 걸린 사이라면 역시 경제적 이유라 할 수 있을 것이다.

앞 절에서 부자 농부처럼 경제적 관심에 마음이 쏠린 사람들은 경제적 이득이 없는 곳에서 잔칫상을 차리고 오라고 초청하면 거절할 수밖에 없다. 구체적이고 현실적인 경제적 이익에 비하면 잔치에서 얻을 수 있는 사귐, 깨침, 깨달음 같은 추상적인 가치, '예수의 비밀' 같은 것은 신통치 않거나 별 볼 일 없는 것이라 생각되기 때문이다. 그런 곳에 가서 시간을 보내는 것은 지극히 비생산적이고 비경제적인 시간 낭비일 뿐이다.

《도덕경》35장에 보면 "음악이나 별미로는 지나는 사람을 잠시 머물게 할 수 있으나 도에 대한 말은 담박淡泊하여 별맛이 없습니다."라고 했다. 교포 사회에서도 투자 안내, 부동산 박람회, 진학 세미나, 이 세상에서도 복 많이 받고 죽어서도 잘사는 법을 가르쳐준다는 부흥회 등에는 사람들이 많이 모이지만 심오한 진리니 통찰이니 하는 것을 이야기하자고 하면 사람이 별로 없다.

재미있는 사실은 이 절의 결론, "장사하는 사람들과 상인들은 아버지의 곳으로 들어가지 못할 것입니다."라고 한 것이다. 물론 지금 장사하는 사람들이나 상인들이 다 하늘나라에 갈 수 없는 부적격자라는 뜻은 아닐 것이다. 장사를 하든 사업을 하든 그것을 생업으로 삼고 열심히 일하는 그 자체가 문제 될 것은 없다. 문제는 경제적 가치를 최우선 순위에 놓고 다른 모든 가치, 특히 영적 가치를 거기에 종속시킨다고 하는 것이다. 경제 제일주의, 심지어 믿는 것도 잘살아보기 위해서나 믿는다는 그런 식의 삶이 문제다. 이런 삶의 방식으로는 초대에 응할 수가 없다.

의도하는 바는 다를 수 있지만 이와 비슷한 비유가 〈마태복음〉(22:1-14)과 〈누가복음〉(14:16-24)에도 나온다. 〈마태복음〉에는 임금(=하느님)이 아들(=예수님)을 위해서 잔치를 베풀고 사람들(=유대인들)을 초청했지만 그의 종들(=선지자들)을 죽이고 초청을 거절해서, 왕은 그들을 모두 죽이고 길에서 다른 이들(=이방인들)을 초청한 것으로 되어 있고, 나중 길에서 초청되어 온 사람 중 하나가 예복을 입지 않고 와 주인의 징벌을 받는 것(=심판)으로 마무리를 하고 있다. 이 비유를 유대교와 그리스도교의 갈등이라는 역사적 정황에 적용시킨 셈이다. 〈누가복음〉 이야기도 〈도마복음〉과 달리 세 사람을 초청하고, 또 결론으로 처음 "초대를 받은 사람들 가운데서는, 아무도 나의 잔치를 맛보지 못할 것이다."라는 말을 덧붙인다. 초청에 응답하지 않은 데 대한 징벌이라는 뜻을 강하게 풍기는 점이 다르다.

포도원 소작인들이 주인 아들을 죽이고

예수께서 말씀하셨습니다.
"한 사람이 포도원이 있어 이를
농부들에게 소작을 주었습니다.
농부들은 거기서 일하고 그 사람은
그들로부터 소작료를 얻을 수
있었습니다. 그가 종을 보내 농부들이 포
도원에서 나온 이득을 그에게 주도록
했습니다. 농부들은 그 종을 잡고 때려
거의 죽게 했습니다. 종은 돌아가 그의
주인에게 이야기했습니다. 그의 주인이
말했습니다. '아마도 종이 그들을 알지
못하였으리라.' 주인은 다른 종을
보냈습니다. 농부들은 그 종도
때렸습니다. 그러자 주인은 그의
아들을 보내며 말했습니다. '그들이
내 아들에게는 잘 대해줄 것이다.'

농부들이 그가 포도원을 상속받을
상속자임을 알고 그를 잡아 죽였습니다.
귀 있는 사람은 들으시기 바랍니다."

He said, "A […] person owned a vineyard and rented
it to some farmers, so they could work it and he could
collect its crop from them. He sent his slave so the
farmers would give him the vineyard's crop. They
grabbed him, beat him, and almost killed him, and
the slave returned and told his master. His master said,
'Perhaps he didn't know them.' He sent another slave,
and the farmers beat that one as well. Then the master
sent his son and said, 'Perhaps they'll show my son some
respect.' Because the farmers knew that he was the
heir to the vineyard, they grabbed him and killed him.
Anyone here with two ears had better listen!"

공관복음서 세 곳 모두에 나오는 비유다(막12:1-8, 마21:33-
39, 눅20:9-15). 이 절은 〈도마복음〉서 일부가 공관복음서보
다 먼저 쓰였다는 증거로 제시되는 대표적인 절이기도 하
다. 공관복음서는 이 이야기를 하느님이 이스라엘 백성들
에게 예언자를 보냈지만 그들을 홀대하므로 결국은 그의
아들 예수를 보냈는데, 그마저 죽였다는 식으로 논의를 전

개했다. 공관복음은 특히 아들을 '포도원 밖으로' 내쫓아 죽였다고 하여 예수님이 예루살렘 성 밖에서 죽임을 당한 사실과 연계되도록 했다. 공관복음에 나오는 것과 같이 각색된 이야기는 이처럼 그리스도인들 사이에 유대인들에 대한 악감정이 생긴 이후 자기들의 반유대인 정서를 본문에 삽입시킨 결과라 볼 수 있다.

〈도마복음〉에서는 물론 앞 절에 나온 잔치 초대의 비유에서와 마찬가지로, 그런 반유대교적 낌새가 전혀 없다. 〈도마복음〉의 주제는 유대인과 그리스도인 사이의 역사적 긴장이나 갈등 관계를 상정한 이야기가 아니기 때문이다. 오로지 경제적 가치에 눈이 멀면, 영적 가치를 추구하는 일을 등한히 할 수밖에 없을 뿐 아니라, 사람을 죽이는 등 무슨 험악한 일이든 다 할 수 있음을 경계하는 이야기로 나와 있을 뿐이다. 이렇게 과잉된 물욕에 희생된 사람은 물론 제62절 이후 계속 이야기하고 있는 것처럼 예수님의 비밀을 받을 자격이 없는 사람이라는 뜻이다.

버린 돌이 머릿돌이 되고

예수께서 말씀하셨습니다.
"집 짓는 사람들이 버린 돌이
머릿돌이 된 돌을 보여주십시오."

Jesus said, "Show me the stone that the builders rejected: that is the keystone."

공관복음서에서는 포도원 주인이 자기 아들을 죽인 소작인들에게 찾아가 그들을 진멸하고 포도원의 소작료를 제때에 바칠 다른 농부들에게 포도원을 넘겨줄 수밖에 없었다고 하면서 〈시편〉(118:22)에 나오는 이 말을 인용하고 있다 (마21:40-43, 막12:9-11, 눅20:15-18 참조). 공관복음서에서는 이전의 악한 소작인들이 유대인들이고, 버린 돌은 죽임을 당한 예수님으로서, 결국은 그가 부활하여 인류를 구원하는 머릿돌이 되었다는 뜻을 전하려 하는 것이다.

〈도마복음〉에는 부활하신 예수라고 하는 뜻이 없다. 더욱이 〈마태복음〉에서처럼, 유대인들에게서 "나라를 빼앗아서, 그 나라의 열매를 맺는 민족에게 주실 것"(마21:43)이라는 식으로 유대인들을 정죄하려는 뜻이 전혀 없다. 단순히 물욕에 눈이 어두우면 그 소작인들처럼 앞뒤 분간도 못 하고 귀중한 것, 여기서 말하는 '예수님의 비밀'을 배격할 수밖에 없는 처지에 이를 수 있으니 조심하라는 뜻이다.

나아가 예수의 비밀을 받을 자격이 없는 사람들이 알아보지 못하고 내다 버린 그 예수의 비밀이라는 것이 우리가 정말로 귀히 여겨야 할 모퉁잇돌이라는 것을 상기시키는 말이다. 진주를 돼지에게 주면 돼지가 발로 밟아버리지만,

아름다운 여인에게는 더욱 아름답게 해주는 목걸이가 될 수 있는 것과 같다.

참고 〈도마복음〉 전체에서 구약을 인용한 것은 여기 한 군데뿐이다. 히브리어로 '아들'은 'ben', '돌'은 'eben'이다. 죽임당한 아들 ben을 머릿돌 eben과 연계시켰다고 볼 수 있다.

자기를 모르면

예수께서 말씀하셨습니다.
"모든 것을 다 아는 사람도 자기를
모르면 아무것도 모르는 사람입니다."

Jesus said, "Those who know all, but are lacking in
themselves, are utterly lacking."

공관복음에는 나오지 않는 말이다. 공관복음에는 사람이 온 세상을 얻고도 자기 목숨을 잃으면 아무 유익이 없다고 했다(마16:26, 막8:36, 눅9:25). 바울은 "내가 예언하는 능력을 가지고 있을지라도, 또 모든 비밀과 모든 지식을 가지고 있을지라도, 또 산을 옮길 만한 모든 믿음을 가지고 있을지라도, 사랑이 없으면, 아무것도 아닙니다."(고전13:2)라고 했다. 여기서는 자기 목숨이나 사랑이 아니라 '자기를 아는 앎'이 없으면 아무것도 아니라는 이야기다. 이 말은 사실 소크라테스를 통해 많이 알려진 델포이 신전의 신탁, "너 자신을 알라."는 말의 다른 표현이라 할 수 있다.

앎에는 두 가지가 있다. 여기서 말하는 것처럼 세상의 모든 것을 아는 앎과 자기 스스로를 아는 앎이 그것이다. 누가 세상의 모든 것을 다 알 수 있을까마는 아무튼 여러 가지 일에 대해 많은 지식을 축적하는 것은 좋은 일일 수 있다. 이는 일상적인 삶을 살아가는 데 필요한 지식이나 정보를 말한다. 이와는 대조적으로 이런 일반적 앎을 넘어서서 사물의 실재를 있는 그대로 꿰뚫어 보는 통찰이나 직관 같은 앎이 있다. 초월적인 혜안慧眼을 통해서 얻어지는 지혜 같은 것이다.

그런데 이런 둘째 종류의 특수한 앎을 가지기 위해서는 첫째 종류의 일반적 앎이 오히려 방해가 될 수 있다. 일반적 앎을 기초로 하여 굳어진 선입견이나 고정관념 때문에 사물을 있는 그대로 볼 수 있는 능력이 손상되기 때문이다. 불교에서는 이런 인습적 지식을 '알음알이' 혹은 '분별지分別智'라고 하여 위험시한다. 불교뿐만 아니라 《도덕경》 47장에도 '문밖에 나가지 않고도', 심지어 '창으로 내다보지 않고도' 알 수 있는 앎을 추구하라고 하고, '멀리 나가면 나갈수록 덜 알게' 되니 조심하라고 했다. 곧이어 48장에서도 '학문의 길은 하루하루 쌓아가는 것'이지만 '도의 길은 하루하루 없애가는' '일손日損'의 길이라고 했다.

　우리가 해야 할 가장 중요한 일은 일상적 지식을 쌓느라 부산하게 쏘다닐 것이 아니라, 고요히 앉아 깊은 내면적 성찰을 통해 나 스스로를 들여다보는 것, 나의 본래의 나를 깨닫는 것이라는 뜻이다. 특히 요즘 같은 정보의 홍수 시대에 미래학자 앨빈 토플러Alvin Toffler (1928~2016)가 지적한 것처럼 우리가 지금 가지고 있는 정보가 금방 '한물간obsolete' '지식knowledge', 이른바 'obsoledge'가 되어 폐기 처분해야 할 것으로 변하는 마당에 그런 것에 연연하느라 시간을 낭비할 필요가 없다는 것이다.

앎에 대한 이야기가 나온 김에 덧붙이고 싶은 것은, 앎을 다시 다른 두 가지로 나눌 수 있다고 하는 것이다. 하나는 자기가 모든 것을 알고 있다고 잘못 아는 앎이고 다른 하나는 자기가 알지 못한다는 사실을 아는 앎이다. 자기가 모든 것을 다 알고 있다고 알고 있으면 더 이상 희망이 없다. 자기가 알지 못한다는 것을 아는 앎을 두고 중세 신비주의자 니콜라우스 쿠자누스는 '박학한 무지docta ignorantia'라고 했다. 소크라테스가 자기도 무지하고 아테네 사람들도 무지하지만 자기와 아테네 사람들과 차이는 자기가 자기의 무지를 알고 있는 것이라고 했을 때 그 무지가 바로 '박학한 무지'인 셈이다.

The

Gospel

of

Thoma

⊕

도마복음서

주해서 10권

10

핍박을
받으면
행복하다

미움과 핍박을 받으면 행복

예수께서 말씀하셨습니다.
"여러분이 미움과 핍박을 받으면
행복합니다. 여러분은
여러분이 어디에서 박해를 받았든지
그곳을 찾지는 못할 것입니다."

Jesus said, "Congratulations to you when you are hated
and persecuted; and no place will be found, wherever
you have been persecuted."

〈마태복음〉에 나오는 이른바 '팔복'의 마지막 조항(마5:10-11)에 해당한다(눅6:22 참조). 물론 공관복음에 나오는 해당 구절보다 훨씬 간략하다. 앞 제58절의 고난받는 자는 행복하다는 말과 비슷한 말이기도 하다. 둘째 문장은 공관복음서에 해당 절도 없고, 오기되었을 가능성 때문에 학자들 사이에 해석이 일치하지 않는다. 여기서는 에이프릴 디코닉의 해석을 따랐다.

이 절은 물론 그 당시 그리스도인이 실제적으로 외부인들로부터 미움과 박해를 받았음을 말해주는 것으로 이해할 수 있다. 〈마태복음〉의 경우 의를 위해 박해를 받는 사람이 행복한 이유로 천국이 그들의 것이기 때문이라고 했다. 여기 〈도마복음〉에서는 그것이 언젠가는 박해받지 않을 곳을 발견하게 될 것이기 때문이라고 한다. 하느님의 나라가 곧 박해받지 않을 곳이란 뜻인가? 미움이나 박해를 받아도 상관하지 않고 의연해질 수 있는 마음을 갖는 것, 육신적인 고통에 초연할 수 있는 영적 상태에 들어가는 것, 이런 것인가? 바울은 "여러분을 박해하는 사람들을 축복하십시오. 축복을 하고, 저주를 하지 마십시오."(롬12:14)라 했다. 박해를 통해 이런 경지로 들어갈 수 있게 되기 때문일까?

자신의 마음속에서 박해받는 사람은 행복

예수께서 말씀하셨습니다.
"그들이 그들 마음속에서 박해받는
사람은 행복합니다. 그들이 아버지를
진정으로 알게 되었습니다. 배고픈
사람은 행복합니다. 원하는 사람마다
그 배가 채워질 것이기 때문입니다."

Jesus said, "Congratulations to those who have been persecuted in their hearts: they are the ones who have truly come to know the Father. Congratulations to those who go hungry, so the stomach of the one in want may be filled."

앞 절에서 말한 외부로부터 받는 박해에 이어 여기서는 마음속에서 받는 박해를 이야기하고 있다. 이런 내면적인 박해를 통해 아버지를 아는 진정한 깨침을 얻게 된다고 했다. 〈도마복음〉의 특성을 잘 나타내는 말로 공관복음서에는 없는 대목이다. 마음속에서 받는 박해란 무엇일까?

자기의 이기적 자아와의 싸움이 아닐까? 교만과 정욕과 욕심 등 우리 내부에서 우리를 못 살게 하는 요소들이다. 2세기 말에 살았던 이집트 알렉산드리아의 클레멘트Clement of Alexandria도, 박해는 외부에서 오는 박해가 있는 반면 가장 고통스럽고 심각한 박해는 내면적 박해로서 '각자의 영혼이 부정한 욕망, 다양한 쾌락, 천박한 소망, 파괴적인 꿈 등으로 시달리는 데서 오는 것'이라고 했다. 그러면서 이런 내면적 박해가 더욱 고통스럽고 심각한 이유는 우리가 어디 가든지 그 박해자를 우리 속에 모시고 다니는 셈이기에 도저히 도망하려고 해도 도망할 수도 없기 때문이라고 했다.°

°   April D. DeConick, *The Original Gospel of Thomas in Translation* (London: T&T Clark, 2007), p. 223에서 인용.

여기서 한 가지 주목할 것이 있다. 욕망이나 교만이나 정욕 같은 내면적 갈등으로 박해를 받으려면 이런 것을 박해의 요인으로 인지할 수 있는 영적 감수성을 소유하고 있어야 한다는 것이다. 자기 자신의 누추한 내면을 꿰뚫어 보는 것을 전통적인 말로 하면 '자기 발견'이라 할 수 있다. 이렇게 스스로의 실상을 본 후 그것을 정화하려는 마음이 생긴다. 이런 정화를 통해 내면의 빛을 볼 수 있고, 나아가 하느님과 하나 됨을 체험할 수 있게 된다. 중세 그리스도교 신비주의자들은 이런 내면의 길을 각각, 자기 발견self-awareness의 단계, 자기 정화purgation의 단계, 조명illumination의 단계, 합일unity의 단계라 했다. 이 절은 이렇게 마음속에서 생기는 내면적 박해를 시발점으로 하여 그것을 견디고 이기는 사람, 이를 물리쳐 결국 마음이 청결해진 사람만이 아버지를 아는 참된 깨침을 얻을 수 있고 나아가 그와 하나가 될 수 있음을 일깨워주고 있는 것이라 볼 수 있다.

여러분 속에 있는 그것을

예수께서 말씀하셨습니다.
"여러분이 여러분 속에 있는 그것을
태어나게 하면, 여러분에게 있는 그것이
여러분을 구원할 것입니다.
여러분 속에 있는 그것을
태어나게 하지 못하면,
여러분 속에 없는 그것이
여러분을 죽일 것입니다."

Jesus said, "If you bring forth what is within you, what
you have will save you. If you do not have that within
you, what you do not have within you [will] kill you."

우리 속에 있는 '그것'이 무엇인가? 우리 속에 있는 '신성의 씨앗'이다. 우리가 우리 속에 있는 신성의 씨앗을 인지하고, 그것이 발아하여 열매 맺도록 하면 우리는 그것으로 구원을 받는다. 이런 신성의 씨앗이 우리 속에 있는지도 모르고 미망의 어둠 속에서 살아가면 우리는 결국 말라 죽어버리고 만다. 제3절b에서는 깨달음의 유무가 풍요로움과 가난을 가르는 시금석試金石이라 했는데, 여기서는 그것이 생生과 사死를 가르는 관건이라 이야기하고 있다. 제24절의 말씀과 함께 우리 속에 있는 빛, 하느님의 불꽃, 하느님의 나라에 대한 깨달음을 다시 강조하는 것이다.

여기서 다시 한번 알 수 있는 것으로 〈도마복음〉에는 누가 우리를 위해 죽음으로써 우리가 구원을 받게 된다고 하는 식의 '대속론代贖論'이 없다고 하는 사실이다. 제28절에도 언급되었지만, 예수님은 우리에게 이런 깨달음을 일깨워주시는 분이시다. 우리가 살고 죽고 하는 것은 오로지 우리 스스로 우리 속에 있는 '하느님의 일부' '신성의 씨앗' '그의 나라' '참나'를 깨닫는 깨달음을 얻느냐 못 얻느냐에 달렸다고 하는 것이다. 〈도마복음〉이 이처럼 깨달음이나 깨침을 강조한다는 사실이 우리에게 그렇게 생소하지 않은 것은 문자 그대로 '깨달음의 종교' '깨달음을 위한 종교'

라는 뜻을 가진 '불교'가 우리 주위에 오랫동안 있었기 때문일까. 사실 프린스턴 대학교 종교학 교수로 있는 일레인 페이젤스도 〈도마복음〉이 "불교 전통과 얼마나 비슷한가 하는 것을 쉽게 짐작할 수 있을 것"이라고 하며 〈도마복음〉이 그리스도교 전통의 일부로 남아 있었다면 불교와 그리스도교의 대화가 훨씬 쉬워졌을 것이라고 했다.[°]

°   틱낫한 지음, 오강남 옮김,《살아 계신 붓다, 살아 계신 예수》(도서출판 솔바람, 2013), p. 13.

내가 이 집을 헐면

예수께서 말씀하셨습니다.
"내가 이 집을 헐 것입니다. 그러면
누구도 그것을 [다시] 지을 수 없을
것입니다⋯."

Jesus said, "I will destroy [this] house, and no one will be
able to build it [⋯]."

이 절 끝에 여덟이나 아홉 글자가 잘려나가 없어졌는데 그 낱말이 '다시'가 아닐까 짐작하기도 한다. 확실한 것은 '사흘 동안'같이 긴 말이 들어갈 길이는 못 된다는 것이다. 아무튼 이 집이 무엇일까? 다른 복음서들을 보면 예수님이 "손으로 지은 이 성전을 허물고, 손으로 짓지 않은 다른 성전을 사흘 만에 세우겠다."(마26:61, 마27:40, 막14:58, 15:29, 요2:19) 했다는 말이 있다. 물론 이것은 예수님이 십자가에 못 박히고 사흘 만에 다시 살아나시는 것을 상징적으로 가리키는 말이라 이해하는 것이 보통이다.

그러면 〈도마복음〉에서 말하는 이 집이 성전일까? 〈도마복음〉에는 '성전'에 대한 이야기가 일절 없는데, 여기에만 성전에 대한 이야기를 했을까? 특히 공관복음에서는 '다시 지으리라' 하고 있지만, 여기 〈도마복음〉에는 그와 반대로 '다시 지을 수 없으리라'고 한 것은 무슨 까닭일까?

미국 클레어몬트 신학대학교 그레고리 라일리Gregory J. Riley 교수는 〈도마복음〉이 '성전'이라는 말을 쓰지 않고 '집'이라고 한 것은 영혼의 집으로서 우리의 '몸'을 지칭하기 위한 것이라고 주장한다. 그리고 예수님 자신이 이 집을 헐 것인데, 그럴 경우 누구도 그것을 다시 지을 수 없을 것이라 한 것은 예수님의 육체적 부활을 부인하는 중대한 발언이라 보았다.° 〈도마복음〉은 육체를 악으로 여기던 영지주의와는 달리 앞 제28절에서 분명히 밝힌 것처럼 예수님이 '육체'로 오신 것을 인정한다. 그러나 예수님이 다시 육체로 부활하셨다는 생각은 받아들이지 않았다는 것이다. 그야말로 지금 여기 이 삶에서 깨달음을 얻는 것이 중요하지, 죽었다가 다시 살아나서 영원토록 죽지 않는다는 생각은 관심 밖이었다는 뜻이다. 이것은 물론 예수님뿐만 아니라 누구도 육체적 부활을 하는 것이 아니라는 주장이기도 하다.

° Gregory J. Riley, *Resurrection Reconsidered: Thomas and John in Controversy*(Minneapolis: Fortress Press, 1995), pp. 147-156.

나누도록 말해주십시오

어느 사람이 그에게 말했습니다.
"저의 형제들에게 저희 아버지의 유산을
저와 함께 나누도록 말해주십시오."
예수께서 그에게 말씀하셨습니다.
"보십시오. 누가 나를
나누는 사람으로 만들었습니까?"
예수께서 제자들을 향해 말씀하셨습니다.
"나는 나누는 사람이 아닙니다.
안 그런가요?"

A [person said] to him, "Tell my brothers to divide my
father's possessions with me." He said to the person,
"Mister, who made me a divider?" He turned to his
disciples and said to them, "I'm not a divider, am I?"

〈누가복음〉에도 이 이야기가 나오는데, 거기에는 이 이야기의 결론으로 "너희는 조심하여, 온갖 탐욕을 멀리하여라. 재산이 차고 넘치더라도, 사람의 생명은 거기에 달려 있지 않다."(눅12:13-15)라는 말이 나온다. 윤리적 교훈을 주려는 것이다. 그러나 여기 〈도마복음〉의 결론은 '내가 나누는 자가 아니다'라는 것이다. 예수님은 '나누어짐'이 아니라 '하나 됨'을 중요시하는 분이시다. 앞에 '하나'와 '둘' 혹은 '나눔'이라는 문제를 다루고 있는 제22, 61절과 같은 맥락에서 있다.

《도덕경》28장 마지막에 보면 "정말로 훌륭한 지도자는 나누는 일을 하지 않는다大制不割."라고 했다. 분석적이고 이분법적 세계관에서 해방되어 근원으로서의 하나에 돌아감으로써 양면을 동시에 보는 통전적, 초이분법적 의식 구조를 유지한다는 이야기다. 이처럼 '하나' 혹은 '하나 됨'을 말할 때마다 노장老莊 사상이 생각난다.《도덕경》39장 처음 부분이다.

예부터 '하나'를 얻은 것이 있습니다.
하늘은 하나를 얻어 맑고,
땅은 하나를 얻어 편안하고,
신은 하나를 얻어 영묘하고,

골짜기는 하나를 얻어 가득하고,

온갖 것은 하나를 얻어 자라나고,

왕과 제후는 하나를 얻어 세상의 어른이 되고,

이 모두가 하나의 덕입니다.

또 《장자》 제6편에 보면 진인眞人은 모든 것을 '하나로 하는 이'라는 말이 나오는데, 인용하면 다음과 같다.

그러므로 좋아하는 것과도 하나요, 좋아하지 않는 것과도 하나입니다. 하나인 것과도 하나요, 하나 아닌 것과도 하나입니다. 하나인 것은 하늘의 무리요, 하나가 아닌 것은 사람의 무리입니다. 하늘의 것과 사람의 것이 서로 이기려 하지 않는 경지. 이것이 바로 진인眞人의 경지입니다.

이 본문에 붙인 풀이도 함께 옮겨온다. "진인은 '이것이냐 저것이냐' 하는 대립, 상극, 이원론을 넘어서서 모든 것을 '이것도 저것도' 하는 '하나 됨'의 경지, 막히고 걸리는 것 없는 통전적統全的 경지에 이른 사람이다. 한마디로 유연하고 탄력성 있게 생각하는 사람이다."°

° 　　오강남 풀이, 《장자》(현암사, 1999), p. 271.

추수할 것은 많은데 일꾼이

예수께서 말씀하셨습니다.
"추수할 것은 많은데, 일꾼이 적다.
그러므로 추수하는 주인에게 부탁하여
일꾼들을 밭으로 보내도록 하십시오."

Jesus said, "The crop is huge but the workers are few, so
beg the harvest boss to dispatch workers to the fields."

공관복음에도 나오는 말씀이다(마9:37-38, 눅10:2). 이 말씀을 보통 교회에서는 세상에 아직도 그리스도인이 되지 않은 사람들은 많은데 이 많은 사람이 그리스도인이 되도록 그들에게 전도할 전도자나 선교사가 턱없이 모자라니, 될 수 있는 대로 많은 사람이 전도자나 선교사로 자원하여 세계 여러 곳으로 나가 열심히 사람들을 교회로 인도하도록 하라는 말로 풀이한다.

그런데 여기 이 절에서는 사람들을 교회로 인도하라는 말이 없다. 이 절에서 강조하고 싶은 것은 추수를 많이 해서 무조건 교회가 커지도록 하라는 것이 아니다. 하느님의 씨앗은 모든 사람에게 다 있지만, 이를 깨닫지 않으면 결과적으로 없는 것과 다를 바 없다. 참된 깨달음을 통해 우리 속에 있는 하느님의 씨앗을 발아시키는 사람들이 많이 생기고, 또 이들의 도움으로 그들처럼 깨달음에 이르는 이들이 더욱 많아지도록 해야 한다는 뜻이다. 다음 제74절에서도 분명히 말하는 것처럼, 먼저 진리를 체득한 사람들로서 자기 한 몸을 던져 남을 위해 일할 사람이 더욱 많았으면 얼마나 좋을까 하는 안타까운 마음을 드러내는 말이다.

우물 안에는 아무도

그가 말했습니다.
"주님, 우물 주위에는 사람들이 많은데,
우물 안에는 아무도 없습니다."

He said, "Lord, there are many around the drinking
trough, but there is nothing in the well."

공관복음에 없는 말씀이다. 물이 먹고 싶어 우물가에 모인 사람들은 많은데, 막상 위험을 무릅쓰고 우물 안으로 들어가 물을 길어 올리려는 사람은 없다고 한탄하는 말이다. 종교적 관심으로 이리저리 기웃거리는 사람은 많아도 진리의 샘에 자기를 던지는 결단을 내리는 사람들이 그만큼 적다는 것이다.

우물 안에 귀한 것이 있는데, 사람들이 우물가에 모여 웅성대며 구경만 하고 있을 뿐 누구 하나 발 벗고 우물 안으로 들어가 맑은 샘물을 마시거나 퍼 오려 하지 않는다고 풀이할 수 있다. 이를 좀 더 구체적으로 표현하여, 우리 주위에 이른바 믿는다고 하며 서성이는 사람들은 많은데, 종교적 삶의 더욱 깊은 차원으로 내려가 참 깨달음을 얻으려고 모험을 감행하겠다는 사람은 별로 없다는 말이라 할 수 있다.

홀로인 사람만이 신방에

예수께서 말씀하셨습니다.
"많은 사람이 문에 섰으나 홀로인
사람만이 신방에 들 것입니다."

Jesus said, "There are many standing at the door, but those who are alone will enter the bridal suite."

'홀로인 사람monachos'은 제16절에 언급된 것과 마찬가지로, 일차적으로는 수도승처럼 결혼하지 않은 사람이라는 뜻이다. 문자적으로 해석한다면, 결혼을 하지 않았거나 배우자를 뒤로하고 수도사의 생활을 하는 사람만이 하느님과 하나가 되는 신혼을 차릴 자격이 있다는 말이라 할 수 있다.

그러나 '홀로인 사람'을 은유적으로 해석한다면, 나를 붙들고 있는 세상적인 것들, 나의 이기심, 나의 욕심, 분노, 어리석음 등을 모두 버리고 홀가분하게 된 사람이라 할 수도 있다. 또 인간으로서의 근원적 '외로움'을 체득한 사람이라고도 할 수 있다. 이렇게 은유적으로 푼다면, 우리를 얽어매는 모든 것을 내려놓고 실존적 고독을 맛보는 '단독자'가 되었을 때 비로소 신방에 들어 하느님과 정말로 하나 되는 신비적 경험을 할 수 있게 된다는 말이라 이해할 수 있을 것이다. 신방이라는 말은 제104절에 다시 나온다.

참고 〈마태복음〉(25:1-13)에 나오는 열 처녀의 비유와 비교해볼 수 있다. 이 열 처녀 비유에서는 기름을 준비하고 있던 슬기로운 다섯 처녀만 신랑과 함께 혼인잔치에 들어가고, 기름이 떨어져 기름을 사러 갔던 나머지 '미련한 다섯 처녀'는 들어가지 못했다고 하고, 결론적으로 "그러므로 깨어 있어라. 너희는 그 날과 그 시각을 알지 못하기 때문이다."라고 하면서 임박한 종말 사건과 연결시키고 있다. 물론 읽기에 따라서 이런 '임박한 종말'이라는 개념도 내 속의 옛 세계는 지나고 새 세계가 탄생함을 이야기하는 것으로 내면화해서 볼 수도 있을 것이다. 말하자면 나 자신이라고 하는 '소우주microcosmos' 내에서의 천지개벽이라는 뜻으로 본다는 것이다.

다 팔아 그 진주 하나를

예수께서 말씀하셨습니다.
"아버지의 나라는 상품을 많이 가진
상인이 진주를 발견한 것과 같습니다.
그 상인은 현명하여 자기의 상품을
다 팔아 자기를 위해 그 진주 하나를
샀습니다. 그러므로 여러분도 없어지지
않고 오래갈 보물을 구하십시오.
그것은 좀도 쏠지 않고 동록도 해치지
않는 것입니다."

Jesus said, "The Father's kingdom is like a merchant who
had a supply of merchandise and found a pearl. That
merchant was prudent; he sold the merchandise and
bought the single pearl for himself. So also with you, seek
his treasure that is unfailing, that is enduring, where no
moth comes to eat and no worm destroys."

제73~75절에 이어 전적인 종교적 헌신의 필요를 다시 한 번 강조하는 절이다. 값진 진주를 발견했으면 자기가 지금까지 중요하다고 여기던 잡다한 상품들을 다 팔아 그 진주를 사는 일에 '올인'한다는 것이다. 〈마태복음〉(13:45-46)에도 나오는 이 말씀은 물론 과감한 투자 같은 상업적 노하우를 가르치려는 것이 아니다. 더욱이 교회에서 자주 듣는 것처럼 지금 교회에 헌금을 많이 함으로써 하늘에 보화를 저축하라는 말도 아니다. 그러면 무슨 뜻인가?

참된 깨달음의 진리, 하느님 나라의 비밀을 발견하였을 때 지금까지 금과옥조처럼 가지고 있던 잡다한 이론, 사상, 교리, 주장, 주의主義 등을 다 팔아버리고 오로지 깨침을 이루는 일, 하느님 나라의 비밀을 아는 일, 그 하나에 올인해야 한다는 뜻이다. 앞 제8절에 나온 슬기로운 어부의 비유에서 그물로 잡아 올린 고기들 중 큰 고기 하나를 위해 작은 고기들을 다 버리는 결단을 내린다는 것과 같은 맥락의 가르침이다(제8절 풀이 참조).

여기서 두 가지만 더 지적하고 넘어가자. 첫째, 엄격하게 말하면, 올인을 '해야 되는 것'이 아니라 저절로 그렇게 된다고 하는 것이다. 이처럼 자기가 가진 것을 파는 것은 본문에 나온 것처럼 '자기를 위해' 하는 행동일 뿐 결코 희생이 아니기 때문이다. 즐거운 마음으로, 자발적으로 나오는 자연스러운 행동이다. 사실 종교적 삶은 이런 것이다. 의무로서가 아니라 자원하는 마음에서 행동하는 삶이다. 율법을 지키느냐에 따라 상벌이 주어진다고 믿고 노심초사勞心焦思하며 살아야 하는 율법주의적 삶은 사람을 주눅 들게 한다. 종교가 사람을 죽이는 일이다.

둘째, '많은' 상품을 팔아 진주 '하나'를 샀다고 하는 것이 많음多, multiplicity에서 하나一, unity로 옮겨짐을 의미하는 것이 아닐까 하는 것이다. 홀로 되어야 신방에 들어갈 수 있다는 말처럼, 많음의 세계에서 하나의 세계로 들어감의 중요성을 강조하는 말이라 볼 수도 있지 않겠는가 하는 생각이다.

아무튼 이렇게 모든 것을 팔아 사는 진주는 '좀도 쏠지 않고 동록도 해하지 못하는 보물', 죽음마저도 어쩌지 못할 영원한 진리라고 한다. 삶을 이런 보물을 얻는 데 걸어 보라고 우리를 초대하고 있다.

나는 모든 것 위에 있는 빛

예수께서 말씀하셨습니다.
"나는 모든 것 위에 있는 빛입니다.
내가 모든 것입니다. 모든 것이
나로부터 나왔고 모든 것이 나에게로
돌아옵니다. 통나무를 쪼개십시오.
거기에 내가 있습니다. 돌을 드십시오.
거기서 나를 볼 것입니다."

Jesus said, "I am the light that is over all things. I am all:
from me all came forth, and to me all attained. Split a
piece of wood; I am there. Lift up the stone, and you will
find me there."

앞에서 진정 종교적으로 가치 있는 것을 위해 모든 것을 던지라고 한 몇 절의 결론인 셈이다. 왜 그렇게 해야 하는가. '나'는 빛이고, 또 그 '나'가 모든 것의 근원이기 때문이라는 것이다. 이 '나'를 찾는 것보다 더 중요한 것이 어디 있겠느냐 하는 것을 일깨워주고 있다. "너희는 먼저 하나님의 나라와 하나님의 의를 구하여라. 그리하면 이 모든 것을 너희에게 더하여주실 것이다."(마6:33)라는 말과 일맥상통하는 것이라 볼 수 있다.

이 절에서 검토할 것이 세 가지 정도다. 우선 생각해볼 것은 '나는 빛'이라고 했을 때 여기서 말하는 '나'가 무엇일까 하는 문제이다. 〈도마복음〉 전체의 맥락에서 볼 때 여기서 말하는 '나'는 한 개인으로서의 역사적 예수님 한 분에 국한된 이야기가 아니라 보아야 한다. 이 '나'는 '아브라함이 태어나기 전부터'(요8:58) 있었던 그 '우주적 나Cosmic I', 곧 모든 사람 속에 공통적으로 내재한 '참나'를 가리키는 것이다.

앞의 제3절b에서 본 것처럼 천도교 2대 교주 최시형이 제사를 지낼 때 그것이 곧 자기를 향한 제사임을 강조한 향아설위向我設位의 개념도 이와 궤를 같이한다. '시천주侍

天主'와 '인내천人乃天' 즉 하느님을 모신 내가 곧 하느님이니 제사를 지내도 그것이 곧 자신에 대한 제사라는 뜻이다.

불교에서도 부처님이 어머니 왼쪽 옆구리에서 태어나자마자 큰 소리로 "하늘 위와 아래에 나밖에 존귀한 것이 없다天上天下唯我獨尊." 했다고 한다. 이때의 '나[我]'도 한 개인으로서의 아기 부처님을 의미하는 것이 아니라 우리 모두 속에 있는 '초개인적 자아transpersonal self' '참된 자아'를 가리키는 것으로 보아야 한다. 불교에서는 물론 우리 모두에게 내재한 이런 신적 요소를 '불성佛性'이라 부른다. 이것이 천상천하에서 가장 존귀하기에 다른 모든 것은 부차적 의미를 가질 뿐이라는 뜻이다.

사실 〈요한복음〉 서두에서도 예수님을 빛이라 선언한다. 그러나 〈요한복음〉에서는 예수님만 빛이라는 인상을 줄 수 있다. 그러나 우리가 지금까지 가지고 있던 선입견을 버리고 〈요한복음〉 전체를 차근히 읽어보면 그것이 반드시 예수님만 빛이라 단언한 것으로 읽어야 하는가 하는 의문이 생길 수 있다. 아무튼 이 문제에서 좀 모호할 수 있는 〈요한복음〉과는 달리, 〈도마복음〉은 '통나무'에도, '돌'에도 그 빛이 있듯, 우리 모두에게 빛이 있고, 우리 모두가 빛임을 분명히 밝힌다.

둘째로 살펴볼 것은 '빛'이라는 것이 상징하는 종교적 의미다. 종교사를 통해서 볼 때 많은 종교 전통은 우리 속에 있는 '내면의 빛'을 강조한다. 우리 속에 있는 신적 요소, 신성, 참나, 참 생명은 바로 '빛'이라고 한다. 우리의 일상적이고 인습적인 의식에서 벗어나 변화變化되고 고양高揚된 순수 의식意識을 가지게 되면 우리는 우리 속에 있는 그 '빛'을 체험할 수 있다고 한다.

힌두교 경전《우파니샤드》에 보면 우리 속에 있는 브라만[梵], 혹은 참나[我]를 두고, "그대 홀로, 그대만이 영원하고 찬연한 빛이시나이다."라고 하였다. 불교인들이 염불을 통해 체현하려고 염원하는 '아미타'불도 '무한한 빛' '무량광無量光'의 부처님이다. 유대교 신비주의 카발라 전통에서 가장 중요시되는 13세기 문헌《조하르Zohar》도 문자적으로 빛을 의미하고, 그 문헌에서 언급되는 절대자 '아인 소프Ein Sof'도 '무한한 빛'으로 그 빛에서 사람들의 마음을 비추는 열 가지 빛이 흘러나온다고 보았다. 그리스도교 동방정교 전통에서도 '신의 영광'이란 빛이신 신의 특성을 이야기한다고 보고, 이런 빛을 보는 사람이 신과 합일의 경지에 이른다고 주장한다. 퀘이커 교도들도 침묵의 예배를 통해 '내적 빛'을 체험하려고 한다. 이처럼 많은 신비주의 전통에서 '빛'은 때 묻지 않은 순수 의식을 통해 발견할 수 있는 우리 내면세계의 찬연함을 말해주는 가장 보편적 상징이라 할 수 있다.°

셋째로 주목할 것은 이 절이 말하고 있는 '범재신론적 신관'이다. 본문에 '나' 혹은 '신성神性'이 '통나무'에서도 '돌'에서도, 그 어디에서도 발견될 수 있다고 했다. 도가 문헌《장자》에 보면 누가 장자에게 "이른바 도道라고 하는 것이 어디 있습니까?" 하고 물었다. 장자가 '없는 데가 없다'고 하자 좀 더 구체적으로 이야기해달라고 한다. 결국 땅강아지나 개미에게도, 기장이나 피에도, 기와나 벽돌에도, 심지어 대변이나 소변에도 있다고 하며 이른바 도의 '주편함周遍咸'적 특성, 도의 편재성遍在性을 강조한다.

그러나 여기서 함께 강조해야 할 것은 도가 만물 안에 있

° 세계 종교사에서 빛의 의미에 대해서는 William E. Williams, *Unbounded Light: The Inward Journey: 15 Tales of the Inner Light from Ancient Scriptures, First Person Accounts, and Modern Science*(York Beach, Maine: Nichlas-Hays, Inc., 1992) 참조할 것.

을 뿐 아니라 만물이 도 안에 있다는 변증법적 관계를 잊지 말아야 한다는 것이다. 도나 신의 내재와 초월이라는 양면성을 동시에 강조하는 것을 '범재신론汎在神論, panen-theism'이라 하여 일방적으로 도의 내재만을 강조하는 '범신론汎神論, pantheism'과 구별한다. 많은 세계 신비주의 전통은 만물이 그대로 신이라는 범신론적 주장보다는 만물과 신이 하나이면서 둘이고 둘이면서 하나라는 역설의 신론을 이야기하는 것이 보통이다.°° 여기 이 절도 "내가 모든 것"이라고 한 것을 보면 나와 만물을 하나로 보고 있다고 할 수 있지만, 만물이 '나로부터 나오고 또 나에게로 돌아온다'고 할 때 이것은 동시에 분리를 이야기하는 것이기도 하다.

°°   오강남 풀이,《장자》(현암사, 1999), pp. 398 – 400 참조.

무엇을 보러 광야에

예수께서 말씀하셨습니다.
"여러분은 무엇을 보러 광야로
나왔습니까? 바람에 흔들리는
갈대입니까? 여러분의 왕이나
권력자처럼 부드러운 옷을 입은
사람입니까? 이런 사람들은
부드러운 옷을 입었지만, 진리를
깨닫지 못합니다."

Jesus said, "Why have you come out to the countryside?
To see a reed shaken by the wind? And to see a person
dressed in soft clothes, [like your] rulers and your
powerful ones? They are dressed in soft clothes, and they
cannot understand truth."

공관복음(마11:7-8, 눅7:24-25)에는 세례 요한을 두고 예수님이 한 말씀으로 나와 있다. '사람들이 광야로 나온 것이 바람에 흔들리는 갈대나 화려한 옷을 입은 권력자를 보기 위한 것이라면 헛수고에 불과하지만 세례 요한 같은 예언자를 보러 나온 것이라면, 그렇다. 세례 요한은 예언자보다 더 위대한 인물, 여자가 낳은 사람들 중 최고의 사람을 보게 된 것이다.' 하는 내용이다.

그런데 〈도마복음〉에는 세례 요한과 관계된 이런 전후 문맥이 없이 이 말만 댕그라니 나와 있다. 물론 공관복음의 초점과는 달리 여기 이 절의 메시지는 '광야로 나온 것이 부드러운 옷을 입은 사람을 보려는 것이라면 궁궐로 가야 하리라. 그러나 이렇게 부드러운 옷을 입은 사람들은 진리를 깨닫지 못하는 사람들. 차라리 거친 옷을 입은 사람들이 옷은 거칠지만 진리를 깨달은 사람일 수 있으니 그들에게 주목하라'는 이야기다. 사람을 외모로 판단하지 말고 거친 옷을 입은 사람이라도 진리를 깨달은 사람이면 이들을 알아보고 그들에게 주목할 능력이 있어야 함을 강조하고 있다고 볼 수 있다. 물론 바로 앞 절에서 언급한 것처럼 진리를 깨달은 이들 중 으뜸이 '모든 것 위의 빛' 되신 예수님이라는 것이 함의되어 있다.

재미있는 사실 하나. 이슬람교에 수피Sufi파라는 사람들이 있다. 이들의 이름은 '털옷을 입은 사람들'이라는 뜻이다. 염색하지 않은 조야粗野한 옷을 입고 다녔기 때문이다. 처음에는 참회의 표시로 입다가 나중에는 정식 의복이 되었다. 이들은 율법주의적, 형식주의적 이슬람에 반대하고 신비 체험을 강조하는 신비주의자들mystics이다. 이슬람 세계에서 수적으로는 미약하지만 그들의 특별한 가르침 때문에 영향력이 크고, 특히 외부 세계에 아주 많이 알려져 있다. 거친 옷이지만 진리를 깨친 사람들의 일례라 하겠다.°

° 수피에 대해서는 Idries Shah, *The Way of the Sufi*(New York: Penguin Arkana, 1991) 참조. 이 책에 대해서는 톰 버틀러 보던 지음, 오강남 옮김, 《내 인생에 탐나는 영혼의 책 50》(흐름출판, 2009), pp. 275-282에 언급되어 있다.

당신을 낳은 자궁이

군중 속에 있던 한 여자가 예수께
말했습니다. "당신을 낳은 자궁과
당신을 먹인 유방은 행복합니다."
예수께서 말씀하셨습니다.
"아버지의 말씀을 듣고 그것을 참으로
지키는 사람들은 행복합니다. 여러분이
'임신하지 않은 자궁과 젖 먹이지 않은
유방이 행복하다'고 할 날이
올 것이기 때문입니다."

A woman in the crowd said to him, "Lucky are the womb
that bore you and the breasts that fed you." He said to
[her], "Lucky are those who have heard the word of the
Father and have truly kept it. For there will be days when
you will say, 'Lucky are the womb that has not conceived
and the breasts that have not given milk.'"

〈누가복음〉(11:27-28)에도 나오는 이야기다. "예수께서 이 말씀을 하고 계실 때에, 무리 가운데서 한 여자가 목소리를 높여 그에게 말하였다. '당신을 밴 태와 당신을 먹인 젖은 참으로 복이 있습니다!' 그러나 예수께서 이렇게 말씀하셨다. '오히려, 하나님의 말씀을 듣고 지키는 사람이 복이 있다.'" 〈누가복음〉에는 임신하지 않은 자궁과 젖 먹이지 않은 유방이 복이 있을 것이라는 언급이 없다.

그러나 〈누가복음〉에서 아이가 없음이 복이라는 이 말은 나중 예수님이 십자가에 못 박히시러 골고다 언덕길을 올라가는데 그를 보고 가슴을 치며 통곡하는 여인들을 향해 하신 말씀으로 되어 있다. "예루살렘의 딸들아, 나를 두고 울지 말고, 너희와 너희 자녀를 두고 울어라. 보아라, '아이를 배지 못한 여자와, 아이를 낳아 보지 못한 태와, 젖을 먹여 보지 못한 가슴이 복되다' 하고 사람들이 말할 날이 올 것이다."(눅23:28-29). 또 공관복음 모두에 "그 날에는 아이 밴 여자들과 젖먹이가 딸린 여자들은 불행하다"(마24:19, 막13:17, 눅21:23)라는 말이 나온다. 예루살렘의 함락이나 세상의 종말이 가까움에 따라 이르게 될 재앙의 날, 아이 가진 것이 복이 아니라 오히려 화가 될 것을 말하는 것이다. 아무튼 이런 편집상의 차이점은 복음서 저자들이 그 당시 떠돌아다니던 말들을 어떻게 자기들이 전하려는 기별에 맞추어 편집하였는가를 보여주는 한 가지 좋은 예라 할 수 있다.

〈도마복음〉에 나온 이 절의 특징은 정치적 어려움이나 종말론적 기대 때문이라기보다 "아버지의 말씀을 듣고 그것을 참으로 지키는 사람"이 되기 위해서는 속세의 삶에서 떠나 아이 없이 사는 독신생활이 더 좋다는 것을 강조했다는 점이다. 예수님 당시 에세네파들은 이미 독신생활을 강조하면서 세상을 떠나 살고 있었다. 물론 앞에서도 몇 번 지적한 것처럼, 속세를 떠난다고 하는 것을 문자적으로만 이해할 필요는 없다. 지리적으로 우리가 속한 사회를 떠나 산이나 숲이나 사막으로 간다는 것뿐 아니라 세속의 가치관, 인습적이고 왜곡된 인생관을 뒤로하고 새로운 깨달음과 삶의 방식을 추구하는 것도 세상을 떠나는 또 하나의 형태라 볼 수 있기 때문이다.

이와 관련하여 한 가지 재미있는 사실은 부처님의 경우에도 비슷한 이야기가 있었다는 점이다. 부처님이 왕자 시절 공원에 나갔다가 출가하기로 마음을 굳힌 다음, 궁으로 돌아오는데, 키사 고타미라는 여인이 멀리서 그를 보고, "그 어머니는 정말로 복이 있구나. 그 아버지는 정말로 복이 있구나. 이런 남편을 둔 그 아내는 정말로 복이 있구나."라고 했다. 이에 대해 부처님은 속으로 "마음이 정말로 복될 때가 언제인가? 정욕의 불이 꺼질 때, 망상의 불, 아만我慢과 망념과 모든 욕정과 괴로움이 소멸될 때가 아닌가. 저 여자는 오늘 나에게 좋은 교훈을 가르쳐주었구나. 내가 소멸됨(니르바나, 열반)을 찾고 있으니. 오늘이라도 당장 세속의 삶을 뒤로하고 니르바나를 찾아 나서야 하리."라 했다.° 물론 예수님의 이야기와 몇 가지 면에서 다르지만, 여기서도 참된 행복은 세상적 가치를 넘어서서 영원한 것을 추구할 때 가능하다는 점을 지적했다는 데 공통점이 있지 않은가 생각된다.

○   Edward J. Thomas, *The Life of Buddha as Legend and History* (Routkedge & Kegan Paul, 1949), pp. 53-54. 팔리어나 산스크리트어로는 '행복하다'는 말과 '소멸됨'이라는 말, '열반'이라는 말이 모두 같은 어근에서 나온 것이다.

The Gospel of Thomas

도마복음 강의
오강남 지음

11

세상을
깨닫게 된
사람은

세상을 알게 된 사람은

예수께서 말씀하셨습니다.
"누구든지 세상을 알게 된 사람은 몸을
찾았습니다. 누구든지 몸을 찾은 사람은
세상이 그에게 값진 것이 아닙니다."

Jesus said, "Whoever has come to know the world has
discovered the body, and whoever has discovered the
body, of that one the world is not worthy."

제56절에도 나오는 말이다. 단 거기서는 세상을 알게 된 사람이 '시체ptōma'를 찾은 사람이라고 하고, 여기 제80절에서는 '몸sōma'을 찾은 사람이라고 하여 낱말 하나를 바꾼 것이 다르다. 제56절 풀이에서도 지적했지만, 세상을 알게 되면 시체를 찾게 된다는 말은 결국 세상이란 절대적이지 못하다는 것을 발견했다는 뜻으로 이해할 수 있었다. 그러나 여기서 '몸을 찾았다'고 한 것은 어떻게 이해하면 좋을까?

'몸'을 물질세계를 대표하는 말로, 그리고 '찾았다'를 그 물질세계의 실상을 꿰뚫어 보게 되었다는 말로 새길 수 있을 것 같다. 그리하여 물질세계란 궁극적 실상의 세계일 수 없다는 것, 모든 것이 일시적이요 무상하다는 것, 모두가 불완전할 뿐이라는 것을 깨닫게 되었다는 것이다. 이처럼 불교 용어로 해서 제법무아諸法無我, 제행무상諸行無常, 일체개고一切皆苦의 진리를 깨닫는 것이고, 이렇게 깨달은 사람은 이 현상으로서의 물질세계에 집착할 필요가 없어지게 된다는 말로 이해해도 좋을 것 같다. 결국은 깨달음이 관건이라는 〈도마복음〉의 기본 가르침을 다시 한번 강조하는 셈이다.

힘을 가진 사람은

예수께서 말씀하셨습니다.
"누구든지 부해진 사람이라면 다스리기
마련입니다. 그러나 힘을 가진 사람은
〔그것을〕 버리도록 하십시오."

Jesus said, "Let one who has become wealthy reign, and
let one who has power renounce [it]."

이 절은 세상이 그렇게 절대적인 가치를 가진 무엇이 아니라고 한 바로 앞 절의 연장이라 볼 수 있다. 이 절에 두 가지 해석이 가능하다. 첫째, 액면 그대로 읽는 것이다. 세상사에 관심을 두고 살다가 부해지는 경우, 그것을 가지고 사람들을 다스리려 하겠지만, 이렇게 부함에서 나오는 권력은 버리는 것이 좋다는 말로 새긴다. 특히 신앙 공동체 안에서 돈이 있다고 해서 그것으로 다른 사람들을 좌지우지하는 정치적 힘을 구사하려 하면 안 된다는 뜻으로 읽는 것이다. "너희 가운데서 누구든지 위대하게 되고자 하는 사람은 너희를 섬기는 사람이 되어야 하고"(막10:43)라는 말과 맥을 같이하는 것으로 이해할 수 있다.

그러나 좀 더 다른 면에서 볼 수도 있다. 제3절b에서 "여러분이 여러분 자신을 알지 못하면 여러분은 가난에 처하고, 여러분이 가난 자체입니다."라고 했다. 이 말을 뒤집으면, "여러분이 여러분 자신을 알면 여러분은 부요함에 처하고, 여러분이 부요함 자체입니다."라 할 수 있다. 자신에 대한 깨침이 없는 것이 가난 자체요, 자신에 대한 깨침이 있으면 부요함이다. 이처럼 영적으로 부요해진 사람은, 제2절에서 말한 것처럼, 내면적 자유를 누릴 수 있다. 그러나 거기에 수반하는 특별한 힘이 있다면 이를 버리라는 말로 푼다.

이런 식으로 이해할 경우, 여기서 말하는 '힘'이란 세상의 권력 같은 것이라기보다 종교적 카리스마나 초자연적 능력을 의미한다고 볼 수 있다. 여러 종교에서는 종교적 체험의 깊이가 더해감에 따라 기적적인 일을 행할 수 있는 초자연적 능력이 생긴다고 한다. 힌두교에서나 불교에서는 이를 시디sidhi라 부른다. 이런 종교에서는 이처럼 초자연적 능력이 생기면 이를 종교적 수행에 따르는 부수적 결과로서, 자기의 수행과정이 어디쯤 와 있나를 알려주는 일종의 이정표里程標 정도로 여기고 수행을 계속할 것이지, 이를 종교적 수행이 이르는 목적이나 종착지쯤으로 착각하고 거기에 집착하면 그때는 희망이 없다고 경고한다. 이 절에서도 이런 힘을 버리라고 하는 것이 아닌가 한번 생각해볼 일이다.

예수님이 세례를 받으시고 성령에 이끌려 광야로 가셨을 때, 악마가 그에게 이르러 세 가지로 그를 시험했다. 그중 하나가 예수님을 성전 꼭대기에 세우고 "네가 하느님의 아들이거든, 여기에서 뛰어내려 보아라." 하는 것이었다. 이때 악마는 예수님에게 이런 초자연적 힘을 한번 발휘해

보라고 유혹했던 셈이다. 물론 예수님은 이런 유혹을 물리치셨다. 이런 초자연적인 힘을 과시하는 것이 참된 종교의 길에 있어야 할 필수 불가결의 요소가 아니라는 것, 필수 불가결한 요소가 아닐 뿐 아니라 그것이 오히려 자기에게 영광을 돌리기 위한 수단으로 바뀌어 더 이상 종교적 길을 갈 수 없게 하는 방해요소로 작용할 수 있다는 것을 가르쳐주신 것이라 볼 수 있다. 종교적 과정에서 이런 힘이 생긴다면 이런 힘은 버리는 것이 좋다.

나에게 가까이 함은 불 가까이

예수께서 말씀하셨습니다.
"누구나 나에게 가까이 있는 사람은
불 가까이 있는 것이고, 나에게서 멀리
있는 사람은 그 나라에서 멀리 있는
것입니다."

Jesus said, "Whoever is near me is near the fire, and
whoever is far from me is far from the [Father's]
kingdom."

제10절에 예수님이 '세상에 불을 지피고 그 불이 붙어 타오르기까지 잘 지킬 것'이라고 했다. 예수님, 혹은 그의 가르침이 사회나 개인 안에 혁명의 불길을 불러일으킬 수밖에 없다는 뜻이었다.

지금 이 절에서는 예수님이 '나에게' 가까이 있으면 불 가까이 있는 것이라고 했다. 물론 예수님 자신이 스스로를 불이라고 하며 자신을 불과 동일시하고 있는 말일 수 있다. 그러나 제77절에서 본 것처럼 예수님이 말하는 이 '나'가 우리 모든 사람 속에 있는 '참나'를 의미하는 것으로 이해한다면, 이 '참나'와 가까이 있는 사람, 내 내면의 '참나'를 발견한 사람이 바로 불 가까이 있는 사람, 그 나라에 가까이 있는 사람이라 풀 수 있다.

앞의 제10절 풀이에서도 언급한 것처럼, 침례 혹은 세례는 물로 받는 것, 바람(영)으로 받는 것, 불로 받는 것 세 가지가 있는데, 불로 받는 세례가 최고의 세례다. 불은 우리에게 붙은 더러운 것들을 물처럼 씻어내거나 바람처럼 불어내 버리는 정도를 지나 금을 연단할 때처럼 우리 속에 있는 모든 불순물을 완전히 태워버린다. 이런 불 가까이에서 불로 세례를 받으면 나와 절대자가 오로지 하나,

그 사이에 아무런 이질적 요소가 끼어 있을 틈이 없게 될
것이다.

그들 안에 있는 빛은

예수께서 말씀하셨습니다.
"형상들은 사람들이 볼 수 있는
것이지만, 그 형상들 안에 있는 빛은
아버지의 빛의 형상에 숨겨져 있습니다.
그는 드러날 것이지만,
그의 형상은 그의 빛 속에
감추어져 있습니다."

Jesus said, "Images are visible to people, but the light
within them is hidden in the image of the Father's light.
He will be disclosed, but his image is hidden by his light."

히브리어 성경 〈창세기〉에 보면, 하느님이 사람을 하느님의 형상대로 만들었다는 이야기(1:26)가 나오는데, 이 절은 이 말을 염두에 두고 한 말이라 할 수 있다. 하느님의 형상으로 지음을 받은 사람의 외적 형상은 눈으로 볼 수 있는 것이지만, 외적 형상 속에 있는 인간 내면의 빛은 하느님의 빛에 가려져 보이지 않는다는 뜻이다. 둘째 문장은 첫 문장과 대조를 이룬다. 처음 문장에서는 사람의 형상은 보이지만 사람의 빛은 보이지 않는다고 한 데 비해, 다음 문장에서는 하느님은 드러나지만, 하느님의 형상 자체는 그의 빛속에 감추어져 있다고 했다.

이해하기 힘든 구절이다. 그러나 중요한 것은 사람 속에 빛이 있다는 것이다. 퀘이커 교도들의 예배는 침묵 속에서 우리 속에 있는 내적 빛Inner Light이 비추어오기를 기다리는 것이다. 앞에서 언급한 것처럼, 중세 신비주의자들이 신앙의 단계를 말할 때 '정화purification의 단계'를 지나면 '조명illumination의 단계'에 이르고 결국에 '합일unity의 단계'에서 하느님과 하나가 된다고 하였는데, 조명의 단계라는 것이 내 속에 있는 빛, 나의 '참나'를 보는 단계라는 뜻이 아니겠는가?

사족 | 주석가들 중에는 영적으로 발달한 눈을 가진 사람은 우리 속에 있는 빛이 외부로 나타나는 것을 볼 수 있는데, 이들이 보는 것이 바로 오라aura라고 주장하는 사람도 있다. 내면의 상태에 따라 여러 가지 색깔의 오라가 나오지만, 하느님과 하나가 되어 영적으로 최고의 경지에 오른 사람에게서 나오는 오라의 색깔은 황금빛이라고 한다. 성화에서 예수님의 머리 둘레에 그려진 황금빛 후광halo이 바로 이런 사실을 그린 것이라는 주장이다.

여러분이 나기 전에

예수께서 말씀하셨습니다.
"여러분은 여러분 자신의 모습을 보면
즐거워합니다. 그러나 여러분이 나기
전에 생겼고, 죽지도 않고 보이지도
않는 여러분의 형상을 보면 얼마나
견딜 수 있겠습니까?"

Jesus said, "When you see your likeness, you are happy.
But when you see your images that came into being
before you and that neither die nor become visible, how
much you will have to bear!"

이 절은 하느님의 형상대로 지음을 받은 우리의 외적 모습은 볼 수 있지만 내면의 빛은 가려져 있다고 한 바로 앞 절의 부연敷衍이라 할 수 있다.

거울 앞에 나타난 나의 모습을 보면 기쁘다. 살아 있음이 즐거운 것이다. 이런 생각이 〈도마복음〉에 나타나 있다는 사실은 〈도마복음〉이 물질적이고 세상적인 것을 완전히 부정하는 영지주의와 일정한 거리를 두고 있다는 뜻이기도 하다. 지금 우리의 삶은 그 나름대로 즐거움의 근원이 될 수 있다. 이런 것을 완전히 부정하고 염세주의적이 되라는 것은 〈도마복음〉의 진의와 거리가 멀다.

육체적인 모습으로서의 우리의 삶이 즐거움을 주기는 하지만 이것이 다가 아니라는 것을 알라고 한다. 이 육체적이고 현실적인 실존의 모습이 있게 한 그 근원, 말하자면 '모습 없는 모습', 지금까지 의식하지도 못했던 그 본래의 모습, '죽지도 않고 보이지도 않는' 우리의 참모습, 본래면목本來面目, 우리의 '참나'가 있다는 것을 알고, 이를 발견하도록 하라. 그러면 그 기쁨이 육체적 모습을 보고 얻은 기쁨에 비길 수 있겠는가?

제2절에 "찾으면 혼란스러워지고, 혼란스러워지면 놀랄 것"이라고 했다. 이 절 마지막에서는 이제 이런 엄청난 것을 찾았을 때 그 혼란과 놀라움을 어떻게 견딜 수 있는가 물어보고 있다. 종교학의 거장 루돌프 오토Rudolf Otto (1869~1937)가 종교적 체험을 "엄청나고도 매혹적인 신비 mysterium tremendum et fascinans"라고 했을 때 그 엄청남의 특성 중 하나가 바로 '두려움awfulness'을 느끼는 것이라고 하였다. 참나를 찾았을 때 이런 두려움이 올지라도 이를 이기라고 훈계하고 있는 셈이다.

아담도 합당하지 않아

예수께서 말씀하셨습니다.
"아담은 큰 능력과 큰 부에서
생겨났지만, 그는 여러분의 상대가 되지
않습니다. 그가 상대가 되었다면 그는
죽음을 [맛보지] 않았을 것입니다."

Jesus said, "Adam came from great power and great
wealth, but he was not worthy of you. For had he been
worthy, [he would] not [have tasted] death."

앞의 두 절의 연속이다. 아담은 하느님의 형상대로 지음을 받은 최초의 사람이지만, 예수님을 따르는 우리와 비교하면 상대가 되지 않을 정도로 격이 떨어진다는 이야기다. 왜 그런가? 예수님의 가르침을 받은 사람은 제84절에 언급된 대로 "죽지도 않고 보이지도 않는" 우리의 참나를 발견했지만, 아담은 오히려 그가 본래 가지고 있던 자기의 진정한 자아를 잃어버렸기 때문이다. 불교《반야심경》의 용어로 하면, '불생불멸不生不滅 불구부정不垢不淨 부증불감不增不減'의 실재인 참나를 잃어버린 것이다. 바울에 의하면, 아담의 이런 비극적 잘못으로 그는 세상에 죽음이 들어오게 하는 장본인이 되었다(롬5:12).

〈도마복음〉 제1절을 비롯하여 제18, 19, 111절 등에서 계속 강조하는 것처럼 이제 예수님의 가르침을 받아 진정으로 깨닫는 사람은 '죽음을 맛보지 않는다'고 했다. 아담이 육체적으로만이 아니라 영적으로 죽었다고 하는 사실 자체가 깨달음을 통해 죽음을 맛보지 않을 '예수 따르미들'에 비하면 그만큼 자격이 낮을 수밖에 없다는 것이다.

여우도 굴이 있고

예수께서 말씀하셨습니다.
"여우도 굴이 있고 새도 둥지가 있지만,
인간들은 누워서 쉴 곳이 없습니다."

Jesus said, "[Foxes have] their dens and birds have their
nests, but human beings have no place to lay down and
rest."

공관복음에도 있는 말이다(마8:20, 눅9:58). 개역에서는 '인자人子, son of man'나 '인간human being'이나 같은 말이다. 인자를 문자적으로 '사람의 아들' 혹은 '아담의 아들'이라 옮길 수 있는데, 이것은 셈족 언어의 관용구로서 자기를 가리킬 때도 쓰고 또 인간 전체를 말할 때도 쓰인다. 예수님도 인자이시지만, 제106절에 보면 제자들도 인자들이다. 우리 모두 인자들이다.

물론 이 구절을 두고, 우리가 일상적으로 이해하던 것처럼, 그의 제자들과 함께 언제나 정처 없이 운수행각雲水行脚과 같은 삶을 사신 예수님의 가난과 어려움, 고생과 핍박 등을 가리키는 말이라 볼 수도 있다. 그러나 〈도마복음〉의 성격상 이렇게 문자적으로만 생각할 필요는 없을 것이다. 좀 더 영적으로 생각하면, 여우와 새 같은 금수禽獸들은 이 세상의 것 이상을 생각할 필요가 없기에 이 세상에서라도 쉴 자리를 얻을 수 있겠지만, 우리 인간은 이 세상에 살기는 하지만 세상에 속하지는 않고, 따라서 이 세상을 최종적 목적지로 삼고 있지 않기에 이 세상에서 안락한 쉼을 얻을 수도 없고 그렇게 해서도 안 된다는 말로 풀 수 있다.

그럼에도 불구하고 나를 포함하여 얼마나 많은 사람이 이 세상에 살면서 이 세상에서 영원히 살 것처럼 쉴 자리를 찾고 그것을 호화롭게 꾸미느라 일생을 바치고 있는가? "당신 안에서 쉼을 얻기까지는 우리 마음이 쉼을 찾을 수 없나이다."라고 한 성 아우구스티누스의 말을 다시 상기하게 된다.

한 가지 덧붙일 것은, 이렇게 쉼이 없는 상태가 어느 면에서 축복일 수 있다는 인식이 중요하다는 것이다. 이런 쉼 없는 상태 때문에 우리는 우리 스스로를 살피고 이 세상이 줄 수 없는 초월적인 쉼, 참된 쉼에 대해 동경憧憬의 염을 품을 수 있기 때문이다. 절망은 죽음에 이르는 병일 수도 있지만 죽음을 극복하도록 하는 동인動因이 될 수도 있다는 뜻이다.

몸에 의지하는 몸은

예수께서 말씀하셨습니다.
"몸에 의존하는 몸은 얼마나
비참합니까. 이 둘에 의존하는 영혼은
또 얼마나 비참합니까?

Jesus said, "How miserable is the body that depends on
a body, and how miserable is the soul that depends on
these two."

우선 문자적으로 보면, '몸에 의지하는 몸'이란 죽은 몸을 먹는 것이니 얼마나 비참한가, 또 이처럼 육식하는 사람의 비참함뿐 아니라 육식하는 사람의 몸속에 있는 영혼도 마찬가지로 비참한 것 아닌가 하는 말로 읽을 수 있다. 바꾸어 말하면 채식하는 사람이야말로 싱싱한 육체와 아름다운 영혼을 가질 수 있으니 채식주의를 권장하는 말이 아닌가 할 수도 있다.

그러나 〈도마복음〉이 채식 같은 것을 권장하기 위해 쓰이지는 않았을 것이다. 자기 속에 있는 신성을 알아차리지 못하고 이 몸이 다인 것처럼 거기에 매달리는 사람은 비참하다고 볼 수 있다. 또 '몸'을 좀 더 확대해석하여 이 몸이 필요로 하는 물질에 '의존'하는 삶은 완전한 자유를 얻지 못해 비참한 삶이라 본다는 것이다. 특히 나의 내적 안녕을 남의 평가나 인정에 의지하며 살아가는 사람은 비참하기 그지없다. 공자님이 《논어》 1장 1절에 "다른 사람들이 알아주지 않아도 노여워하지 않으면 얼마나 군자다운가? 人不知而不慍不亦君子乎"한 것처럼, 이른바 '인정받기 원하는 마음 상태approval seeing mentality'에서 해방되면 군자와 같은 의젓한 삶을 살 수 있지만 그러지 못하고 오로지 남의 인정에 매달리면 비참함을 면하지 못한다. 물론 이런

비참한 사람의 영혼인들 어찌 비참하지 않을 수 있겠는가
하는 말이라 볼 수 있다는 뜻이다.

그러나 〈도마복음〉이 이런 육체적이고 윤리적인 차원의
뜻만을 전하고 있는 것일까? 역사적 관점에서, 초기 성만
찬과 관계시켜서 생각해볼 수 있다. 성만찬에서 빵과 포도
주, 곧 살과 피를 먹고 마시는 경우, 이는 죽은 것에 의존
하는 몸인 셈이니, 이런 것에 의존하는 사람의 영혼이 온
전할 수 없다. 그러니 이런 문자주의적이고 형식적 의미의
성만찬은 안 된다.

그러나 제11절에서 말한 것처럼, 깨달은 사람은 죽은 것
을 먹고도 그것을 살아나게 할 수 있다. 따라서 형식적 성
만찬이 죽은 몸을 먹는 것이지만 더 깊은 뜻을 깨달은 사
람에게는 '살아 계신 그리스도의 몸'을 받드는 일이 되고,
이렇게 하는 사람은 비참을 모르는 사람, 이런 사람의 영
혼이야말로 비참함에서 해방된 사람임을 말해주는 구절이
라 풀어본다.

사자使者들과 예언자들이 와서

예수께서 말씀하셨습니다.
"사자들과 예언자들이 여러분에게 와서
여러분의 것을 돌려줄 것입니다. 그러면
여러분은 여러분이 가진 것을 그들에게
줄 것입니다. 그리고 여러분은 스스로
말합니다. '그들이 언제 와서 그들의
것을 가지고 갈 것인가' 하고."

Jesus said, "The messengers and the prophets will come
to you and give you what belongs to you. You, in turn,
give them what you have, and say to yourselves, 'When
will they come and take what belongs to them?'"

여기 '사자使者'로 번역된 말은 원어로 '앙겔로스angelos' 즉
'천사'다. 성서에서는 천사, 사자, 예언자라는 말이 서로 혼
용되었다. 이 본문의 '사자' 혹은 '천사' 그리고 '예언자'라
는 말은 구체적으로 깨침을 얻은 사람들을 가리키는 말이
라 할 수 있다.

　이들이 우리에게 와서 우리가 깨달아야 마땅한 진리의
말씀을 전해주면, 우리는 우리들이 가진 것으로 그들이 받
아야 마땅한 육신적 필요를 공급할 준비를 갖추고 있는 것
이 도리라는 뜻이다. 불교 용어로 하면 스님들이 법보시法
布施를 하면 재가 불자들이 재보시財布施를 하는 것과 같
은 것이다.

　이런 제도는 그리스도교 초기에서부터 있었던 일이다.
예수님이 제자들을 파송하면서 "일꾼이 자기 먹을 것을 얻
는 것은 마땅하다."(마10:10)라는 원칙을 표명한 것으로 나
와 있다. 물론 예외는 있는 법. 바울은 스스로 천막 만드는
일을 통해 자급하는 삶을 살았는데, 이 때문에 오히려 비
판을 받기도 했다(고전9:1-18).

　이것을 내면적 변화와 관계시켜 이해할 수 있다. 사자들

이나 예언자들이 우리에게 와서 우리가 본래부터 우리 것
으로 가지고 있지만 우리가 잊어버리거나 잃어버리고 있
던 우리 속의 신성神性, 우리의 참모습을 일깨워준다. 그러
면 우리는 본래 우리 것이라고 잘못 알고 있던 세상적인
것, 그런 것들에 대한 집착이나 욕심, 잘못된 생각이나 신
념 등을 놓아버린다. 홀가분함, 해방감을 맛보게 된다. 그
러고는 그들이 언제 다시 와서 그들의 것을 가져갈 것인가
묻게 된다. 그들이 가져갈 것이 무엇인가? 그들에 대해 우
리가 갖게 되는 감사의 마음이다. 이 감사의 마음이 서로
를 이어주는 공동체의 끈으로 나타날 수도 있고 물론 물질
적인 보답의 모양으로 표현될 수도 있을 것이다.

왜 잔의 밖을 씻는가

예수께서 말씀하셨습니다.
"왜 잔의 겉을 씻습니까? 안을 만드신
이가 겉도 만드셨다는 것을 알지
못합니까?"

Jesus said, "Why do you wash the outside of the cup?
Don't you understand that the one who made the inside
is also the one who made the outside?"

공관복음에도 잔의 안과 겉을 깨끗하게 하는 비유가 나온다(마23:25-26, 눅11:39-41). 잔의 안과 밖이 깨끗하냐 부정하냐 하는 것은 1세기 전후 바리새파 사람들 사이에서 정결제도purity system를 중심으로 진행되던 논쟁의 주제였다. 이들 중에서는 잔의 겉은 언제나 더러운 상태에 있다고 생각하고 겉을 열심히 닦았다. 공관복음에서는 예수님이 이런 정결제도에 의한 우선순위 같은 것은 무시하시고, 우리 자신 안에 있는 '탐욕과 방탕' 등 불결한 것을 없애는 것이 더욱 중요하다고 하면서, '먼저 안을 깨끗이 하면 겉도 깨끗해질 것이라' 하였다.

〈도마복음〉에서는 잔의 안팎 문제를 놓고 이런 식의 윤리적·예전禮典적 적용보다는 안팎의 관계, 그 동등성을 강조하는 존재론적 의미에 중점을 둔 것 같다. 안을 만드신 것도 하느님이시고, 겉을 만든 것도 하느님. 왜 양쪽 모두에 관심을 두지 않고 오로지 한쪽에만 치우치고 있는가, '이것이냐 저것이냐'가 아니라 '이것도 저것도'의 세계관을 가지라 하는 뜻이 강하다. 앞의 제22, 61, 72절에 나온 것처럼 둘을 하나로 보라는 가르침이다. 《도덕경》 2장에 선악, 미추, 고저, 장단, 빈부, 난이, 전후 등 일견 반대되는 것같이 보이는 것들도 결국은 서로 불가분, 불가결의 관

계를 가진 하나의 양면으로 보라는 말과 맥을 같이하고
있다.

내게로 오라

예수께서 말씀하셨습니다.
"내게로 오십시오. 내 멍에는 편하고
내 짐은 가볍습니다. 그러면 여러분은
쉼을 찾을 것입니다."

Jesus said, "Come to me, for my yoke is comfortable
and my lordship is gentle, and you will find rest for
yourselves."

'멍에를 멘다'는 생각은 기원전 2세기에 쓰인 외경 〈시락의 지혜서〉 혹은 〈집회서〉(51:26-27)에 나오는 유명한 말로 초대 교회에 널리 알려져 있었으리라 본다. 〈마태복음〉과 〈도마복음〉은 각각 이를 나름대로 인용하고 있다. 참고로 〈마태복음〉의 것을 인용하면, "수고하고 무거운 짐을 진 사람은 모두 내게로 오너라. 내가 너희를 쉬게 하겠다. 나는 마음이 온유하고 겸손하니, 내 멍에를 메고 나한테 배워라. 그리하면 너희는 마음에 쉼을 얻을 것이다. 내 멍에는 편하고, 내 짐은 가볍다."(11:28-30).

〈마태복음〉 버전이 〈도마복음〉 것보다 더 자세하게 나와 있다. 따라서 〈도마복음〉의 것이 더 오래된 전승이라 보는 학자도 있다. 그러나 중요한 것은 〈마태복음〉에는 '쉬게 하겠다'고 한 데 반하여, 〈도마복음〉에는 '쉼을 찾을 것'이라고 했다는 차이점이다. 〈도마복음〉 여러 곳에서 언급된 것처럼 쉼은 그저 주어지는 것이 아니라 우리가 스스로 찾을 무엇이다. 물론 쉼을 찾도록 우리를 깨달음으로 인도하시는 분은 예수님이시다.

신학자 폴 틸리히에 의하면, 여기서 예수님이 '내게로 오너라' 했을 때, 그의 초청은 그가 새로운 종교를 다시 만들고 그 종교로 사람들을 오라고 하는 것이 아니라, 오히려 모든 종교의 굴레로부터 나오라는 초청이었다고 한다. 물론 실존의 삶 자체도 '무거운 짐'일 수 있지만, 제89절에서 말한 것처럼, 그릇에서 더러운 것이 겉이냐 안이냐 하는 것이나 따지는 데 모든 정력을 소모하는 형식주의적이고 생명력 없는 종교는 그보다 더욱 무거운 짐으로 우리를 짓누를 수 있다.

예수님이 그에게 나오는 사람들에게 주시리라 약속하신 것이, 〈도마복음〉에 의하면, '편한 멍에'와 '가벼운 짐'이라고 했다. 여기서 말하는 '멍에'가 특별한 수련법을 가리키는 것이었으리라 짐작하는 학자도 있다. 멍에는 소를 규제하는 기구다. 이처럼 우리도 우리의 내면을 다스려 사물을 이분법으로 갈라서 보기를 그만두고 '양극의 조화'를 발견하도록 하는 수련법일 수 있다. 본래 영어로 멍에를 뜻하는 'yoke'와 산스크리트어 'yoga'는 같은 어원에서 나왔다. 둘 다 '다스리다regulate'라는 뜻이다. 특히 다스려서 둘이 하나가 되게 한다는 뜻이 강하다.

이런 식으로 영적 성장과 눈뜸을 중심으로 하는 정신적 삶은 율법주의적이고 위선적인 종교생활과 비교할 때 실로 신이 나는 삶이다. 종교는 결코 우리를 묶어놓는 굴레일 수 없다. 우리를 서로 합치도록 인도하고 이끄는 기구여야 한다. 그럼에도 오늘 우리 주위에 종교의 굴레에 묶여 신음하는 사람들이 왜 이리 많은가.°

° 전통적, 인습적 '종교'로부터 벗어나려는 '탈종교화'의 움직임이 오늘날의 추세다. 율법주의적, 기복적 종교에서 해방될 때 더욱 깊은 영적 체험에 이를 수 있다는 것을 말해주는 책으로 달라이 라마 지음, 이현 옮김, 《종교를 넘어》(김영사, 2013); 오강남, 성소은 엮음, 《종교너머, 아하!》(판미동, 2013); 필 주커먼 지음, 박윤정 옮김, 《종교 없는 삶》(판미동, 2018) 등을 참조할 수 있다.

당신이 누구신지

그들이 예수께 말했습니다. "우리가
당신을 믿을 수 있도록 우리에게
당신이 누구신지 말해주십시오."
예수께서 그들에게 말씀하셨습니다.
"여러분은 하늘과 땅의 기상은 분간할 줄
알면서도 여러분 중에 있는 이를
알아보지 못하니, 지금 이 순간도
분간할 줄 모르는 것입니다."

They said to him, "Tell us who you are so that we may
believe in you."
He said to them, "You examine the face of heaven and
earth, but you have not come to know the one who is in
your presence, and you do not know how to examine the
present moment."

〈도마복음〉에서 '믿다'라는 동사가 사용된 것은 여기 한 군데뿐이다. 그러나 여기서 믿는다는 것도 예수님의 동정녀 탄생, 부활, 하느님의 아들 되심과 같이 '예수님에 관한 잡다한 교리'를 받아들인다는 것과 상관이 없다. 예수님을 '신뢰'할 수 있도록 해달라는 것이다. 그러기 위해 제발 그의 정체를 분명히 밝혀주었으면 좋겠다는 것이다.

그야말로 '시이불견視而不見 청이불문聽而不聞'이다. 보아도 보지 못하고, 들어도 듣지 못하는 상태다. 등잔 밑이 어두운 것과 같다고 할까? 예수님은 제자들이 이처럼 자기들과 고락을 같이하고 있는 자기의 참된 정체성을 알아볼 수 없다니 안타까울 뿐이라는 듯 말씀하신 것이다. 제13, 43, 61절과 함께 예수님이 누구냐 하는 문제가 제자들의 주요 관심사였음을 말해주는 구절이다.

공관복음에도 "위선자들아, 너희는 땅과 하늘의 기상은 분간할 줄 알면서, 왜, 이때는 분간하지 못하느냐?"(눅 12:56) 하거나, "너희는 하늘의 징조는 분별할 줄 알면서, 시대의 징조들은 분별하지 못하느냐?"(마16:3) 하는 말이 있다. 그러나 중요한 차이점은 공관복음서는 '이때'나 '시대'를 알아보라는 뜻이지만, 〈도마복음〉에서는 '너희 중에 있는 이', 예수님이 누구인지 알아보라는 것이다. 〈도마복음〉은 진정으로 깨친 이, 그 깨침을 가르치는 이를 알아보는 것이 하루의 기상을 예견하고 세상의 끝을 점치는 것보다 훨씬 더 중요하다는 사실을 강조하고 있다.

　　참된 스승을 알아보는 것은 어느 의미에서 간단할 수 있다. 가르치는 사람이 남을 위해 가르치는가 자신을 위해 가르치는가, 남을 섬기기 위해 가르치는가 섬김을 받기 위해 가르치는가, 남을 해방시키기 위해 가르치는가 남을 자기에게 묶어놓기 위해 가르치는가, 한마디로 타인 중심적인 가르침인가 자기중심적인 가르침인가를 알아보면 된다. 물론 우리 범속한 인간들 중 몇이나 이런 식의 참된 스승이 될 수 있겠는가. 그렇기에 예수님이나 역사적 성현 같은 참된 스승이 더욱 귀한 것이리라.

구하라 그리하면

예수께서 말씀하셨습니다.
"구하십시오. 그러면 찾을 것입니다.
전에 나는 여러분이 물은 질문에
대답하지 않았습니다.
이제 내가 대답하려 하는데,
여러분이 물어보지 않습니다."

Jesus said, "Seek and you will find. In the past, however,
I did not tell you the things about which you asked me
then. Now I am willing to tell them, but you are not
seeking them."

새로운 주제를 전하는 새 단원의 시작이다. 여기서부터는 끊임없는 영적 추구와 성장을 당부하는 말이 이어진다. 한 때 우리의 질문은 너무나 유치했다. 예수님 같은 분이 구태여 대답할 가치도 없는 수준이었다. 시간이 지나 우리가 영적으로 자라면서 더욱 새로운 질문을 해야 하는데, 옛날 유치한 수준에서 얻은 고정관념을 금과옥조처럼 여기면서 더 이상 질문을 하지 않는다. 모든 것을 당연한 것으로 여기기 때문이다. 이른바 '당연한 것으로 여기는 세계 taken-for-granted-world'에 안주하는 것이다. 여기서 예수님은 이런 식으로 진리 추구를 중단하는 일이 있으면 안 된다고 일러주신다. 모든 것을 당연한 것으로 믿고 물어보지 않으면 예수님도 대답하실 수가 없다.

영적 삶은 어느 의미에서 "어어uh-oh!"와 "아하aha!"의 연속이라 볼 수 있다. 당연한 것으로 보이던 것이 어느 순간 납득하기 힘들게 되면 "어어!" 해야 한다. 그리고 그것의 더욱 새로운 면, 더욱 깊은 면을 발견하고 "아하!"하며 즐거워하는 것이다. 이런 끊임없는 추구가 영적 성장 과정임에도 불구하고, 모든 것을 어릴 때 한 번 들은 것으로 만족하고 그 이상의 것을 보려 하지 않는 것은 지적·영적 나태함이나 심지어 자살행위와 다름이 없다.

이렇게 영적 성장을 중단하거나 포기하는 것은 주위에서 계속 '덮어놓고 믿으라'고 강요하기 때문이기도 하다. 참된 신앙은 독자적인 사고를 함양하는 것임에도 불구하고 묻지 말고 무조건 믿으라고 하는 것은 참된 신앙인이 되지 말라는 말과 같다. 가톨릭 신학자 에이드리언 스미스Adrian B. Smith는《내일의 그리스도인Tomorrow's Christian》(2005)이란 책에서 내일의 그리스도인이 갖출 여러 가지 특징을 열거하면서, 그 첫째가 바로 '의문을 제기하는 사람a questioning person'이라고 했다. 바울처럼 "내가 어릴 때에는, 말하는 것이 어린아이와 같고, 깨닫는 것이 어린아이와 같고, 생각하는 것이 어린아이와 같았습니다. 그러나 어른이 되어서는, 어린아이의 일을 버렸습니다."(고전13:11)라고 할 수 있는 사람이어야 한다는 뜻이다.

《도덕경》48장에서도 "도의 길은 하루하루 없애가는 것 日損"이라 했다. 우리가 가진 선입견이나 어렸을 때의 생각을 매일매일 없애가는 끊임없는 '해체deconstruction'나 '배운 것을 버림unlearning'의 과정을 걷는다는 뜻이다. 계속 새로운 깨달음을 얻기 위해, 궁극적으로는 궁극 실재와 하나 되는 경험을 얻기 위해, 언제나 자신을 더욱 큰 빛, 더욱 새로운 빛에 열어놓는다는 뜻이기도 하다(제8절 풀이 참조).

거룩한 것을 개나 돼지에게

"거룩한 것을 개들에게 주지 마십시오.
개들이 이를 똥 무더기에 버릴 수도
있기 때문입니다. 진주를 돼지에게
주지 마십시오. 돼지들이 이를
〔부숴버릴〕 수도 있기 때문입니다."

"Don't give what is holy to dogs, for they might throw
them upon the manure pile. Don't throw pearls [to] pigs,
or they might ⋯ it [⋯]."

돼지들이 어떻게 하겠다는 마지막 구절은 사본 상태가 좋지 않아 내용이 분명하지 않다. 전문가들에 의하면 '부숴 버릴 수도 있다'는 말일 것이라 한다. 잘 알려져 있는 것처럼, 비슷한 말이 〈마태복음〉(7:6)에도 나온다. "거룩한 것을 개에게 주지 말고, 너희의 진주를 돼지 앞에 던지지 말아라. 그들이 발로 그것을 짓밟고, 되돌아서서, 너희를 물어뜯을지도 모른다."

바로 앞 절에 예수님이 '전에는 우리 물음에 대답하지 않았다'고 했다. 우리에게 거룩한 것, 진주를 주지 않았다는 뜻이다. 영적 상태로 보아 우리가 아직 개나 돼지 수준이었다고 해도 과언이 아니었기 때문이다. 우리가 그런 상태에 있는데도 우리에게 예수님이 그 귀한 진리의 말씀을 주셨다면 우리는 이런 먹지도 못할 것을 주느냐고 오히려 덤벼들 수도 있고, 〈마태복음〉의 말씀처럼 되돌아서서 예수님을 물어뜯을 수도 있었을 것이다. 마치 대학교수가 초등학생들에게 양자역학에 관한 책을 가져다주면 초등학생은 그 교수에게 휴지로도 못 쓸 이런 책을 주느냐 욕할 수밖에 없는 것과 같다.

앞에서도 누누이 지적한 것과 마찬가지로 〈도마복음〉에

나타난 것과 같은 가르침은 이른바 비의적秘意的, esoteric 가르침이기 때문에, 영적으로 준비되지 않은 사람들에게는 무용지물일 뿐 아니라 위험할 수도 있다. 오로지 준비된 몇 사람에게만 해당되는 가르침이다. 물론 요즘같이 교육수준이 높고 정보화가 된 시대에는 사정이 다를 수 있지만, 아무튼 영적인 사물을 분별할 수 있는 눈, 들을 수 있는 귀를 가지지 못한 사람들에게는 마치 어린아이들에게 쥐어진 칼이나 성냥 통같이 위험할 수도 있다. 이럴 경우 그야말로 주지 말거나 받았으면 내다 버리는 것이 서로를 위해 좋은 일일지도 모른다. 이제 우리도 마음을 열고 우리에게 주어진 진주의 진가를 알아볼 줄 아는 안목을 갖는 것이 삶을 살아가면서 터득해야 할 가장 중요한 일임을 깨달아야 하겠다.

구하는 자는

예수께서 [말씀하셨습니다.]
"구하는 사람은 찾을 것입니다.
[두드리는] 사람에게는 열릴 것입니다."

Jesus [said], "One who seeks will find, and for [one who knocks] it will be opened."

공관복음(마7:7-8, 눅11:9-10)에도 나오는 말씀이다. 여기서는 제92절 이후 일련의 말씀과 연결되는 절이다. 개나 돼지처럼 그저 당장 먹고 배부를 것이나 찾는 사람에게는 거룩한 것이나 진주를 주지 않으신다고 하였지만, 이제 진정으로 거룩한 것, 영적 진주를 사모하고 추구하는 마음으로 준비가 된 사람은 그것을 찾을 수 있을 것이라 약속하신다. 진리의 문을 두드리는 사람에게도 그 문이 열릴 것이라고 확신을 주신다. 이제 우리가 해야 할 몫은, 제2절에서 강조되었던 것처럼, 우리의 추구가 '찾을 수 있을 때까지 계속'되도록 하는 것이다.

돈이 있으면

〔예수께서 말씀하셨습니다.〕
"돈이 있으면 이자로 빌려주지
마십시오. 오히려 돌려받을 수 없는
사람에게 주십시오."

[Jesus said], "If you have money, don't lend it at interest.
Rather, give [it] to someone from whom you won't get it
back."

공관복음에도 비슷한 말이 나온다. "네게 달라는 사람에게는 주고, 네게 꾸려고 하는 사람을 물리치지 말아라." (마5:42)라고 한 것이나 "또 아무것도 바라지 말고 꾸어주어라."(눅6:35)라는 말씀이다. 〈도마복음〉 제25절에 "여러분의 동료들을 여러분 자신의 목숨처럼 사랑하고 그들을 여러분 자신의 눈동자처럼 지키십시오." 하는 말도 궤를 같이 하는 말씀이다.

이 절에서는 좀 더 구체적으로 남아도는 돈이 있을 경우 그것을 가지고 이자 놀이를 하지 말라고 했다. 옛날에도 이자 받는 일이 있었던가? 아무튼 남아도는 돈이 있으면 남에게 주되, 이자를 받을 것을 기대하지 않을 뿐 아니라, 아주 원금까지 받을 생각도 하지 말라고 했다. 요즘 사람치고 이런 일을 문자 그대로 실천할 수 있는 사람들이 몇이나 될까? 알베르트 슈바이처 박사는 이런 말씀은 임박한 세상의 종말을 기다리던 사람들에게 해당되는 이른바 '중간윤리Interim Ethics'의 성격을 띠는 것으로 보아야 할 것이라고 했다. 그러나 〈도마복음〉은 임박한 종말을 가정하지 않는다는 점에서 이것이 일시적인 중간윤리라고만 할 수도 없다.

물론 예수님 당시와 요즘의 사회 구조나 사람들의 태도가 같을 수는 없다. 그러나 일단 돈을 섬기기 시작하면 하느님 섬기기를 등한히 하지 않을 수 없다는 원칙에 있어서는 다를 바가 없을 것이다. 돈을 제일의 가치로 여기고 거기에 마음과 뜻과 정성을 다 바치고 있는데, 어느 결에 물질 이상의 가치에 정신을 쏟을 수 있겠는가? 돈이란 살아갈 만큼만 있으면 된다. 돈은 어디까지나 수단일 뿐 목적일 수 없는데도 일생을 돈을 모은다고 하는 목적 하나에 낭비하는 어리석음은 버리라는 경고로 받아들이면 좋을 것 같다.

한편, 앞의 몇 절에서 지금껏 진리에 대한 이야기를 했다. 예수님이 이제 준비된 사람들에게 진리를 밝히신다는 것, 진리를 찾으면 찾을 수 있다는 등의 말씀과 연관시켜서 생각해보면, 여기에서 말하는 '돈'이 진리를 두고 하는 말이라 풀 수도 있다. 이런 풀이가 가능하다면, 이제 진리를 찾은 사람은 아무런 보상이나 대가를 바라지 말고 필요한 사람들에게 나누어주라는 말씀인 셈이다.

The Gospel of Thomas

도마복음 톨어

옮긴이 소우주

⊕

12

아버지의
나라는

아버지의 나라는 작은 양의 누룩을

예수께서 말씀하셨습니다.
"아버지의 나라는 작은 양의 누룩을
가져다가 반죽에 넣어 큰 빵 덩어리를
만든 여인과 같습니다. 두 귀를 가진
이들은 들으십시오."

Jesus [said], "The Father's kingdom is like [a] woman.
She took a little leaven, [hid] it in dough, and made it
into large loaves of bread. Anyone here with two ears
had better listen!"

누룩 이야기는 공관복음(마13:33, 눅13:20-21)에도 나온다. 차이점이라면 공관복음에서는 아버지의 나라를 누룩에 비유했고, 여기 〈도마복음〉에서는 작은 양의 누룩을 반죽에 넣어 큰 빵 덩어리를 만드는 '여인'에 비유했다는 점이다. 다음 두 절에서도 아버지의 나라를 물건이 아니라 '사람'에 비유하고 있다.

누룩의 비유는 앞에 〈도마복음〉 제20절에 나온 겨자씨의 비유와 같은 성질의 것이다. 모두 처음에는 작지만 점점 커진다는 뜻이다. 우리 속에 잠재적 상태로 있는 변화의 가능성이 일단 실현되면 엄청난 위력이나 위용을 발휘할 수 있음을 상징하는 것이다. 자세한 풀이는 제20절 풀이를 참조할 수 있다.

한 가지 덧붙일 것은, 당시 '누룩'이라고 하면 일반적으로 부패나 위선, 악을 상징하는 것이었지만, 예수님은 이런 상식을 뒤집어엎고 이것을 긍정적인 힘을 상징하는 것으로 사용했다는 것이다. 종교적 선각자들의 사고에서 발견되는 일종의 '파격성subversiveness'이다.

곡식이 가득한 항아리

예수께서 말씀하셨습니다.
"〔아버지의〕 나라는 곡식이 가득한
〔항아리를〕 이고 가는 여인과 같습니다.
먼 길을 가는 동안 항아리 손잡이가
깨어져 곡식이 흘러내렸지만,
그 여인은 이를 알지 못했고
문제를 알아차리지도 못했습니다.
그녀가 집에 이르러 항아리를 내려놓자
그것이 비었음을 알게 되었습니다."

Jesus said, "The [Father's] kingdom is like a woman who
was carrying a [jar] full of meal. While she was walking
along [a] distant road, the handle of the jar broke
and the meal spilled behind her [along] the road. She
didn't know it; she hadn't noticed a problem. When she
reached her house, she put the jar down and discovered
that it was empty."

〈도마복음〉에만 나오는 이 비유는 도대체 무엇을 말하려는지 알기 힘들다. 하버드 대학교 신학부 교수인 하비 콕스Harvey Cox는 예수님의 비유들이 기본적으로 선禪의 공안公案이나 화두話頭와 같은 성격을 띤다고 했는데,° 그 말이 맞는다면 이 비유야말로 여러 비유들 중 가장 그와 같은 성격을 많이 띤 것이라 해도 좋을 것 같다.

〈마가복음〉에 보면 예수님이 여러 사람들 앞에서 씨 뿌리는 자의 비유를 말씀하신 다음, 혼자 계실 때 제자들이 그 비유가 무슨 뜻인지 물어보았다는 이야기가 있다. 이때 예수님은 "너희에게는 하나님 나라의 비밀을 맡겨주셨다. 그러나 저 바깥 사람들에게는 모든 것이 수수께끼로 들린다. 그것은 그들이 보기는 보아도 알지 못하고, 듣기는 들어도 깨닫지 못하게 하셔서, 그들이 돌아와서 용서를 받지 못하게 하시려는 것이다."(4:11-12)라고 대답하셨다. 비유는 결국 외부 사람들이 못 알아듣게 하기 위한 암호와 같다는 말이다. 위의 비유가 바로 그런 암호인가?

° 하비 콕스 지음, 오강남 옮김, 《예수 하버드에 오다》(문예출판사, 2004) 참조.

그래도 나름대로 한 가지 의미를 찾아낼 수는 있다. 하느님의 나라, 곧 깨달음에 이르는 길은 우리의 이기적 자아를 우리 자신도 알지 못할 정도로 조금씩 조금씩 비우는 일이다. 그러다가 항아리가 다 비워질 때 집에 이르게 되고, 집에서 그 항아리를 완전히 내려놓을 때 우리는 그 항아리의 비워진 상태를 보고 놀라게 된다. 바울이 《빌립보서》에서 예수님을 두고 "자기를 비워"(2:7)라고 한 것처럼, 이 비유도 우리 자신을 비우는 것을 이야기하고 있는 것이 아닐까 짐작해본다.

그 힘센 자를 죽였더라

예수께서 말씀하셨습니다.
"아버지의 나라는 힘센 자를 죽이기
원하는 어느 사람과 같습니다.
그는 손수 그 일을 해낼 수 있을까
시험 삼아 자기 집에서 그의 칼을 뽑아
벽을 찔러보고, 그러고 나서
그 힘센 자를 죽였습니다."

Jesus said, "The Father's kingdom is like a person who wanted to kill someone powerful. While still at home he drew his sword and thrust it into the wall to find out whether his hand would go in. Then he killed the powerful one."

평화의 왕이신 예수님이 어떻게 이런 폭력적인 비유를 사용하셨을까 의심스러울 정도다. 그러나 '예수 세미나'에 속한 학자들은 이렇게 폭력적인 비유이기에 감히 초대교회 그리스도인들이 예수님이 사용하지도 않은 비유를 사용한 것으로 해놓을 수는 없었을 테고, 그렇기에 이 비유가 바로 예수님 자신이 사용하신 비유일 것이라 주장한다.

여기서 어느 사람이 죽이고 싶어 한 그 '힘센 자'가 누구일까? 우리 속에 들어 있는 이기적 자아ego가 아닐까? 그 힘센 자를 죽이는 것은 보통으로 힘든 일이 아니다. 영웅적인 용기와 불굴의 힘을 가진 사람만이 할 수 있는 일이다. 성경에도 "자기의 마음을 다스리는 사람은 성을 점령한 사람보다 낫다."(잠16:32)라고 했다. 이기적인 자신을 비우는 것은 불교의 '무아無我'나 유교의 '무사無私'를 비롯하여 거의 모든 종교 전통에서 강조하는 덕목이다.

힌두교 전통에 보면 세 가지 중요한 신이 있는데, 창조의 신 브라흐마Brahma, 파괴의 신 시바Siva, 보존의 신 비슈누Vishnu다. 주목할 점은 파괴의 신 시바, 그리고 그와 짝을 이루는 여신 칼리가 가장 많은 신도로부터 경배를 받고 있다는 사실이다. 파괴의 신이지만 이들이 파괴하는 것은 건설을 위한 파괴, 영적으로 말하면, 새로운 자아를 위해 옛 자아를 쳐 죽이는 것이다. 특히 험악하게 생긴 검은 얼굴의 칼리 신은 한 손에 검을 들고 다른 한 손에 피가 흐르는 원수의 잘린 머리를 들고 있는 모습으로 묘사되기도 한다. 자기와의 싸움이 얼마나 처절한가 하는 것을 상징적으로 보여주는 이야기다.°

이렇게 자기를 죽이는 일을 수행하기 위해서는 예리한 검이 필요하다. 꾸준한 수련을 통해 준비되었다고 생각될 때 크게 용단을 내려 내 속의 이기적 자아, 혹은 육적 요소를 굴복시키게 된다. 이럴 때 하느님의 나라, 그의 다스리심, 참된 자유가 이르게 된다.

° 오강남, 《세계종교 둘러보기》(현암사, 개정판), pp. 39–41 참조.

내 형제와 어머니

제자들이 말했습니다. "당신의
형제들과 어머님이 밖에 서 계십니다."
예수께서 그들에게 말씀하셨습니다.
"누구든지 여기서 나의 아버지의 뜻을
행하는 사람이 내 형제들이요
내 어머니입니다. 그들이
내 아버지의 나라에 들어갈
사람들입니다."

The disciples said to him, "Your brothers and your
mother are standing outside." He said to them, "Those
here who do what my Father wants are my brothers and
my mother. They are the ones who will enter my Father's
kingdom."

공관복음 모두에 나오는 이야기다(막3:31-35, 마12:46-50, 눅8:19-21). 단 "그들이 내 아버지의 나라에 들어갈 사람들입니다." 하는 부분은 〈도마복음〉에만 있는 말이다.

보통 예수님을 '독생자'라고 믿기 때문에 예수님에게는 형제자매가 없는 것으로 오해하기 쉽다. 앞 제12절에서 언급한 것처럼 예수님에게는 야고보를 비롯하여 적어도 네 명의 형제와 몇 명의 자매가 있었다. 이들이 어머니 마리아와 함께 예수님을 찾아온 것이다. 그러나 이들이 찾아왔다는 기별에 대한 예수님의 태도는 의외다.

그렇게 반가워하는 기색도 없이 그저 자기에게는 다른 의미의 형제자매, 어머니가 있다는 식으로 대답한 것이다. 예수님에게 있어서 혈연적 유대관계로 얽힌 부모나 형제자매도 중요하지만, 그보다 더욱 중요한 것은 아버지의 뜻을 따라 살겠다고 하는 같은 뜻으로 묶인 사람들, 보이지 않는 영적 끈으로 묶인 새로운 공동체에 속한 사람들이었다. 어느 종교에서나 영적 구도자들에게 제일 먼저 요구되는 '출가出家, leaving home'란 이렇게 혈연관계를 초월해서 영적 길을 함께 가는 길벗들과 길을 같이 가는 것이다. 새로운 신앙 공동체의 일원이 되는 것이다.

여기서 '아버지의 뜻을 행한다'는 것이 구체적으로 무엇을 뜻하는 것일까? 좀 더 영적으로 풀어본다면 너와 내가 둘이 아니라는 사실, 하느님과 사람이 둘이 아니라는 사실을 알고 거기 따라 사는 것이 아닐까? 이렇게 궁극적으로 모든 것이 하나임을 아는 경우 구태여 육신적인 형제자매, 부모만 나에게 가까운 사람들이 아니고 모두가 나와 하나인 셈이다. 이런 깨달음에 이를 때 이들은 아버지의 나라로 들어갈 뿐 아니라, 엄격한 의미에서 이미 아버지의 나라에서 모두 하나 됨을 누리고 사는 사람들이 아니겠는가.

황제의 것은 황제에게

그들이 예수께 금전 한 닢을 보이고
말했습니다. "황제의 사람들이 우리에게
세금을 요구합니다."
예수께서 말씀하셨습니다.
"황제의 것은 황제에게 돌려주고,
하느님의 것은 하느님께 돌려드리고,
나의 것은 나에게 주십시오."

They showed Jesus a gold coin and said to him, "The
Roman emperor's people demand taxes from us." He
said to them, "Give the emperor what belongs to the
emperor, give God what belongs to God, and give me
what is mine."

마지막에 "나의 것은 나에게 주십시오."라는 말을 제외하고 공관복음 모두에 나오는 말이다(막12:13-17, 마22:15-22, 눅20:19-26). 공관복음에 의하면, 예루살렘 종교 지도자들이 예수님을 잡아넣을 핑계를 찾기 위해 '바리새파 사람들과 헤롯 당원 가운데서 몇 사람을' 예수께로 보내, 황제(가이사)에게 세금을 바치는 것이 옳은가 옳지 않은가 물어보았다. 예수님은 금전 한 닢을 들고, 거기 그려진 형상이 누구냐고 물었다. 그들은 물론 그것이 황제의 형상이라 대답했다. 예수님은 그 대답을 들으시고, "황제의 것은 황제에게 돌려주고 하느님의 것은 하느님께 돌려드리라."고 했다.

예수님 당시 유대인들 중에는 바리새파, 사두개파, 헤롯당, 에세네파, 그리고 열심당Zealots이 있었다. 열심당의 창시자 갈릴리의 유다는 유대인들을 식민지 백성으로 삼고 수탈하는 이방 황제에게 세금을 내는 것이 죄라고 주장했다. 예수님도 열심당들처럼 세금을 내지 말아야 한다고 하면 잡아가도록 할 판이었다. 그러나 예수님은 황제의 얼굴이 새겨진 돈이면 당연히 황제에게 돌아갈 돈이 아니냐 하는 식으로 말하여 세금을 내라, 혹은 내지 말라 하는 직답을 대신했다.

여기서 주목할 점은 '하느님의 것은 하느님께 바치라'고 한 것이다. 〈창세기〉(1:26)에 사람들은 하느님의 형상으로 지음을 받았다고 했다. 황제의 초상이 들어 있는 금화가 황제에게 가야 하듯 하느님의 형상을 지닌 인간들도 하느님께 바쳐져야 하는 것이 마땅하다는 뜻을 함의한다고 볼 수 있다.

마지막에 나오는 "나의 것은 나에게 주십시오." 하는 말은 후대에 덧붙여진 것으로 본다. 하느님께 대한 헌신과 예수님에 대한 헌신을 동일시하는 경향이 있었음을 시사하는 구절이라 볼 수 있기 때문이다.

미워하지 않으면

예수께서 말씀하셨습니다.
"누구든지 내가 하는 것처럼 [자기
아버지와] 자기 어머니를 미워하지
않으면 나의 [제자가] 될 수 없습니다.
누구든지 내가 하는 것처럼 [자기
아버지와] 자기 어머니를 사랑하지
[않으면] 나의 [제자가] 될 수 없습니다.
나를 낳아준 어머니는 나에게
[죽음을 주었고], 나의 참 [어머니는]
나에게 생명을 주었습니다."

"Whoever does not hate [father] and mother as I do
cannot be my [disciple], and whoever does [not] love
[father and] mother as I do cannot be my [disciple]. For
my mother […], but my true [mother] gave me life."

역설의 논리다. 부모를 미워하며 동시에 사랑해야 한다고 한다. 제55절 풀이에서 지적한 것과 마찬가지로 부모를 미워해야 한다는 것은 부모를 절대적 가치로 떠받들거나 그들에게 무조건 집착하는 일을 경계해야 한다는 것으로 받아들인다. 부모를 사랑하는 것도 절대적 가치로 집착하지 않는 범위에서 사랑하는 것이다. 물론 여기서 부모를 사랑해야 한다고 했을 때 그 부모는 영적 부모, 곧 하느님 아버지와 어머니를 지칭한다고도 볼 수 있을 것이다.

특히 마지막 구절, "나를 낳아준 어머니는 나에게 죽음을 주었고, 나의 참 어머니는 나에게 생명을 주었습니다."라고 한 말은 의미심장하다. 나의 육신의 어머니는 어쩔 수 없이 죽을 수밖에 없는 몸을 주셨지만, '나의 참 어머니' 곧 하느님 어머니는 나에게 영원히 죽지 않을 참 생명을 주셨다고 했다. 〈도마복음〉에서 절대자를 '어머니'로 보았다는 것은 실로 흥미 있는 일이다.

초대교회에서는 '아버지와 아들과 성령'을 말할 때 성령을 여성으로 보았다. 성령을 나타내는 히브리어 '루아흐ruach'나 그리스어 '프네우마pneuma'가 여성 명사이기 때문이다. 그러다가 서방교회에서 라틴어가 공식용어로 등장하면서 성령을 나타내는 라틴어 'Spiritus Sanctus(스피리투스 상투스)'가 '-us'로 끝나는 남성 명사이기에 성령이 남성으로 인식되게 되었다. 서양 그리스도교 역사에서 나에게 생명을 준 성령이나 하느님의 여성성을 배제하게 되었다고 하는 것은 그리스도교를 위해서는 일종의 비극이었다. 제22절 풀이에서도 언급했지만, 댄 브라운의 《다빈치 코드》는 그리스도교 영성에서 결여된 '여성성'을 회복하여 양극의 조화와 균형을 맞추려 한 사람들의 노력을 중심으로 쓰인 소설이다.

자기도 먹지 않고 남도 먹지 못하게 하고

예수께서 말씀하셨습니다.
"바리새인들에게 화가 있기 바랍니다.
그들은 소 여물통에 누워 있는
개와 같습니다. 자기도 먹지 않고
소도 먹지 못하게 합니다."

Jesus said, "Damn the Pharisees! They are like a dog
sleeping in the cattle manger: the dog neither eats nor
[lets] the cattle eat."

바리새인들에게 "화 있을진저." 하는 말은 〈마태복음〉(23: 13), 〈누가복음〉(11:52) 등에도 나온다. 앞에 나온 〈도마복음〉 제39절에도 "바리새인들과 서기관들이 깨달음에 이르는 열쇠들을 가져다가 감추었습니다. 그들은 자기들도 들어가지 않고 들어가려는 사람도 들어가지 못하게 했습니다." 하는 말이 나왔다.

왜 바리새인들이 그런 말을 들어야 하는지 그 이유는 약간 다르다. 공관복음이나 〈도마복음〉 제39절에서는 바리새인들이 하느님 나라의 문을 닫고 '자기도 들어가지 않고, 들어가려고 하는 사람도 들어가지 못하게 하고 있기' 때문이라고 했다. 그러나 여기서는 바리새인들이 소 여물통에 누워서 여물을 자기도 먹지 않고 소도 먹지 못하게 하는 개와 같은 일을 하고 있기 때문이라고 했다. 바리새인이나 서기관이 자기들도 들어가지 않고 남도 못 들어가게 한다는 점에 대해서는 제39절 풀이를 참고할 수 있다.

소 여물통 이야기는 그 당시 많이 알려져 있던 속담이었다. 이솝 우화에도 이 말이 두 번 나온다. 우리 속담에 "나 먹기는 싫고 남 주기는 아깝다."와 비슷하다고 할까. 복음서에는 예수님도 그의 가르침을 효과적으로 전달하기 위

해 이런 세간의 속담이나 비유를 많이 인용하신 것으로 묘
사되어 있다.

도둑이 어디로 들어올지 아는 사람은

예수께서 말씀하셨습니다.
"도둑이 어디로 들어와 공격할 것인지
알 수 있는 사람들은 다행입니다.
그들은 도둑이 이르기 전에 일어나,
나라의 자원을 동원하여
준비할 수 있기 때문입니다."

Jesus said, "Congratulations to those who know where
the rebels are going to attack. [They] can get going,
collect their imperial resources, and be prepared before
the rebels arrive."

공관복음에도 도둑을 조심하라는 말이 나온다(마24:43-44, 눅12:39-40). 〈누가복음〉의 것을 인용해보면 다음과 같다. "집주인이 언제 도둑이 들지 알았더라면, 그는 도둑이 그 집을 뚫고 들어오도록 내버려두지 않았을 것이다. 그러므로 너희도 준비하고 있어라. 생각지도 않은 때에 인자가 올 것이기 때문이다."

공관복음에서는 이처럼 도둑이 '언제' 올 것인지를 알고 그 전에 미리 준비할 것을 당부하고 있는 데 반해, 여기 〈도마복음〉 제103절의 특징은 도둑이 '어디로' 들어올 것을 알라고 하고 있다. 이 절이 임박한 재림을 위해 준비하라는 종말론적 경고의 말씀이 아니라는 뜻이다. 〈도마복음〉에는 재림에 대한 이야기가 없다는 것을 다시 한번 확인해주는 셈이다. 앞 제21절에도 "만약 집주인이 도둑이 올 것을 알면 그 주인은 도둑이 오기 전에 경계하여 그 도둑이 집에 들어와 소유물을 훔쳐 가지 못하게 할 것입니다. 그러므로 여러분은 세상에 대해 경계하십시오. 힘 있게 준비하여 도둑이 여러분 있는 곳에 들어가지 못하게 하십시오." 하는 말이 있는데, 여기에서도 인자가 올 '때'를 알고 준비하라는 말보다, 도둑이 우리 있는 곳에 들어오지 못하게 하라는 데 역점을 두고 있다.

그러면 여기서 도둑은 누구고 집은 무엇인가? 제71절에 언급된 것처럼, 우리 몸은 우리의 영혼이 거하는 집이다. 도둑은 우리의 육신적이고 자기중심적인 생각이나 감정이다. 이런 비본래적인 마음이 욕심이나 질투나 무지 같은 우리의 취약점을 통로로 삼아 도둑처럼 우리 심층 깊이로 들어와 우리의 영혼을 훔쳐 가는 일이 없도록 조심하라는 말일 수 있다. 인자가 올 것이기에 준비하라는 것이 아니라, 우리 속 가장 깊이에 있는 신성을, 나의 참나를 지키기 위해 용사다운 기개氣概를 발휘하라는 이야기다.

신랑이 신방을 떠날 때

그들이 예수께 말했습니다.
"오십시오. 오늘 우리와 함께
기도하고 금식합시다."
예수께서 그들에게 말씀하셨습니다.
"내가 무슨 죄를 범했습니까?
내게 무슨 잘못이라도 있습니까?
아닙니다. 신랑이 신방을 떠날 때
그들이 금식하고 기도해야 합니다."

They said to Jesus, "Come, let us pray today, and let us fast." Jesus said, "What sin have I committed, or how have I been undone? Rather, when the groom leaves the bridal suite, then let people fast and pray."

제6절과 제14절에 보면 예수님은 금식이나 기도 같은 형식적 종교행위를 거부하라고 했다. 그러나 그 분명한 이유를 밝히지는 않았다. 그런데 여기서 비로소 그 이유가 분명히 나타나 있다.

세계 여러 신비주의 전통에서와 마찬가지로, 〈도마복음〉식으로 믿던 초대교회의 일부 그리스도인들은 하느님과 인간이 하나 되는 체험을 하느님과 '결혼관계에 들어간다', 혹은 더 구체적으로 '신방에 든다'는 상징으로 표현했다. 남자들의 경우 하느님은 물론 신부가 되고, 여자들의 경우 하느님은 신랑이 된다. 서양 신비주의 전통에서 말하는 '신격화神格化, apotheosis'다. 어느 경우든 인간으로서 절대자와 하나 되는 합일의 경지, 음양을 넘어서는 '무극無極'의 경지에 이르는 것을 가리키고, 이런 분화 이전의 통전의 세계는 순수 그 자체이기에 죄라든가 하는 부정적 요소들이 들어가 있을 자리가 없다.

한편 금식이나 기도는 일반적으로 죄를 참회하거나 애통해할 때 하는 행위다. 하느님과 하나 되어 영적으로 완벽한 상태에 있는 사람이 죄를 참회하거나 애통해할 일이 왜 있겠는가? 이런 사람에게 금식이나 기도 같은 것이 왜 필요하다는 말인가? 예수님처럼 하느님과 하나 된 상태에서 사는 사람이라면, 누가 와서 우리 함께 기도하고 금식하자고 할 때, 당연히 "내가 무슨 죄를 범했습니까? 내게 무슨 잘못이라도 있습니까? 아닙니다." 할 수밖에 없다.

다만 어찌하여 신랑이나 신부가 신방을 떠나 둘이 하나 되었던 상태가 다시 둘로 분리되는 경우, 그때에만 그런 상태를 슬퍼하며 둘이 다시 하나 됨을 회복되기 위해 기도하고 금식하는 것이 필요하다.

그런데 공관복음에도 신랑이 떠남과 금식이 어떤 관계인가 하는 것이 거론되어 있다(마9:15, 막2:20, 눅5:35). 〈도마복음〉에서와 같은 신비주의적 의미가 전혀 없다. 〈마가복음〉에 나오는 것을 예로 들면, "혼인잔치에 온 손님들이, 신랑과 함께 있는 동안에 금식할 수 있느냐? 신랑을 자기들 곁에 두고 있는 동안에는 금식할 수 없다. 그러나 신랑을 빼앗길 날이 올 터인데, 그날에는 그들이 금식할 것이다."(2:19-20)라고 되어 있다. 여기서 신랑은 물론 예수님이시다. 결국 예수님이 함께 있을 동안에는 금식이 필요 없었지만, 예수님이 가신 다음에 다시 금식을 시작하게 되었다는 역사적 사실을 설명 내지 합리화하고 있다. 실제로 초대교회에서는 유대교에서 실행하던 금식제도를 받아들였다. 처음에는 유대교에서처럼 화요일과 목요일을 금식일로 하다가 유대교와 차별화하기 위해 수요일과 금요일을 금식하는 날로 삼았다.

13

둘을
하나로
만들면

창녀의 아들이라 불릴 것

예수께서 말씀하셨습니다.
"아버지와 어머니를 아는 사람,
그가 창녀의 아들이라 불릴 것입니다."

Jesus said, "Whoever knows the father and the mother
will be called the child of a whore."

후대 어느 유대인이 쓴 문헌에 예수님은 마리아가 로마 군인 판테라Pantera에게 강간당해 태어난 사생아라 주장하는 기록이 있다. 이른바 '판테라의 아들 예수Yeshu ben Pantera'라는 전설이다. 또 〈마태복음〉에 나온 족보에 보면, 예수님의 조상 중에는 정숙하지 못한 여인 다말이나 기생 라합이 포함되어 있다. 또 알렉산드리아 그리스도인들 중에는 결혼 자체가 매매춘 제도로 모든 아이는 결국 창녀의 아이들이 되는 셈이라고 본 이들도 있다. 이 제105절이 이런 사실을 염두에 두고 쓰였을지도 모른다고 생각하는 학자들도 있다. 예수님뿐 아니라 누구나 육신적인 부모나 조상의 뒤를 캐보면 그중에 정상적인 혼인 관계가 아닌 사이에서 아이를 갖게 된 이들이 왜 없겠는가, 더군다나 결혼 자체가 모든 여인을 창녀로 만드는 일이라고 본다면, 육신적으로는 우리 모두가 창녀의 아들일 수밖에 없다는 뜻이리라.

그러나 이 절도 좀 다른 시각에서 이해할 필요가 있다. 문자적인 뜻보다 더 깊은 뜻을 내포하고 있다고 보여지기 때문이다. 참 하느님 아버지, 참 하느님 어머니를 알게 된 사람은 그 사회에서 받드는 인습적인 가치관을 그대로 받들고 살 수가 없다. 따라서 이들은 아직 이런 깨달음의 경지에 들어가지 못한 사람들로부터 '창녀의 새끼'니 '호로 자식'이니 하는 비난을 받기 마련이라는 것이다.

앞에서도 몇 번 언급한 것처럼, 리처드 바크가 쓴《갈매기의 꿈》에 나오는 조너선 리빙스턴이라는 갈매기는 어선 뒤를 따라 다니면서 생선이나 얻어먹고 다니는 일상적인 갈매기의 삶에서 벗어나 결국 비상飛翔의 신비한 차원을 발견하고, 이를 자기 동료 갈매기들에게 알려주려고 했다. 그러나 동료 갈매기들은 그를 이해하지 못하고 갈매기 사회의 질서와 평화를 교란하는 망나니라 비난하며 그를 추방하고 만다.

17세기 조선 시대 말 가톨릭이 한국에 들어왔을 때 가톨릭의 진정한 가르침을 이해하지 못했던 이들은 가톨릭 신도들을 두고 임금도 모르고 아비도 모르는 '무군無君 무부無父'의 상놈들이라 비난했다. 율법주의적이고 형식적인 종교를 따르는 사람들로서는 깊은 영성의 사람들이 경험한 다른 차원의 종교적 경지를 도저히 이해할 수 없기에, 이런 식으로 비난하는 것은 어쩌면 필연적일 수밖에 없을 것이다.

그러나 '사람의 아들'에 대해 말하고 있는 다음 절을 보면, 여기서는 일단 우리 모두 육체적으로는 '창녀의 아들'임을 면치 못하고 있다는 것, 그러나 '둘을 하나로' 하는 일을 완성하면 이런 창녀의 아들 신분에서 사람의 아들 신분으로 신분 상승을 이룬다는 말을 하고 있는지도 모르겠다.

둘을 하나로 만들면

예수께서 말씀하셨습니다.
"여러분이 둘을 하나로 만들면
여러분은 사람의 아들들이 됩니다.
여러분이 '산아, 움직여라'라고 하면
산이 움직일 것입니다."

Jesus said, "When you make the two into one, you will become children of Adam, and when you say, 'Mountain, move from here!' it will move."

〈도마복음〉의 주제라 할 수 있는 '둘을 하나로 만듦'을 다시 반복하고 있다. 둘을 하나로 만든다는 것을 특별히 강조하는 곳으로 제22, 61, 72, 89절이 있다. 여기서는 둘을 하나로 만들 수 있다면, 불이不二의 진리를 깨달을 수 있다면, 우리는 '사람의 아들'이 되고, 산을 보고 움직이라 하면 산이 움직일 것이라고 했다. 산을 움직일 수 있다는 말은 제48절에도 나와 있다.

'사람의 아들'이 된다는 것, 문자 그대로 '아담의 아들'이 된다는 것은 바로 앞 절 '창녀의 아들'이라는 말과 대조를 이루고 있다. '사람의 아들'은 둘을 하나로 한 사람, 따라서 모든 대립과 모순을 초월한 완전한 사람, 사람으로서 가질 수 있는 잠재력을 완전히 발휘한 자유인, 깨친 사람, 호연지기浩然之氣의 사람이다. 이제 산을 보고 움직이라고 호령하는 등 그야말로 거칠 것이 없는 사람이다. 이런 사람 앞에서 우리를 무겁게 짓누르고 있었던 형식적 종교나 권위의 산인들 움직이지 않고 견딜 수 있겠는가?

아흔아홉 마리보다 너를 더

예수께서 말씀하셨습니다.
"나라는 양 백 마리를 가지고 있는
목자와 같습니다. 그중 제일 큰
한 마리가 길을 벗어났습니다.
목자는 아흔아홉 마리 양을 놓아두고
그 한 마리를 찾으러 나가 그것을
찾았습니다. 이런 어려움을 겪은 다음
그는 그 양에게 말했습니다.
'나는 아흔아홉 마리보다
너를 더 귀히 여긴다'라고."

Jesus said, "The (Father's) kingdom is like a shepherd
who had a hundred sheep. One of them, the largest,
went astray. He left the ninety-nine and looked for the
one until he found it. After he had toiled, he said to the
sheep, 'I love you more than the ninety-nine.'"

이른바 '잃은 양'의 비유다. 〈마태복음〉(18:12-14)에 나오는 비유에는 길을 잃은 그 양을 찾아 나서는 이유가 그 불쌍한 양을 불쌍히 여기는 마음 때문임을 강조한다. 이 비유의 결론은 "이와 같이, 이 작은 사람들 가운데서 하나라도 망하는 것은, 하늘에 계신 너희 아버지의 뜻이 아니다." 하는 것이다. 〈누가복음〉(15:4-7)에서는 그 길 잃은 양 한 마리가 회개해야 할 '죄인'이라고 못 박았다. 이른바 윤리적 차원의 해석이다.

그런데 여기 이 〈도마복음〉의 비유에서는 그 길 잃은 양 한 마리는 길을 잃어버렸다기보다 길을 벗어났다고 보아야 할 것이다. 그 양은 결코 불쌍한 양이 아니라 다른 아흔아홉 마리보다 '더 크고 더 귀한' 양이다. 이것은 제8절의 생선 잡는 비유와 궤를 같이하는 것이다. 어느 지혜로운 어부가 그물을 바다에 던져 물고기들을 잔뜩 잡아 올렸지만 그 물고기들 중 좋고 큰 고기 한 마리만을 남기고 다른 작은 고기들을 다 바다에 다시 던져버렸다는 것이다. 제76절에 값진 진주를 발견한 상인이 다른 모든 것을 팔아 그 진주를 샀다는 것도 같은 뜻이다.

삶에서 모든 것을 희생하면서도 찾아야 할 '귀한 양' '큰 생선' '진주'는 과연 무엇인가? 우리의 '궁극 관심'은 무엇이 되어야 하는가? '둘이 하나'라는 것을 깨닫는 것이다. 조지프 캠벨도, 카를 융도 세계 모든 신화에 나오는 정신적 영웅들이 궁극적으로 쟁취하려는 것은 '양극의 합일coincidentia oppositorum'이라는 진리를 체득하는 것이라고 했다. 자세한 풀이는 앞의 제8절과 제76절 풀이를 참조할 수 있다.

이 양의 비유가 말해주려는 더 깊은 뜻은 무엇일까? 이 용감한 양은 사실 다른 아흔아홉 마리 양들과 함께 인습적이고 통속적인 삶의 가치를 가진 채 어영부영 살기를 거부하고 뭔가 참된 것을 찾아 나선 정신적 용사라 볼 수도 있다는 것이다. 마치 '십우도十牛圖'에서 소를 찾아 집을 떠난 소년처럼, 《갈매기의 꿈》에서 갈매기가 가진 비상의 가능성을 탐구하기 위해 무리를 떠난 조너선 리빙스턴처럼, 참나를 찾아 울타리를 떨치고 나갈 용기 있는 사람의 상징일 수 있다는 것이다. 그 길을 벗어난 양은 결국 그를 찾아온 목자와 하나가 된다. 찬송가 〈Amazing Grace〉에 나오는 "I once was lost, but now am found."를 노래할 수 있다.

내 입으로부터 마시는 사람은

예수께서 말씀하셨습니다.
"내 입으로부터 마시는 사람은
나와 같이 될 것이고,
나도 그 사람이 되어,
감추어진 것들이
그에게 드러날 것입니다."

Jesus said, "Whoever drinks from my mouth will become like me; I myself shall become that person, and the hidden things will be revealed to him."

내 입으로부터 마시는 사람이란, 제13절에 나온 도마처럼, 예수님에게서 솟아나는 샘물을 마시고 취한 사람, 예수님의 입에서 나오는 생명의 말씀을 깨닫고 새로운 의식 상태에 들어간 사람이다. 이런 깊은 깨달음의 경지에 도달한 사람은 예수님과 같이 되고 예수님도 그와 같이 된다. 이런 식으로 진리에 입문한 사람에게는 지금껏 감추어졌던 더욱 깊은 차원의 진리가 계속 드러난다.

깨달은 사람이 예수님과 같이 된다는 것은 제13절에 예수님이 깨달음에 이른 도마를 보고 더 이상 자기를 선생님이라 부르지 말라고 한 것과 같다. 여기에서도 제자가 깨침을 받으면 사제師弟의 관계보다는 영적으로 서로 동격이 됨을 말하는 것이다. 말하자면 다 같이 '길벗'이나 '도반道伴'이 된 셈이라고 할까.

밭에 감추어진 보물

예수께서 말씀하셨습니다.
"그 나라는 자기 밭에 보물이 묻힌 것을
모르고 그 밭을 가지고 있던 사람과
같습니다. 그가 죽으면서 그 밭을 자기
아들에게 물려주었습니다. 그 아들은
보물이 묻힌 것을 몰랐습니다. 그래서
그는 자기가 유산으로 받은 밭을
팔았습니다. 그 밭을 산 사람이 밭을
갈다가 그 보물을 〔찾았습니다〕. 그는
그 돈을 자기가 원하는 사람에게
이자를 받고 빌려주기 시작했습니다."

Jesus said, "The [Father's] kingdom is like a person who
had a treasure hidden in his field but did not know it.
And [when] he died he left it to his [son]. The son [did]
not know about it either. He took over the field and sold
it. The buyer went plowing, [discovered] the treasure,
and began to lend money at interest to whomever he
wished."

〈마태복음〉(13:44)에 나오는 비유는 어떤 사람이 남의 밭을 갈아주다가 보물을 발견하자, 그것을 제자리에 숨겨두고, 집으로 돌아가 가진 것을 모두 팔아 그 밭을 샀다고 되었다. 윤리적인 차원에서만 따진다면 이 사람은 나쁜 사람이다. 보물을 찾았으면 밭 주인에게 말하고 찾아준 것에 대한 사례비 정도만 받아야 할 터인데 그것을 숨기고 밭을 몽땅 사는 얌체 같은 행동을 한 것이다.

여기 제109절에 나오는 비유는 자기 밭에 보물이 있는지도 모르고 있던 아버지가 그 밭을 아들에게 물려주고, 그 밭에 보물이 있는 줄도 모르던 아들이 그 밭을 다른 사람에게 팔고, 그것을 산 사람이 우연히 그 밭에서 보물을 발견하여 횡재하고, 그 돈을 가지고 이자 놀이를 시작했다는 이야기다. 여기서도 윤리적 차원으로만 말하면 셋째 사람은 밭을 사서 횡재한 것까지는 상관없지만, 제95절에 이자 놀이를 금했는데, 그 돈으로 이자 놀이를 한 것은 잘못이다.

그러나 이런 비유에서 윤리적인 뜻만 찾으려 하면 곤란하다. 〈마태복음〉의 비유에서는, 앞에서 몇 차례 언급한 것처럼, 이 세상에서 가장 중요한 것을 발견했으면 거기에

'올인'해야 하듯, 우리의 삶에서 내 속에 신성神性, '참나'가 있음을 알았으면 그것을 위해 세상사의 모든 것을 부차적인 것으로 여길 각오가 되어야 함을 말하는 것이라 했다. 여기 〈도마복음〉의 비유도 우리가 우리 속 깊이에 신성, '참나'가 있는지도 모르고 잠자는 상태로 살아가지만, 우리의 마음 밭을 깊이 갈아 그 속에 있는 신성, 참나를 발견하고 이를 일깨워 궁극적으로 변화와 자유를 얻은 사람은 심지어 남에게 이자로 돈을 꿔줄 수 있을 정도로까지 영적 풍요로움을 누릴 수 있다는 말로 풀 수 있을 것이다.

보물이 숨겨진 밭을 몰래 산다는 비유가 '얌체 짓'을 권장한 것이 아닌 것처럼, 밭에서 보물을 찾아 이자로 준다는 비유도 이자 놀이를 권장하는 것이 아니라고 보아야 할 것이다. 비유란 모든 점에서 다 들어맞아야 하는 것이 아니다. 어느 한 점을 강조할 때 비록 다른 점이 꼭 들어맞지 않는다고 하더라도 그 비유를 쓸 수 있다. 그렇기에 귀 있는 자는 들으라고 하며 비유의 핵심을 분별하라, 새겨들으라 했던 것 아닐까.

세상으로 부자 된 사람은

예수께서 말씀하셨습니다.
"세상을 찾아 부자 된 사람은
세상을 버려야 합니다."

Jesus said, "Let one who has found the world, and has
 become wealthy, renounce the world."

앞에서 제21, 27, 56, 80, 81절에서 계속 논의되던 이야기다. 현상세계의 실상을 보고 거기 달라붙지 말라는 것이다. 여기에 대해 두 가지 해석이 가능하다. 첫째, '세상을 찾아 부자가 된 사람'이란 세상의 물질적 부요함을 추구하여 결국 물질적으로 부자가 된 사람을 지칭하는 말이라 할 수 있다. 이런 사람은 일단 부자가 되어봤으면 세상에 대한 집착을 버려야 한다는 뜻이다. 그래야 참된 진리를 발견할 수가 있기 때문이다.

둘째, '세상을 찾아 부자가 됨'이란, 현실 세계의 실상을 찾아 알게 되면 그것이 결국 궁극 실재가 아니라는 것을 알게 되고, 이것을 알게 된 것이 어느 면에서 영적으로 부요해진 상태라 할 수 있다. 이런 상태에 있는 사람도 결국 궁극 실재로 나아가기 위해 이 현상 세상을 버려야 한다는 것이다.

물론 어느 경우든 이 세상을 버린다고 해서 세상을 떠나 도피적인 은둔 생활을 해야 한다는 뜻은 아니다. 세상적 가치를 떠받들거나 세상에 집착하는 일이 없도록 하라는 뜻이다. 우리를 얽매고 있는 모든 것을 뒤로하거나 내려놓을 때 바로 자유가 온다. 물론 우리 범인으로서는 도달하기 어려운 경지임에 틀림이 없지만.

참고 힌두교에서는 인간이 거쳐야 할 네 단계를 말하고 있다. 학생의 단계, 재가자의 단계, 숲속 거주자의 단계, 출가 수행자(산야신)의 단계. 학생의 단계와 재가자의 단계를 거쳤으면 이 세상에서 할 의무는 다한 셈이기에 사회를 떠나 숲속에 거하거나 아주 완전히 세상을 버리고 수행에만 전념해야 한다고 가르친다. 그러나 실제적으로 많은 이는 재가자의 단계에서 그치고 나머지는 다음 생에서 완성하겠다고 미루어놓는다.

하늘과 땅이 말려 올라가도

예수께서 말씀하셨습니다. "하늘과 땅이 여러분 보는 데서 말려 올라갈 것입니다. 살아 계신 분으로 인해 사는 사람은 죽음을 보지 않을 것입니다." 예수께서 말씀하지 않습니까? "자기를 발견한 사람에게 세상은 대수가 아닙니다." 하고.

Jesus said, "The heavens and the earth will roll up in your presence, and whoever is living from the living one will not see death." Does not Jesus say, "Those who have found themselves, of them the world is not worthy"?

문자 그대로 하늘과 땅이 우리 앞에서 말려 올라가고, 우리가 그런 종말론적 사건을 통해 구원을 받을 것을 예언하는 것이라 풀면 곤란하다. 설령 하늘과 땅이 우리 눈앞에서 말려 올라가는 일이 있다 하더라도, 그것이 우리 코앞에서 말려 올라가든 말든, 살아 계신 이로 인해 생명을 얻은 사람은 죽음을 맛보지 않을 것이기에 염려할 것이 없다는 뜻으로 읽을 수 있을 것이다.

마지막 구절, "예수께서 말씀하시지 않습니까?" 하는 것은 이상스러운 구문이다. 학자들은 이것이 후대에 삽입된 것이라 본다. 그러나 그 내용은 〈도마복음〉의 기본 가르침과 일치한다. '참나'를 찾은 사람은 세상을 그렇게 대수롭지 않게 본다는 것이다. 바로 위의 제110절에서 말한 것처럼 세상이나 물질세계에 초연할 수 있다는 이야기다.

영혼에 의존하는 몸이나 몸에 의존하는 영혼이나

예수께서 말씀하셨습니다.
"영혼에 의존하는 몸은 화 있을
것입니다. 몸에 의존하는 영혼은
화 있을 것입니다."

Jesus said, "Damn the flesh that depends on the soul.
Damn the soul that depends on the flesh."

앞 제87절에 '몸에 의존하는 몸도, 그리고 그 몸에 의존하는 영혼도 비참'하다고 했는데, 여기서는 영혼에 의지하는 몸, 그리고 몸에 의지하는 영혼 둘 다에게 화가 있을 것이라고 했다.

몸body과 영혼soul과 정신 혹은 성령Spirit의 관계를 이야기하고 있다. 성령이 빠지고 영혼에만 의존하는 몸, 몸에만 의존하는 영혼은 안 된다는 뜻이다. 구원을 위해서는 몸과 영혼이 모두 하느님의 영의 인도함을 받아야 한다. 내 속에 있는 하느님의 영, 나의 참나를 찾는 일이 축복이라는 이야기가 된다.

아버지의 나라는 온 세상에 두루 퍼져 있어

그의 제자들이 예수께 말했습니다.
"그 나라가 언제 이를 것입니까?"
〔예수께서 대답하셨습니다.〕
"그 나라는 기다린다고
오는 것이 아닙니다.
'여기 있다' '저기 있다'
할 성질의 것이 아닙니다.
아버지의 나라는
온 세상에 두루 퍼져 있는데,
사람들이 보지 않습니다."

His disciples said to him, "When will the kingdom
come?" "It will not come by watching for it. It will not be
said, 'Look, here!' or 'Look, there!' Rather, the Father's
kingdom is spread out upon the earth, and people don't
see it."

제자들의 어리석음을 다시 드러낸 구절이다. 제자들은 아직도 그 나라가 '언제' 이를 것인가 하는 우주적 종말 문제에 관심을 쏟고 있다. 예수님은 다시 분명히 말씀하신다. 하느님의 나라는 기다린다고 오는 것이 아니라고. 미래 어느한 지점에 나타날 그런 무엇이 아니라고.

예수님은 제24절에서 '빛'의 편재성遍在性에 대해 말했는데, 여기서는 그 '나라'의 편재성을 함께 강조하고 있다. 지금까지 보아온 것처럼 빛, 나라, 하느님, 절대자, 나의 참나, 이 모두가 동일한 실재의 여러 가지 측면이기에, 이 절에서도 제24절과 같이 하느님은 모든 것 속에, 모든 것은 하느님 속에 있다는 범재신론적汎在神論的 기본 진리를 이야기를 하는 것이다. 단 제24절이 그 절대적 실재가 공간적으로 편재한다는 것을 강조한 데 비해 여기서는 특히 시간적으로 어느 한 시점에 국한될 것이 아님을 함께 부각하고 있다. 나라는 미래 어느 시점에 도래하는 무엇이 아니라, 어제와 오늘과 내일에 관통하는 것, '영원한 이제nunc aeternus'에 존재하는 것으로 이해되어야 한다는 것이다. 제51절에 언급된 것처럼, 그 나라는 이미 여기 있지만 우리는 그것을 의식하지 못하고 있을 뿐이다.

여자를 남자로 만들어

시몬 베드로가 그들에게 말했습니다.
"마리아는 우리를 떠나야 합니다.
여자들은 생명을 얻을 자격이 없기
때문입니다."
예수께서 대답하셨습니다.
"보십시오. 내가 그녀를 인도하여
그녀를 남자로 만들어,
그녀도 여러분 남자들처럼
살아 있는 영이 되게 하겠습니다.
스스로 남자가 되도록 하는 여자가
천국으로 들어갈 것입니다."

Simon Peter said to them, "Make Mary leave us, for
females don't deserve life." Jesus said, "Look, I will guide
her to make her male, so that she too may become a
living spirit resembling you males. For every female who
makes herself male will enter the kingdom of Heaven."

성경에 나오는 베드로는 여성에 대해 친절하지 못한 사람으로 묘사되어 있다. 〈베드로전서〉(3:1-6)에서 여자는 남자에게 순종해야 한다고 했다. 〈막달라 마리아복음〉 등에서도 베드로는 여성 차별적인 인물로 나온다. 여기 〈도마복음〉 마지막 절에서도 막달라 마리아를 놓고 여자들은 생명을 얻을 자격이 없기에 마리아를 내보내야 한다고 주장하고 있다. 더욱 놀라운 것은 베드로의 이런 발언에 대해, 예수님이 그러면 '내가 그녀를 남자로 만들겠다'고 대답했다는 것이다.°

'양극의 일치'를 그렇게 강조하는 〈도마복음〉에 어찌 이렇게 남존여비 사상, 여성 혐오증misogyny을 조장하는 듯한 이런 이야기가 문맥과 상관이 없이 불쑥 들어와 있을까? 이런 여성 비하적인 사상을 노골적으로 드러내고 있는 이 한 절 때문에 〈도마복음〉의 신뢰도가 심히 의심스럽다거나, 한 편의 아름다운 교향곡이 끝에 나오는 불협화음

°　　베드로의 남성 우월적 편협성을 풍자적으로 묘사한 책으로 Timothy Freke and Peter Gandy, *The Gospel of the Second Coming*(New York: Hay House, 2007)을 볼 수 있다. 이 책은 시종 예수님과 베드로와 막달라 마리아가 대화하는 형식을 취하고 있다.

으로 인해 그 아름다움이 크게 훼손되었다는 식으로 말하는 이들이 많다.

한편으로는 이 구절의 내용이 독립적으로 떠돌아다니다가 나중에 〈도마복음〉 끝에 덧붙여졌음에 틀림이 없다고 주장하는 이들도 있다. 특히 나그함마디 사본을 소장하고 있던 이집트 파코미우스 사원의 필사자들에 의해 덧붙여진 것이 아닌가 보기도 한다. 그 당시 문헌들이 모두가 하나하나 손으로 필사한 사본들이고, 필사 과정에서 필사자들에 의해 본문의 내용이 가감될 소지가 많았음을 감안할 때 그 가능성을 완전히 부인할 수도 없다.°°

그러나 의미를 찾는 눈으로 다시 보면, 몇 가지 해석이 가능하다. 제1절에서 "이 말씀의 뜻을 올바르게 풀이하는 사람은 결코 죽음을 맛보지 아니할 것입니다"라고 한 것처럼, 우리가 어떻게 풀이하느냐가 관건이다. 물론 절대적으로 올바른 오직 한 가지의 풀이란 있을 수 없겠지만, 그

°° 에이프릴 디코닉은 이 절이 서력 기원후 80년에서 120년 사이에 첨부되었으리라 추정한다. 그의 책 *The Original Gospel of Thomas in Translation*(London: T&T Clark, 2007), p. 297 참조.

래도 우리로서는 일견 모순되는 것처럼 보이는 이런 말씀도 화두처럼 붙들고 나름대로 그 속내를 알아보려고 노력해야 할 것이다.°

우선 본문을 잘 들여다보면, 지금껏 〈도마복음〉에서 강조한 것과 같이 여기서도 '변혁transformation'의 가능성과 보편성을 강조하고 있다는 사실을 발견하게 된다. 여기서 특히 주목할 것은 베드로가 여성이 절대 구원받을 수 없다고 한 데 반하여, 예수님은 여자들도 구원받을 수 있음을 강조한 점이다. 일종의 만인구원론을 주장하고 있는 셈이 아닌가.

물론 예수님도 여자들이 남자들이 되어야 구원을 받을 수 있다고 한 것으로 미루어 예수님 역시 남녀 차별 사상을 가지고 있던 분이 아닌가 하는 의문을 품을 수도 있다.

° 여러 가지 가능한 해석을 소개한 글로 〈도마복음〉 전문가 Marvin Meyer, *Secret Gospels*(New York: Trinity Press International, 2003), pp. 96-106에 나오는 논문 "The Gospel of Thomas Saying 144 Revisited"를 볼 수 있다. 여기서 메이어 교수는 어느 한 가지 절대적으로 권위 있는 해석이 있을 수 없음을 강조한다.

그러나 우리는 이 구절을 그 당시 문화적 배경을 염두에 두고 읽을 필요가 있다. 당시 이집트나 그리스 등지에서는 남자와 여자를 질적으로 다른 유에 속하는 별종으로 보았다. 플라톤의 경우만 보더라도, 그는 여자로 태어나는 것이 악한 남자가 받는 일종의 형벌이라 여겼을 뿐 아니라 여자는 남자와 짐승 중간 어디쯤에 속한다고 주장했다.[00] 이집트 신화에 나오는 여신 이시스Isis도 결국은 남신 오시리스Osiris와 하나가 되어 남신으로 변한 다음 구원을 받게 된 것이라고 했다. 심지어 불교의《법화경》12품에도 용녀라는 여자가 남자로 변신한 후에 보살행을 거쳐 성불할 수 있었다고 했다. 결국 고대의 문화코드에 의하면 '여자'란 '불완전한 인간'의 대명사였던 셈이고, '남자'란 '완전한 인간'을 가리키는 상징이었다고 할 수 있다.

이렇게 보면 여기서 마리아를 인도해 '남자'로 만들겠다는 말은 불완전한 인간 마리아를 변화시켜 '완전한 인간'으로 태어나는 경험을 하도록 하겠다는 뜻으로 해석할 수 있다. 그 당시 여자에게는 도무지 희망이 없다는 통념에도

<hr />

[00]   플라톤,《티마이오스Timaios》 pp. 90-91. 메이어 위의 책 p. 86 참조.

불구하고 예수님은 마리아에게서 새로운 가능성을 보신 것이다.

이렇게 읽을 경우 예수님은 남녀 차별을 조장 내지 방관하는 것이 아니고, 마리아뿐 아니라 누구라도, 심지어 베드로를 비롯한 다른 남성 제자들마저도, 지금의 성별과 관계없이 새로운 변화를 받아 완전한 인간, 남성성과 여성성을 동시에 지닌 통전적 인간으로 다시 태어나야 구원을 받을 수 있다고 한 말씀이라 볼 수 있다. 제22절에도 '암수를 하나로 하여 수컷은 수컷 같지 않고, 암컷은 암컷 같지 않게 해야' 나라에 들어갈 수 있다고 했다. 이 말에 충실하려면 여기서도 구원받을 남자란 그냥 남자가 아니라 남자 같기도 한 여자, 여자 같기도 한 남자, 말하자면 남성성과 여성성이 온전히 갖추어진 '양성구유兩性具有'의 인간androgyne, 혹은 카를 융이 말하는 아니무스animus와 아니마anima의 변증법적 융합을 이룬 온전한 인간을 함의하는 말이라고 볼 수 있을 것이다. 이런 합일을 이룬 인간은 사실 영적으로 환골탈태換骨奪胎한 새로운 인간인 셈이다. 이런 변화나 변혁이야말로 종교가 줄 수 있는 최고의 경지가 아니겠는가.

The
Gospel
of
Thoma

도마복음 풀이
오강남의

⊕

부록

공관복음에 나타난 천국의 비밀

지금까지 〈도마복음〉에 나타난 예수님의 '비밀의 말씀'을 나름대로 한번 풀어보았습니다. 〈도마복음〉 초두에 미리 예고된 것과 같이 우리에게 '혼란과 놀라움'을 동시에 주는 그런 말씀들을 접한 셈입니다. 무엇보다 지금까지 우리가 그리스도교에 대해 가지고 있던 고정관념을 흔드는 말씀이 많았기 때문입니다.

〈도마복음〉에 나오는 예수님의 말씀을 살펴보면서 그것이 성경 정경正經으로 들어 있는 복음서들, 특히 이른바 공관복음共觀福音인 〈마태복음〉, 〈마가복음〉, 〈누가복음〉에 나오는 말씀과 사뭇 다르다는 점을 여러 번 지적했습니다. 따라서 〈도마복음〉과 공관복음이 정말로 다른가? 〈도마복음〉의 말씀을 받아들이면 공관복음서의 말씀을 부인해야 하는가? 하는 문제가 제기될 수 있습니다.

단도직입적으로 말씀드려서, 저는 〈도마복음〉과 공관복음이 완전히 상호배타적인 관계에 있는 것이라고는 생각하지 않습니다. 앞에서도 여러 번 지적한 것과 같이 문제는 텍스트를 어떻게 푸느냐, 어떻게 이해하고 받아들이느냐, 우리의 눈높이를 어디에 맞추느냐 하는 것이라고 생각합니다. 물론 공관복음에서 나오는 말씀들이 기본적으로 현교적顯敎的, exoteric 성격이 강한 것이 사실이지만, 거기에서도 깊이 들어가 보면 역시 '의미의 계층'이 있고, 그 계층 중에는 〈도마복음〉과 같은 비의적秘意的, esoteric 성격의 기별을 전해주는 심층이 엄존하고 있다고 봅니다.

사실 아직도 〈도마복음〉이라는 생소한 이름의 복음서가 일반 신도들에게 공연한 오해나 거부 반응을 불러일으킬 수 있는 소지가 있음을 감안할 때, 경우에 따라서는 구태여 〈도마복음〉을 인용하지 않으면서도 〈도마복음〉의 기본 내용과 의미를 전해주는 것이 교수법상으로pedagogically

더욱 효과적이고 현명한 방법일 수도 있다는 생각도 듭니다. 이 문제에 대해 잠시 생각해보는 것으로 〈도마복음〉의 풀이를 마칠까 합니다.

〈도마복음〉 본문을 풀이하면서도 여기저기 언급했지만, 다시 한번 정리한다는 기분으로 이야기를 해봅니다. 공관복음에 나타난 예수님의 복음을 "천국 복음", 혹은 "하나님 나라의 비밀"(막4:11)을 밝혀주는 복음이라고 합니다. 이 사실을 가장 분명하게 말해주고 있는 곳이 〈마태복음〉(4:17, 23)입니다.

"그때부터 예수께서는 '회개하여라. 하늘나라가 가까이 왔다.' 하고 선포하기 시작하셨다. … 예수께서 온 갈릴리를 두루 다니시면서, 그들의 회당에서 가르치며, 하늘나라의 복음을 선포하며…."

이 절과의 평행절이 〈마가복음〉(1:14-15)에도, 그리고 축약된 형태로 〈누가복음〉(4:14-15)에도 나옵니다. 여기서 편의상 위에 인용한 〈마태복음〉 구절을 가지고 이야기를 진행하겠습니다. 〈마태복음〉에 의하면, "회개하여라, 하늘나라가 가까이 왔다." 혹은 우리에게 더욱 익숙한 개역개정

번역으로 "회개하라. 천국이 가까이 왔느니라." 하고 말씀하셨는데, 이 기별은 예수님이 공생애를 시작하시면서 제일 처음으로 선포하신 기별이며 동시에 그분의 전 생애를 통해 계속해서 외치신 가장 핵심적인 기별이었습니다. 신약학자들 중에서도 예수님의 중심 가르침이 '천국 복음'이었다고 하는 데 이의를 제기하는 이는 거의 없습니다.

이제 우리가 〈도마복음〉을 읽어본 입장에서 여기 〈마태복음〉에 나온 예수님의 기본 가르침, "회개하여라. 하늘나라가 가까이 왔다."는 이 말씀을 어떻게 이해할 수 있겠습니까? 저는 앞에서 언급한 것처럼, 이 말씀의 깊은 차원으로 들어가면 이 가르침과 〈도마복음〉에 나오는 기본 가르침은 서로 상충되지 않는다고 봅니다. 〈도마복음〉을 읽든 공관복음을 읽든, 결국 깊이만 들어가면 본질적으로 다를 것이 별로 없는 기본 메시지를 만나게 된다는 이야기입니다. 사실 비교종교학을 전공한 제 개인적 입장에서 볼 때 이 기별은 〈도마복음〉과 공관복음을 가로지르는 그리스도교의 핵심일 뿐 아니라 세계 거의 모든 종교에서 한결같이 강조하는 기본 가르침이라 생각되기도 합니다. 이 말씀을 하나씩 짚어보려 합니다.

"회개하라"

"회개하여라. 하늘나라가 가까이 왔다."라고 하는 문장에서 이 '회개'라는 말이 무슨 뜻일까 알아보는 일이 무엇보다 중요합니다. 우리는 보통 회개라고 하면 우리의 과거 잘못을 뉘우치고 새로운 삶을 살겠다고 결심하는 것쯤으로 생각합니다. 그러나 회개의 그리스어 '메타노이아metanoia'는 '의식을 바꾸라' '보는 법을 바꾸라' '눈을 뜨라'는 뜻입니다. 영어 성경에는 'repentance'로 되어 있는 것이 보통이지만 사실은 'conversion'으로 하는 것이 원의에 더 가깝다고 볼 수 있습니다. "회개하라. 천국이 가까웠느니라."라는 말은 "눈을 떠서 천국이 가까이 있음을 알라." 혹은 "정신 차려라 천국이란 여기 있느니라."라는 말이라 할 수도 있을 것입니다. 저는 이를 좀 더 깊이 하여, "우리 내면 가장 깊은 곳, 우리의 의식 자체를 바꾸라. 그러면 천국이 바로 옆에 있다."라는 말로 이해하고 싶습니다. 요즘 많이 쓰는 말로 하면 '의식의 변혁transformation of consciousness'을 촉구하는 말씀이라는 것입니다.

"하늘나라가"

'하늘나라' 혹은 '천국'은 '하나님의 나라' 혹은 '신국'과 똑같은 뜻입니다. 〈마태복음〉은 유대인들을 위해 쓰인 책이기 때문에 '하나님'이라는 말 대신에 '하늘'이라는 말을 썼을 뿐입니다. 우리 말의 경우와 마찬가지로 수메르어나 셈족 언어에서 '하늘'과 '하느님'은 동의어로 사용되었습니다. 이 문제에 대해서는 제3절 풀이에서 자세히 밝혔기에 더 이상 길게 논의할 필요가 없습니다만, 하늘나라나 하느님의 나라나 같은 뜻이지만 어느 면에서 하느님의 나라라는 말이 더 좋지 않은가 생각되기도 합니다. 하늘나라 혹은 천국이라고 하면 저 하늘 어디에 떠 있을 지리적·물질적 나라로 생각하기 쉽지만, 하느님의 나라라고 하면 그런 지리적 개념이 덜 하기 때문입니다. 아무튼 하느님의 나라라고 했을 때 '나라' 혹은 '왕국'의 본래 말인 말쿠스Malkuth(히브리어)나 바실레이아basileia(그리스어)에는 영토 혹은 장소라는 뜻보다는 주권, 통치, 원리라는 뜻이 더 강합니다. 영어로도 the Kingdom of God보다는 sovereignty of God, reign of God, rule of God이라는 말을 선호하고 있습니다.

그러면 하느님 나라가 어디 있습니까? 표피적·문자적 의미에 집중하는 경우 하느님 나라, 혹은 천국은 하늘 어디에 있고, 우리가 죽어서 가는 곳, 혹은 예수님 재림 때 이 땅으로 임할 곳 등, '장소'로 생각하게 됩니다. 물론 이런 식으로 믿으면 안 된다는 뜻은 아닙니다. 그러나 산타 이야기에서 문자적인 뜻보다 깊은 뜻을 알아볼 수도 있듯, 우리도 하느님 나라의 더욱 깊은 뜻을 알아볼 수 있다고 생각합니다.

우선 공관복음에서도 예수님 스스로 "하나님의 나라는 눈으로 볼 수 있는 모습으로 오지 않는다. 또 '보아라, 여기에 있다' 또는 '저기에 있다' 하고 말할 수도 없다. 보아라, 하나님의 나라는 너희 가운데에 있다."(눅17:20-21)고 하셨다는 사실을 강조하고 싶습니다. 예수님의 이 말씀은 '하느님의 나라'라는 것이 하늘 어디 떠 있다가 이리로 임하는 것이 아니라, 우리 중에among us, 혹은 우리 속에within us 이미 있는 것임을 주목하라는 말씀이라 생각합니다. 저는 이것이 바로 우리 안에 있는 하느님의 주권, 하느님의 힘, 하느님의 원리, 하느님의 임재, 하느님의 일부를 가리키는 것이라 봅니다. 영어로 'God within'입니다. 〈도마복음〉의 가르침과 하등 상충될 여지가 없습니다.

"가까이 왔다"

하늘나라가 가까이 왔다고 했습니다. 많은 신학자들이나 그리스도인들은 하늘나라가 가까이 왔다고 했을 때 그것을 '시간'의 개념으로 생각했습니다. 그래서 예수님의 이 말을 두고, 예수님은 천국이 이미 임한 것으로 가르치신 것인가? 그의 생전에 곧 임할 임박한 것으로 가르치신 것인가? 혹은 이미 임했지만 아직 완성된 것은 아니라는 이중적인 뜻으로 가르치신 것인가? 하는 등 '언제'의 문제로 논전을 계속했습니다.

그러나 저는 여기서 하느님 나라의 가까움을 시간의 개념이 아니라 '거리' '공간' '어디'의 개념으로 받아들이고 싶습니다. 영어로 'at hand'라는 번역이 더 실감 납니다. '손 가까이 있다'고 하는 말입니다. 하느님의 나라는 시간적으로 어느 때쯤에 올 것인가 하는 문제가 아니라 공간적으로 바로 내 손 닿는 거리에 있다는 뜻으로 이해하면 좋지 않겠는가 하는 뜻입니다. 지근거리에 있다는 것은 결국 내 속에 있다는 말과 다를 바가 없을 것입니다.

이것이 〈도마복음〉에서 계속 강조하는 '내 안의 하느님 나라' '내 안의 신성' '내 안의 참나'라는 기본 가르침과 어떻게 다를 수가 있겠습니까? 〈도마복음〉으로 공관복음에 나오는 '내 안의 하느님 나라'라는 개념이 더욱 분명해지고 뚜렷해졌다고 볼 수 있을지언정, 〈도마복음〉이 공관복

음의 가르침을 무조건 무효화시키거나 경시하는 것으로
보아야 할 근거는 전혀 없다고 봅니다.

"먼저 그의 나라와 그의 의를 구하라"

더욱이 공관복음의 예수님도 우리를 보고 "너희는 먼저
하나님의 나라와 하나님의 의를 구하여라."(마6:33)라고 하
셨습니다. '먼저'라는 것을 보면 예수님을 따르기로 할 경
우 최우선 과제가 바로 하느님의 나라를 구하는 것이라 볼
수밖에 없다는 뜻입니다. 그런데 앞에서 본 것처럼, 하느님
의 나라가 우리 안에 있다고 하셨으니 우리는 당연히 우리
안을 들여다보고 거기 있는 하느님의 나라를 찾아야 할 것
입니다. 내 안에 있는 하느님 나라, 그것이 좀 더 구체적으
로 무엇이겠습니까?

저는 성경의 기본 가르침에 따라, 또 무수한 믿음의 용
사들이 우리에게 전해주는 증언에 따라, 세계 여러 종교에
서 거의 공통적으로 가르치는 바에 따라, 그것이 바로 내
속에 있는 하느님의 현존, 내 속에 있는 하느님의 일부분,
내 속에 들어 있는 신적인 요소, 내 속에 임해 계시는 하
느님 자신이라 봅니다. 따라서 하느님의 나라를 찾는 것은
궁극적으로 나의 가장 깊은 차원의 '참나'를 찾는 것과 같

은 것입니다. 중세 그리스도교 신비주의자인 제노바의 성녀 카타리나St. Catherine of Genoa의 말, "나의 나는 하느님이다. 내 하느님 자신 이외에 다른 나를 볼 수 없다My Me is God, nor do I recognize any other Me except my God Himself." 라고 한 것은 나의 진정한 나는 결국 신일 수밖에 없다는 생각을 잘 표현한 것이라 여겨집니다. 다석 류영모 선생님의 말을 빌리면, 나의 일상적이고 이기적인 '제나'가 죽고 나의 참된 나인 '얼나'로 부활한 '나'라고 할 수도 있습니다. 사도 바울이 "이 비밀은 여러분 안에 계신 그리스도요, 곧 영광의 소망입니다."(골1:27)라고 했을 때 우리 안에 계신 '그리스도'이기도 합니다. 20세기 가장 위대한 신학자라 할 수 있는 폴 틸리히의 말, 하느님을 '높이'에서 찾을 것이 아니라 '깊이'에서 찾아야 한다는 말이 이런 의미에서 뜻깊은 것이라 보이기도 합니다.

참나를 찾는 길

저는 우리 속에 있는 우리의 바탕으로서의 신적 요소, 혹은 내재적 하느님, 곧 참나를 찾는 길을 학생들이 좀 더 쉽게 이해하도록 하기 위해, 얼마간의 무리와 오해의 위험이 있음을 알면서도, 저 나름대로 이렇게 설명해봅니다. 우리가 '나'라고 할 때 제일 먼저 나를 나의 '몸'과 동일시하는 것이 보통입니다. 몸이 아프면 바로 '내가' 아픈 것입니다. 그러나 가만히 생각해보면 우리가 '나의 몸'이라고 하는 것은 나와 몸이 하나가 아니고 몸은 '나'라고 하는 무엇이 가지고 있는 소유물이라는 뜻입니다. 그러면 몸을 소유하고 있는 나는 무엇인가? 마음인가? 그러나 여기서도 역시 '나의 마음'이라고 하는 것을 보면 마음의 소유자, 주인이 마음과 별도로 존재한다는 뜻입니다. 그러면 영혼이 나인가? 역시 마찬가지로 '나의' 영혼이라고 하는 것을 보면 영혼이 주인이 아니고 영혼을 소유하고 있는 '나'라고 하는 더 근본적인 주인이 따로 있다는 뜻입니다. 그러면 나의 몸도, 마음도, 영혼도 아닌 그 근본 주인, 그 소유자, 그 바탕이 무엇인가? 우리는 그것을 '참나', 혹은 내 속에 있는 '신적 요소' '내 속의 하느님'이라 할 수 있지 않겠는가 하고 설명해봅니다.

물론 이런 이론적 설명이 완전히 만족스러운 것은 아닙니다. 이런 설명과 함께 깊은 기도 혹은 명상을 해보라고도 합니다. 깊은 기도나 명상 속에서 우리는 나의 몸이나 감정이나 마음 상태를 관찰하는 '또 하나의 나'를 의식하게 됩니다. 다시 가만히 보면 나의 몸이나 감정이나 마음 상태를 관찰하는 그 또 하나의 '나'를 관찰하는 또 다른 관찰자를 의식합니다. 이런 식으로 거슬러 올라가면 한이 없기에 이쯤에서 일단 이렇게 나의 몸이나 감정이나 마음을 관찰하는 또 하나의 '나'를 의식하고, 이 또 하나의 '나'는 일상적이고 일차적인 나와 다른 '나'가 아닌가, 이 '나'가 하느님의 일부이든가 아직 하느님의 일부가 아니라면 하느님께 그만큼 더 가까운 '나', 혹은 내 속에서 하느님과 맞닿은 부분이 아닌가 하는 생각을 할 수 있다고 말해주기도 합니다.

참나를 찾으면

이렇게 내 안의 참나 혹은 내 속의 하느님을 찾아 우리의 종교의식이 한 단계 업그레이드될 때 얻을 수 있는 열매를 나름대로 예상해볼 수 있을 것입니다. 가장 중요한 열매 두 가지만 말씀드리면, 저는 그것이 바로 '자유'와 '사랑'이라 말씀드리고 싶습니다. 예수님이 "진리를 알지니 진리가 너희를 자유롭게 하리라."(요8:32)고 하셨습니다. 우리 속에 있는 하느님, 나의 진정한 나는 바로 하느님이라는 이 엄청난 진리를 깨우치면 우리는 진정한 자유와 떳떳함과 늠름함을 누릴 수 있다는 것입니다.

이런 말을 좀 더 실감 있게 이해하기 위해서 저는 이렇게 설명해봅니다. 우리가 나 자신을 무엇과 동일시하느냐에 따라, 나의 정체성을 어떻게 세우느냐에 따라, 우리의 삶이 움츠러지고 주눅 든 삶이 될 수도 있고, 늠름하고 당당한 자유인의 삶이 될 수 있다고 하는 것입니다. 구체적으로 '나'라는 것을 나의 몸과 동일시하는 경우, 내 얼굴이나 몸이 잘생겼다고 여겨지면 우쭐대고 못생겼다고 생각하면 주눅이 듭니다. 그러나 '나'라는 것을 나의 사회적 지위나 재산, 명예 등 사회적 자아와 동일시하는 경우, 내가 그런 면에서 훌륭하다고 여겨지면 육체적 결함이나 잘생기고 못생김 같은 데 구애받지 않고 그만큼 떳떳해집니다. 사회 지도자나 혁명가의 경우 자기가 장애자냐 아니냐 하는 것에 그렇게 구애받지 않는 것과 같습니다. 그러나 물론 스스로 사회적으로 지지리 못났다고 생각하면 쭈그러집니다. 좀 더 나아가 '나'라는 것을 나의 마음이나 영혼이라는 것과 동일시하면 사회적으로나 경제적으로 별 볼 일 없어도 그것 때문에 기죽지 않습니다. 많은 종교인들의 경우입니다. 그러나 궁극적으로 '나'를 '참나' 혹은 내 속에 임재한 '하느님'과 동일시하고 거기에서 나의 참된 정체성을 찾는다고 생각해보십시오. '육중한 바위가 바람에 흔들리지 않듯' 세상 어느 것에도 흔들리지 않고 떳떳한 자유인의 삶을 살아갈 수 있게 될 것입니다. 함석헌 선생님도 "내 맘속에 있는 하느님 믿으란 말이다. 새삼스레 믿으란 말 아니 하여도 계신 하느님이지만, 그 절대자가 바로 이

나의 속에 있는 줄을 알 때, 그것을 확신할 때 우리 생명은 힘 있게 피어나기 때문에 하는 말이다."라고 했습니다.

나아가 우리 속에뿐만 아니라 이웃의 속에도 똑같이 하느님이 계신다는 것을 알 수 있게 될 때 우리는 자연히 그와 동질성을 느끼고 그를 사랑하게 됩니다. 신유학자新儒學者들이 우리가 양지良知를 극대화하면 나와 만물이 일체임을 깨닫게 되고, 그 결과 남의 아픔을 나의 아픔으로 여기고 그 아픔을 줄이기 위해 노력하게 된다고 가르치는 '만물일체萬物一體' 사상이나, 동학에서 강조하듯 모든 인간을 하느님으로 보고 이웃을 하느님처럼 섬기는 사인여천事人如天의 태도와 맥을 같이하는 것입니다.

한 가지만 덧붙입니다. 사실 〈도마복음〉은 앞 서문에서 언급한 것과 같이, 종교사적으로 볼 때 세계 여러 종교 전통에서 면면히 흐르는 '심층' 곧 '신비주의' 전통에 속하는 문헌입니다.° 그렇다고 초대 기독교 전통에서 〈도마복

°   '신비주의'를 부정적으로 보는 경우도 있지만, 신비주의가 무엇을 가리키는가 하는 문제는 오강남,《불교, 이웃종교로 읽다》(현암사, 2006) pp. 340-355 참조.

음〉만 신비주의적 요소를 독점하고 있는 문헌이라는 뜻은 아닙니다. 사실 〈요한복음〉도 "아버지께서 내 안에 계시고 내가 아버지 안에 있음을 깨달아 알리라."(요10:38), "내가 아버지 안에, 너희가 내 안에, 내가 너희 안에 있는 것을 너 희가 알리라."(요14:20, 그 외에도 14:10-11, 17:21)처럼 계속 아 버지 안에 있는 나, 내 속에 계신 아버지를 언급하면서 하 느님과 나의 하나 됨, 우리 모두의 하나 됨을 강조하고 있 다는 점에서 기본적으로 신비주의를 강조하고 있는 문헌 이라 할 수 있습니다. 성공회 주교 존 셸비 스퐁 신부는 〈요한복음〉 해설서를 쓰고 그 제목을《The Fourth Gospel: Tales of a Jewish Mystic(제4복음서: 어느 신비주의자의 이야기)》 라 했습니다.° 〈요한복음〉 전통과 〈도마복음〉 전통이 경쟁 관계에 있었다고 하지만, 제가 보기에 〈요한복음〉도 〈도마 복음〉도 신과의 합일, 나아가 모든 것의 하나 됨을 강조한 것은 마찬가지인데 〈요한복음〉은 믿음을 통해서, 〈도마복 음〉은 '깨달음'을 통해서 하나 됨이라는 목적을 성취하려

°   John Shelby Spong, *The Fourth Gospel: Tales of a Jewish Mystic*(HarperCollins Publisher, 2013). 한국어 번역판은 변영권 옮김, 《아름다운 합일의 길 요한복음 - 어느 유대인 신비주의자의 이야 기》(한국기독교연구소, 2018).

한 점이 다르다고 여겨집니다.

이제 〈도마복음〉이 기본적으로 무엇을 가리키고 있는가를 알게 된 입장에서 성경의 복음서나 나아가 바울의 편지서를 읽으면서도 이들이 가리키는 더 깊은 면을 들여다볼 준비가 갖추어져 있지 않은가 조심스럽게 진단해봅니다.

나가면서

예수님이 갈릴리를 두루 다니시며 가르치신 '천국 복음'이란 내 속에 있는 하느님의 나라, 내 속의 '참나', 내 속에 있는 하느님을 찾으라는 것이고, 예수님의 가르침을 따르는 그리스도인의 삶이란 결국 그의 중심 가르치심에 따라 내 속의 하느님, 내 속의 '참나'를 찾아가는 과정이라 해도 과언이 아닙니다. 칼릴 지브란은 그의 유명한 책《예언자》에서 "훌륭한 일이란 여러분의 큰 나를 사모하는 마음"이라 했습니다. 이제 우리 중에 이렇게 참나를 사모하고 그것을 발견함으로써 참된 의미를 찾는 분이 많으셨으면 하는 바람을 품고 제 글을 마칩니다.

지금까지 어려운 길을 함께하신 여러분의 동행에 다시 감사드리며 계속적인 정진을 빕니다.

함석헌 사상의 신비주의적 차원

다음은 함석헌 사상을 세계 신비주의 전통의 맥락에서 살펴본 글이다. 함석헌 선생님이 〈도마복음〉을 읽으셨으리라 생각지 않는다. 그럼에도 불구하고 함 선생님의 사상과 〈도마복음〉의 신비주의적 사상이 얼마나 닮았는가 발견할 때 그야말로 놀라움을 금할 수 없다. 〈도마복음〉의 가르침과 함석헌 선생님의 사상이 다 같이 세계 신비주의 전통과 맞닿아 있는 것을 보여준다는 의미에서 2007년 5월 12일 '씨올사상연구회' 발표회와 2008년 11월 9일 '씨올사상 월례모임'에서 발표한 글을 약간 수정·보완하여 여기 옮겨온다. 관심 있는 분들의 일독을 바란다.

함석헌 사상의 신비주의적 차원
신비주의적 관점을 중심으로

들어가는 말

제가 함석헌 선생님을 뵌 것은 몇 번에 지나지 않지만 그때마다 받은 강력한 인상으로 인해 이런 만남들을 아직까지 생생하게 기억하고 있습니다. 1963년 8월 대광 고등학교에서 시국 강연을 하실 때 수많은 청중에 끼어서 흰 두루마기를 입으신 함 선생님의 모습을 처음으로 뵈었고, 그 후 대중 강연 때 몇 번, 원효로 댁에서 한 번, 그리고 이화여대 후문 근처 퀘이커 모임에서 몇 차례 뵌 적이 있습니다. 특히 1978년 제가 캐나다 에드먼턴에 있는 앨버타 대학교에서 가르칠 때 친구 김영호 교수의 주선으로 함 선생님이 앨버타 대학교 강당에서 교민들을 위해 강연하시고, 그날 밤 저의 집에 묵으신 후, 다음 날 교수회관에서 종교학과 교수들과 대화하시던 모습은 지금도 눈에 보이는 듯합니다. 돌아가시기 얼마 전에 황필호 교수, 김영호 교수와 함께 우이동 댁으로 찾아뵈었을 때 동경 유학 시절 겪으셨던 관동지진 때의 경험을 들려주신 것도 또렷하게 기억하고 있습니다.

이런 몇 번의 행복한 만남에도 불구하고, 또 함 선생님의 글을 열심히 읽은 편이기는 하지만, 유감스럽게도, 저는 함석헌 선생님의 사상을 전문적으로나 체계적으로 연구할 수 있는 기회를 얻지 못했습니다. 그저 평소 제가 비교종교학을 가르치면서 관심을 가지고 있던 몇 가지 문제와 연관해서 함 선생님 사상의 종교사적 의의를 부각시켜보려고 합니다. 제가 발표를 한다기보다 그저 말머리를 트고 여러분의 고견에서 많은 것을 배우려는 마음으로 몇 마디 말씀드리는 것이라 이해해주시기 바랍니다.

무엇보다 먼저 제가 강조하고 싶은 것은 다석 류영모 선생님이나 신천 함석헌 선생님의 사상은 세계적으로 각광을 받아야 마땅하다고 생각한다는 것입니다. 현재 세계의 많은 종교학자들이나 사상사 전공인들이 일본의 니시다 기타로西田幾多郎(1870~1945)나 스즈키 다이세쓰鈴木大拙

(1870~1966)에 대해 이야기하고 연구하는 것을 보면서, 저는 류영모 선생님이나 함석헌 선생님에 대한 연구도 이에 못 미칠 이유가 없다고 봅니다. 저는 북미종교학회(AAR)에 씨ᄋᆞᆯ사상 토론 패널을 하나 만들어 전문 연구자들이 논문을 발표할 수 있는 기회를 갖도록 하는 것이 어떻겠느냐고 제안한 적이 있는데, 몇 분 교수님의 노력에도 불구하고 아직 실현되지 않고 있는 것이 안타까운 일이라 생각합니다. 다행히 지난여름 서울에서 있은 세계 철학자 대회에서 두 분 사상에 대한 토론이 활발했다고 하여, 앞으로 기대되는 바가 큽니다.

저는 이 짧은 글에서 함석헌 선생님의 사상을 세계 종교사에서 면면히 흐르는 '신비주의'의 맥락에서 한번 구체적으로 짚어보고 그 의의를 되새겨보고 싶습니다. 함 선생님이 스스로를 신비주의자로 의식하셨는지, 혹은 정말로 신비주의자이셨는지, 저로서는 잘 알지 못합니다. 그러나 그는 천안에서 씨ᄋᆞᆯ농장을 경영할 때 거기 모인 사람들과 매일 새벽 6시에 일어나 30분씩 명상의 시간을 가졌고,° 또 퀘

○   김성수,《함석헌 평전》(삼인, 2001), p. 105 참조.

이커 교도로서 적어도 매주 한 시간씩의 침묵 예배, 곧 명상을 실천한 분이었습니다. 또 훌륭한 종교라면 그 속에 '신비'가 있어야 함을 말씀하셨고,° "나는 지금도 '그이'가 내 속에 말씀하시는 것을 듣는다"는 말씀도 하셨습니다. 그러나 제가 강조하고 싶은 것은 무엇보다 그의 사상을 전체적으로 조망해볼 때 그것이 세계 종교 전통의 심층에 보편적으로 흐르는 신비주의 전통과 맥을 같이하고 있다는 사실을 발견하게 된다는 것입니다. 저는 먼저 신비주의에 대해 약간 언급하고, 제가 언제나 관심을 가지고 있는 네 가지 관점에서 함 선생님의 사상이 어떻게 신비주의 전통들과 맞닿아 있는가를 잠시 살펴보고자 합니다. 물론 이 네 가지 관점이란 서로 연관되어 있어서 완전히 독립된 항목들은 아니지만 편의상 그냥 네 가지 정도로 간추려보는 것뿐입니다.

신비주의란 무엇인가?

'신비주의'라고 하면 일반적으로 부정적인 시각으로 보

° "하워드 브린튼이 퀘이커리즘을 서양에서 난 종교들 중 가장 동양적인 것을 가진 종교다 그랬는데…. 하여간 비슷하게 동양적인 그런 게 있는 것은 사실이오. 신비를 인정하는 거지요."《함석헌 전집 15》p. 51), 김성수, 위의 책 p. 126에서 재인용.

기 일쑤입니다. '신비주의'라는 말의 모호성 때문이라 할 수 있습니다. 똑같은 말은 아니지만 신비주의라는 말 대신 '영성'이라는 말이라든가, 라이프니츠Gottfried W. Leibniz (1646~1716)가 창안한 '영속철학perennial philosophy'이라는 말을 쓰는 이도 있습니다. 그러나 이런 말들도 모호하기는 마찬가지입니다.^{oo}

이런 아리송함을 덜기 위해 독일어에서는 신비주의와 관련하여 두 가지 말을 사용하고 있습니다. 부정적인 뜻으로서의 신비주의를 'Mystismus'라고 합니다. 일반적으로 영매, 육체이탈, 점성술, 마술, 천리안 등 초자연 현상이나 그리스도교 부흥회에서 흔히 발견되는 열광적 흥분, 신유체험 등과 같은 것을 지칭하는 말입니다. 이런 일에 관심을 보이거나 거기에 관여하는 사람을 'Mystizist'라 합니다. 이와는 대조적으로 종교의 가장 깊은 면, 인간의 말로

oo   또 다른 분류법으로 종교의 '표의적exoteric' 차원과 '밀의적esoteric' 차원을 말하는 사람들이 있고, 필자도 다른 글에서는 표층적surface 차원 vs. 심층적depth 차원, 닫힌 종교 vs. 열린 종교로 분류했다. 졸저《진짜 종교는 무엇이 다른가》(현암사, 2019), Frithjof Schuon, *The Transcendent Unity of Religions*(New York: Quest Books, 1984) 등 참조.

표현할 수 없는 순수한 종교적 체험을 목표로 하는 신비주의는 'Mystik'이라 하고 이와 관계되거나 이런 일을 경험하는 사람을 'Mystiker'라 합니다. 함석헌 선생님의 사상이 '신비주의' 전통과 맥을 같이한다고 할 때 제가 말씀드리는 신비주의는 물론 후자에 속한 것입니다.

신비주의에 대한 정의로 중세 이후 많이 쓰이던 'cognitio Dei experimentalis'라는 말이 있습니다. '하느님을 체험적으로 인식하기'입니다. 하느님, 절대자, 궁극 실재를 아는 것입니다. 그러나 이때 '안다'고 하는 것은 이론이나 추론이나 개념이나 논리나 교설이나 문자를 통하거나 다른 사람이 하는 권위 있는 말을 믿는 믿음을 통해서 아는 것이 아니라, 나 자신의 영적 눈이 열림을 통해, 나 자신의 내면적 깨달음을 통해, 의식의 변화를 통해, 직접적으로, 그리고 체험적으로 안다는 것을 의미합니다. 사실 "종교에서 이런 신비주의적 요소가 없는 종교는 진정한 의미에서 종교라 할 수 없다."라고 볼 수 있습니다.° 그래도 '신비주

°   필자는 이 말을 대학교 시절 읽은 김하태 박사의 글에서 접하고, 그 이후 신비주의 문제에 관심을 가지게 되었다. 신비주의와 신비 체험의 특징에 대해서는 이 방면의 고전이라 할 수 있는 William

의'라는 말이 거슬린다고 생각하시면, 일단은 그것을 '심층 종교'나 '열린 종교' 등으로 바꾸어 읽으셔도 좋으리라 생각합니다.

함석헌 사상의 비교사상사적 의의
① 문자주의를 극복하고 신앙에서 자라가라

> "경전의 생명은 그 정신에 있으므로 늘 끊임없이 고쳐 해석하여야 한다. … 소위 정통주의라 하여 믿음의 살고 남은 껍질인 경전의 글귀를 그대로 지키려는 가엾은 것들은 사정없는 역사의 행진에 버림을 당할 것이다. 아니다, 역사가 버리는 것이 아니라 자기네가 스스로 역사를 버리는 것이다."[oo]

James, *The Varieties of Religious Experience*(New York: Collier Books, 1961), Aldous Huxley, *The Perennial Philosophy*(New York: Harper & Row, 1944, 한국어 번역판은 《영원의 철학》, 김영사, 2014) 외에 John Macquarrie, *Two Worlds Are Ours: An Introduction to Christian Mysticism*(Minneapolis: Fortress Press, 2004), pp. 1-34 등을 참조할 수 있다.

oo 김진 엮음,《너 자신을 혁명하라: 함석헌 명상집》(오늘의책, 2003), p. 160에서 인용.

"신앙은 생장기능生長機能을 가지고 있다. 이 생장은 육체적 생명에서도 그 특성의 하나이지만, 신앙에 있어서도 그러하다. 신앙에서 신앙으로 자라나 마침내 완전한 데 이르는 것이 산 신앙이다."°

종교적 진술을 문자적으로 이해하려는 '근본주의적 태도'는 종교의 더욱 깊은 뜻을 이해하는 데 가장 큰 걸림돌이 됩니다. 이런 근본주의적 문자주의는 어느 종교에나 다 있는 일이지만 특히 유대교, 그리스도교, 이슬람에 두드러지게 나타나는 현상입니다.°° 신학자 폴 틸리히가 적절히 지적한 것처럼, "성경을 문자적으로 읽으면 심각하게 받아들일 수 없고, 심각하게 받아들이려면 문자적으로 읽을 수 없다."는 것이 사실입니다. "문자는 사람을 죽이고, 영은 사람을 살립니다."(고후3:6)라고 한 바울의 말처럼, 잘 믿는다고 하면서 문자를 고집하는 사람은 자기의 의도가 무엇

°   《함석헌 전집 9》, p. 200.

°° 문자주의의 문제성과 해독에 대해서는 졸저 《예수는 없다》(현암사, 2001) pp. 63-115, 2017년 개정판 pp. 77-138 참조. Timothy Freke & Peter Gandy, *The Laughing Jesus*(New York: Harmony Books, 2005)는 기독교와 이슬람의 문자주의의 해독을 구체적으로 예시하고 있다.

이든 결국 자기도 죽이고 남도 죽이는 일입니다.

미국의 종교 심리학자 윌리엄 제임스William James (1842~1910)는 신비 체험의 네 가지 특징 중 하나가 '말로 표현할 수 없음ineffability'이라고 하였습니다.°°° 《도덕경》 1장 첫머리에 언급된 것처럼 '말로 표현한 도는 진정한 도가 아니라'는 것입니다. 궁극 실재나 진리는 말로 표현할 수 없으므로 말의 표피적이고 문자적인 뜻에 사로잡히지 말고 그야말로 '불립문자不立文字'의 입장을 취해야 한다는 것입니다. 세계의 여러 신비 전통에서는 언제나 표피적인 의미와 심층적인 의미를 분간하고 표피적인 의미를 지나 심층적인 뜻을 간파하라고 가르칩니다. 가장 잘 알려진 예로 경전이나 의식 등 외부적인 것들은 결국 '달을 가리키는 손가락'이라고 강조하는 선불교의 가르침을 들 수 있을 것입니다.

제가 여기서 특히 소개하고 싶은 것은 종교적 진술의 뜻을 좀 더 세분하여 네 가지 차원이 있다고 하는 초기 그리

°°° 다른 세 가지 특성은 '얼른 지나감transiency' '직관적noetic quality' '피동성passivity'이라고 했다. 그의 앞의 책 참조할 것.

스도교 영지주의Gnosticism의 가르침입니다.° 그리스도교 영지주의, 혹은 영지주의적 그리스도교에서는 모든 종교적 진술에는 적어도 다음과 같이 네 가지 차원, 곧 땅(몸, hylic), 물(혼, psychic), 바람(영, pneumatic), 불(깨침, gnostic)이 있다고 주장합니다.

첫째 차원은 종교와 별로 관계가 없는 일상적 차원입니다. 이른바 육이나 땅에 속한 사람들이 종교와 상관없이 살아가면서 눈에 보이는 데 따라 극히 표피적으로 이해하는 세상입니다. 이들이 종교에 관심을 갖고 물로 세례를 받으면 둘째 차원으로 들어가는데, 이 단계에서는 예수의 죽음, 부활, 재림 등의 종교적 진술이나 이야기를 '문자적'인 뜻으로 받아들이고 이런 문자적인 의미에서 일종의 심리적 기쁨이나 안위를 얻습니다. '그리스도교의 외적

°　'Gnosticism'을 보통 '영지주의靈知主義'라고 번역하는데 필자는 이를 '깨달음 중심주의'라 번역하고 싶다. 그러나 편의를 위해서 여기서는 그대로 '영지주의'라는 말을 사용하기로 한다. 영지주의에 대한 책으로 하버드 대학교 교수 Karen L. King이 쓴 *What Is Gnosticism?*(Cambridge, MA: Harvard University Press, 2003), 그리고 일반 독자를 위해 읽기 쉽게 쓴 Richard Smoley, *Forbidden Faith: The Gnostic Legacy*(San Francisco: HarperSanFranscico, 2006)를 참조할 수 있다.

비밀the Outer Mysteries of Christianity'에 접한 것입니다. 여기서 나아가 영으로 세례를 받으면 예수의 죽음과 부활과 재림 등의 이야기가 전해주는 셋째 차원의 뜻, 곧 '은유적 allegorical' 혹은 '신화적mythical' 혹은 영적 의미를 파악한 영적 사람이 됩니다. 이들이 바로 '그리스도교의 내적 비밀the Inner Mysteries of Christianity'에 접한 사람들입니다. 이들이 더 나아가 최종적으로 불로 세례를 받으면 그리스도와 하나 됨이라는 신비 체험에 이르고, 더 이상 문자적이나 은유적이나 영적인 차원의 뜻이 필요 없는 경지에 이르는 것입니다.°°

함 선생님은 삶의 성장 단계 혹은 의식의 발달 단계를 다음과 같이 말했습니다.

"생명에는 세 단계가 있다. 맨 밑은 물질이고 그다음은 마음이고 맨 위에 영 혹은 정신이다. 우리의 생명은 육체에서 시작하여 영에까지 자라는 것이다. 육체에는 자유가

°°   Timothy Freke & Peter Gandy, *The Jesus Mysteries*(New York: Three Rivers Press, 1999), pp. 127-129 참조.

없다. 온전히 물질에 의존한다. 영은 순전히 자유하다."°

　직접적으로 종교적 진술에 대한 이야기는 아닐지 모르지만, 적어도 영의 단계에서 순전히 자유함을 얻은 깊은 신앙이란 문자주의를 극복하고 이를 초월한다는 것을 말하는 점에서 맥을 같이한다고 볼 수 있을 것입니다.

　저는 함 선생님의 기본 가르침이 이처럼 문자주의를 극복함으로써 종교의 진수에 접하라는 권고라고 생각합니다. 함 선생님은 젊은 시절부터 성서를 읽되 문자적으로 읽기를 거부하고 성서에서 그 당시 조선인들에게 성서가 줄 수 있는 더 깊은 '뜻'을 찾아내려고 했습니다. 성서뿐만 아니라 그의 전 생애를 통해 동서고금의 종교 문헌을 섭렵하면서 그런 문헌의 문자 뒤에 담긴 뜻을 우리에게 전하려고 했습니다. 이 말은 그가 문자주의의 제한성을

---

o　김진, 앞의 책, pp. 74-75에서 인용. 인간의 의식 발달을 물질, 마음, 영의 세 단계, 이른바 pre-subject/object consciousness, subject/object consciousness, trans-subject/object consciousness로 분류한 예는 Ken Wilber, *Up From Eden*(Boston: Shambala, 1983) 등을 참조할 수 있다.

넘어서 종교적 진술이나 예식을 '상징적으로' '은유적으로' 읽었다는 것을 의미합니다. 이렇게 문자주의를 극복할 때 우리의 신앙은 계속 자라나 '완전한 데' 이를 수 있다고 보신 것입니다.

②참나를 찾으라

"하나님의 구체적인 모습이 민중이요 민중 속에 살아 있는 산 힘이 하나님이다."
"하나님은 다른 데선 만날 데가 없고, 우리 마음속에, 생각하는 데서만 만날 수가 있다."
"자기를 존경함은 자기 안에 하나님을 믿음이다. … 그것이 자기발견이다."°°

영국 사상가로서 《The Perennial Philosophy》라는 책을 쓴 올더스 헉슬리Aldous Huxley (1894~1963)는 세계 여러 종교의 신비주의 전통에서 발견되는 공통점들을 열거하면서 힌두교에서 말하는 "tat tvam asi," 곧 범아일여梵我一如 개

°°   각각 김진, p. 129, 172, 95에서 인용.

념을 첫 번째 항목으로 들었습니다.[○] 헉슬리의 말을 빌리지 않더라도 우리가 관찰할 수 있는 세계 신비주의 전통들을 살펴보면 한결같이 "신이 내 속에 있다." "가장 깊은 면에서 신과 나는 결국 하나다." 하는 생각을 강조하고 있습니다. 여기서 한 가지 주의해야 할 점은 이런 신관은 신의 내재內在만을 주장하고 신의 초월超越을 무시하거나 신과 나를 전혀 구별하지 않고 양자를 완전히 동일시하는 범신론汎神論, pantheism과 분명히 구별해야 한다는 것입니다. 신비주의 전통에서 공통적으로 보이는 입장은 나와 신을 구별하여 신의 초월성을 인정하면서 동시에 신의 내재성을 함께 수납하는 이른바 범재신론汎在神論, panentheism적 신관이라 할 수 있습니다. 범재신론은 다른 모든 사물에서와 마찬가지로 "내 '속에' 신적인 요소가 있다." "나의 바탕은 신적인 것이다." "나의 가장 밑바탕은 신의 차원과 닿아 있다." 하는 것을 강조합니다. 말하자면 신의 초월과 동시에 내재를 함께 강조하는 '변증법적 유신론dialectical theism'이라 할 수도 있습니다.[○○] 세계 신비 전통에 나타

○   Aldous Huxley, 앞의 책, pp. 1-21 참조. 한국어 번역판은 조옥경 옮김,《영원의 철학》(김영사, 2014).

○○   이 용어는 옥스퍼드 대학교 신학자인 John Macquarrie가 채택한 용

나는 이런 유형의 신관 몇 개만 예로 들어봅니다.

가장 잘 알려진 것은 "내 속에 불성이 있다."고 하는 것을 강조하는 불교의 불성 사상이라 할 수 있습니다. 이를 좀 더 구체적으로 표현한 것이 바로 '여래장如來藏, tathāgatagarbha' 사상입니다. '장garbha'이라는 말은 '태반matrix'과 '태아fetus'라는 이중적인 뜻을 가지고 있기에 우리는 모두 생래적으로 여래 곧 부처님의 '씨앗'과 그 씨앗을 싹트게 할 '바탕'을 내장하고 있다는 뜻입니다. 인간이란 너 나 할 것 없이 모두 이 잠재적 요소를 깨닫고 성불할 수 있는 가능성을 지니고 있다는 생각입니다.

이와 덧붙여 한마디 할 수 있는 것은 부처님이 출생하자마자 "천상천하유아독존天上天下唯我獨尊"이라고 했다는 말을 두고서도 여기의 '나[我]'란 '고타마 싯다르타'라는 역사적 개인을 지칭하는 것이 아니라 내 속에 있는 불성, 혹은 '참나'를 가리키는 말이므로 이 참나야말로 천상천하에

어다. 범재신론을 다루는 책으로 최고로 좋은 그의 책 *In Search of Deity: An Essay in Dialectical Theism*(New York: Crossroad, 1985) 참조.

서 오로지 높임을 받아 마땅한 것이라 풀이할 수 있다고 봅니다. 만약 이런 풀이가 가능하다면 예수님이 "나는 길이요 진리요 생명"(요14:6)이라고 했을 때 그 '나'도 결국 역사적 예수를 지칭하는 것이라 보기보다 '아브라함보다 먼저' 있었던 그리스도, 그의 바탕이 되는 신적 요소, 그의 참나를 가리키는 말로 이해할 수도 있을 것이라 봅니다.°

물론 예수님도 직접 "내가 아버지 안에 있고 아버지께서 내 안에 계시다"(요14:10)라고 했습니다. 사도 바울도 "나는 그리스도와 함께 십자가에 못 박혔습니다. 이제 살고 있는 것은 내가 아닙니다. 그리스도께서 내 안에서 살고 계십니다."(갈2:20)라고 했습니다. 지난 6월 제가 여기서 소개해드린 〈도마복음〉에도 하느님의 나라, 하느님이 내 속에 있다는 것을 시종여일하게 강조하고 있습니다. 이런 것을 보면 그리스도교 초기부터 신성의 내재라는 신비주의적 특색을

° 함 선생님도 이와 비슷한 말을 하셨다. "그러면 '나[自我]가 곧 나라'요, '나[自我]를 본 자가 아버지[民族, 世界, 하늘]를 본 것이다.' 그 나는 새삼스러이 있을 것도 아니요 없을 것도 아니요, 보라, 여기 있다 저기 있다 할 것도 아니요, '아브라함이 있기 전부터 있는 나', 참나, '천상천하유아독존天上天下唯我獨尊'인 나다." 김진, 앞의 책 p. 241에서 인용.

강조하는 저류가 강했음을 알 수 있습니다. 비록 콘스탄티누스 황제의 정치적 의도에 의해 그리스도교 내에서 이런 신비적 흐름이 억눌리고 문자주의적 그리스도인들이 득세하는 비극이 초래되기는 했지만 이런 사상은 그리스도교 전통 속에 면면히 이어져온 것 또한 사실입니다. 중세 가장 위대한 그리스도교 신비 사상가 마이스터 에크하르트Meister Eckhart(1260~1328)도 "영혼 속에는 창조되지도 않았고 창조될 수도 없는 무엇이 있다."고 했고 그 외의 많은 신비주의 그리스도 사상가들이 우리 속에 있는 그리스도, 그리스도의 씨앗, 그리스도의 탄생, '우리는 그리스도를 낳는 성모 마리아' 등에 대해 계속 이야기합니다. 특히 지금까지 기독교 신비 전통의 한 가닥을 이어가고 있는 퀘이커교에서는 우리 속에 있는 신적인 요소를 '신의 한 부분that part of God' 혹은 '내적 빛inner light'이라는 말로 표현합니다.

어느 종교보다도 신의 초월을 강조하는 이슬람교에서조차 신의 내재를 동시에 역설하는 수피Sufi 전통이 있습니다. 그들은 신이 "우리의 핏줄보다도 우리에게 가까운 분"이라는 쿠란의 말을 근거로 하여 신의 내재성과 '신에로의 몰입'을 주장합니다. "만물 안에 내재한 그 일자一者를 보라."고 가르칩니다.

동양 사상 중 특히 '우리가 하느님을 모시고 있다'는 것을 강조하는 동학의 시천주侍天主 사상, 그리고 그 모시고 있는 하느님이 곧 나의 참나라고 하는 가르침도 이와 맥을 같이한다고 봅니다.

중세 그리스도교 신비주의자인 제노바의 성녀 카타리나St.Catherine of Genoa의 말, "나의 나는 하느님이다. 내 하느님 자신 이외에 다른 나를 볼 수 없다My Me is God, nor do I recognize any other Me except my God Himself."°고 한 것은 나의 진정한 나는 결국 신일 수밖에 없다는 생각을 잘 표현한 것이라 여겨집니다.°°

저는 함석헌 선생님이 말씀하시는 '씨올'이라는 것도 이런 관점에서 다시 음미해볼 필요가 있지 않을까 조심스럽

○   Huxley, 앞의 책 p. 11에서 재인용.
○○   중세 그리스도교 신비주의자들은 자기의 작은 자아가 없어지고 신이 그 자리를 차지한다는 뜻에서 인간의 '신성화deification'를 자주 이야기하고 있다.

게 제안해보고 싶습니다.°°° 물론 '씨올'이라는 말이 때 묻지 않은 '맨 사람', 근본을 잃지 않고 인위적인 것으로 덧씌워지지 않은 '민중'을 뜻하는 것만은 분명합니다. 그러나 "씨올의 알은 하늘에서 온 것이다. 하늘은 한 얼이다. 하늘에서 와서 우리 속에 있는 것이 알이다."°°°° 하는 말이나 "정말 있는 것은 '알'뿐이다. … 그 한 '올'이 이 끝에서는 나로 알려져 있고, 저 끝에서는 하느님, 하늘, 뿌리로 알려져 있다."°°°°°고 한 말을 보면 적어도 씨올의 '올'은 우리 속에 공통적으로 내재한 신적 요소, 혹은 신과 인간이 맞닿아 있는 경지를 일컫는 말이라 이해해도 무리가 아니라는 생각이 듭니다.

°°° '씨올'의 다중적 의미와 씨올 사상의 '바탕 생각'에 대해서는 김경재, "21세기 씨올사상과 그 운동"(http://soombat.org) 참조. 함 선생님은 '씨올'이란 말이 류영모 선생님이 《大學》 첫머리에 나오는 "大學之道在明明德 在親[新]民 在止於至善"을 우리말로 옮기면서 "한 배움의 길은 속을 밝힘에 있으며, 씨올 어뵘에 있으며, 된데 머무름에 있나니라."고 한 데서 나왔다고 했다. 김용준, 《내가 본 함석헌》(아카넷, 206), pp. 193-194; 이정배, "함석헌의 '뜻으로 본 한국역사' 속에 나타난 '민족' 개념의 신학적 성찰", 씨올사상연구회 2006년 5월 월례발표회 논문, p. 11.
°°°° 김진, p. 115.
°°°°° 《함석헌 전집 3》, "씨올의 설움".

이런 몇 가지 관점에서 볼 때 함석헌 선생님의 가르침은 근본적으로 세계 신비주의 전통 속에서도 가장 중요시되는 신인합일, 신인무애無礙, 신과 만물의 융합, 라틴어로 'unio mystica(우니오 미스티카)'의 사상을 함의하고 있다고 하여도 틀릴 것이 없다고 생각합니다. 다음 글에서 함 선생님의 이런 사상이 그리스도교적 표현으로 압축된 것 같아 인용합니다.

> 나는 역사적 예수를 믿는 것이 아니다. 믿는 것은 그리스도다. 그 그리스도는 영원한 그리스도가 아니면 안 된다. 그는 예수에게만 아니라 본질적으로는 내 속에도 있다. 그 그리스도를 통하여 예수와 나는 서로 다른 인격이 아니라 하나라는 체험에 들어갈 수 있다. 그때에 비로소 그의 죽음은 나의 육체의 죽음이요, 그의 부활은 내 영의 부활이 된다. 속죄는 이렇게 해서만 성립된다. _《하나님의 발길에 채여서》°

° 그리스도교 사상가 중에 예수님이 직접 발견하고 그의 '복음'으로 외친 것이 바로 '그리스도 의식Christ Consciousness'이었다는 점을 지적하는 이들이 있다. Tom Harpur, "New Creeds", *The Emerging Christian Way*(Kelowna, BC, Canada: CopperHouse, 2006), p. 55 참조.

③ 우주공동체에서 평화를 체현하라

"평화주의가 이긴다.

인도주의가 이긴다.

사랑이 이긴다.

영원을 믿는 마음이 이긴다."°°

세계 신비주의 전통에서는 나와 하느님이 하나임을 말함과 동시에 나와 다른 이들, 다른 사물들과도 결국 일체임을 깨닫는 것이 중요하다고 강조합니다.

마이스터 에크하르트가 말했습니다. "어떤 경우가 천박한 이해인가? 나는 답하노라. '하나의 사물을 다른 것들과 분리된 것으로 볼 때'라고. 그리고 어떤 경우가 이런 천박한 이해를 넘어서는 것인가? 나는 말할 수 있노라. '모든 것이 모든 것 안에 있음을 깨닫고 천박한 이해를 넘어섰을 때'라고."°°°

°°   김진, p. 135.
°°° Huxley, 앞의 책, p. 57에서 인용.

물론 이런 사상을 가장 극명하고 조직적으로 개진하는 사상 체계는 중국 불교의 화엄종華嚴宗이라 할 수 있을 것입니다. 화엄에서는 이사무애법계理事無礙法界와 사사무애법계事事無礙法界라는 기본 원칙을 강조합니다. 보편적 원리로서의 이理와 개별적 사물로서의 사事가 아무 거침이 없이 서로 융통한다는 일즉다 다즉일一卽多 多卽一 생각을 기초로 하여, 이제 모든 사물 자체가 상즉·상입相卽相入한다는 것까지 강조하고 있습니다. 요즘 말로 고치면 모든 사물은 상호연관, 상호의존의 관계를 가지고 있다는 생각입니다. 나와 하느님만이 하나가 아니라 나와 너, 나와 만물이, 만물과 만물이 궁극적 차원에서는 하나라는 가르침입니다. 유기체적organic, 통전적holistic 세계관입니다.

함 선생님은 "내 속에 참나가 있다.""이 육체와 거기 붙은 모든 감각·감정은 내가 아니다.""나의 참나는 죽지도 않고, 늙지도 않고, 변하지도 않고 더러워지지도 않는다."라고 하면서, 그러나 이것만으로는 부족하고 나와 일체가 하나임을 알아야 함을 강조했습니다.

"나는 나 혼자만 있는 것이 아니다. 남과 같이 있다. 그 남들과 관련 없이 나는 있을 수 없다. 그러므로 나와 남이 하나인 것을 믿어야 한다. 나·남이 떨어져 있는 한, 나는 어쩔 수 없는 상대적인 존재다. 그러므로 나·남이 없어져야 새로 난 '나'다. 그러므로 남이 없이, 그것이 곧 나다 하고 믿어야 한다. 다른 사람만 아니라, 모든 생물, 무생물까지도 다 티끌까지도 다 나임을 믿어야 한다."°

저는 이런 유기체적이고 통전적인 세계관을 설명하기 위해 학생들에게 자기 뺨을 만져보라고 합니다. 거기에서 부모님을 발견하고 조부모님, 증조부모님, 나아가 수없이 많은 조상들, 그리고 그들이 살아가기 위해 필요했던 공기, 물, 비, 구름, 햇빛, 음식, 음식 만드는 데 필요한 도구, 도구를 만든 사람들, 그들이 농사 짓는 데 필요했던 토양, 씨앗, 시간과 공간 등등 이런 모든 것이 지금 내 뺨에 함께 존재하는 것을 느껴보라고 합니다. 가만히 생각해보면 나는 온통 나 아닌 것들로만 구성되어 있다고 볼 수도 있습니다. '나'라는 개인은 이 모든 것과 상즉상입의 관계를 벗어나서는 존재할 수도 없고 의미도 없는 셈입니다. 저는 이렇게 온 우주가 서로 연관되었음을 깨닫는 것이 바로 '우주

° 　　김진, p. 84.

공동체'를 새로이 발견하는 일이라 주장합니다.

이렇게 나와 너, 만물이 서로 관련을 맺고 있다는 것을 깨닫는 것이 실제 삶과 무슨 연관이 있는가 반문할 수 있습니다. 사실 세계 여러 신비주의 전통에서 가르치는 것들은 단순히 논리 정연한 이론적 체계를 구축하겠다는 뜻이 아닙니다. 일견 복잡하기 그지없어 보이는 교설들도 사실은 이른바 '구원론적 의도soteriological intent'를 가진 것입니다. 헉슬리가 말한 것처럼 "진정한 신비주의자들은 이론적이면서도 동시에 실제적"입니다.°

이런 통전적, 유기적 세계관에서 어떤 실제적 유익을 얻을 수 있습니까? 여러 가지를 들 수 있겠지만, 저는 만물의 일체감에서 세계의 고통을 '함께 아파하는' 자비compassion의 마음을 가질 수 있고, 이런 아픔을 줄이려는 노력으로 평화로운 세상의 구현을 위해 힘쓰게 된다는 점을 특히 부각하고자 합니다.

°   Huxley, 앞의 책, p. 5.

함 선생님도 이런 사실을 잘 알고 있었습니다. 그는 평화운동이 감상적이거나 윤리적 차원에 근거하는 것이 아니라 '모두가 하나'라고 보는 더욱 근본적인 우주관에 기초하지 않으면 안 된다고 하면서, "평화운동은 전체의식 없이는 될 수 없다. 우리는 하나다 하는 자각이 모든 가치 활동의 근원이 되어야 한다. … 그 의식이 없을 때 그것을 이루는 각 분자는 이기주의에 떨어질 수밖에 없고 따라서 배타적이 되므로 거기는 싸움이 일어나고야 만다."°°고 한 말이나 "사랑은 하나 됨이다. 둘이면서 하나 됨이다. 둘이면서 둘인 줄을 모를 뿐 아니라, 하나면서 하나인 줄을 모를 이만큼 하나여야 할 것이다."°°°라고 한 그의 말이 이를 뒷받침하고 있습니다.

모두가 하나 됨으로써 남의 고통을 나의 고통으로 여기고 남이 아플 때 나도 아파하는 일종의 보살 정신입니다. 틱낫한 스님이 제창한 참여불교Engaged Buddhism 운동처럼 올바른 세계관에 입각한 사회참여의 정신입니다. 함 선생님은 제가 보기에 '행동하는' 신비주의를 몸소 보이시고

°°   김진, pp. 74-75.
°°°   같은 책, p. 202.

실천하신 분이라 생각합니다.

④ 종교 상호 간의 보완과 조화를 중시하라

> "우리의 생각이 좁아서는 안 되겠지요. 우주의 법칙, 생명
> 의 법칙이 다원적이기 때문에 나와 달라도 하나로 되어야
> 지요. 사람 얼굴도 똑같은 것은 없지 않아요? 생명이 본래
> 그런 건데, 종교와 사상에서만은 왜 나와 똑같아야 된다고
> 하느냐 말이야요. 생각이 좁아서 그렇지요. 다양한 생명
> 이 자라나야겠는데…."°

앞에서 말한 우주공동체에서의 평화운동과 궤를 같이하
는 이야기이지만 여기서 특히 종교다원주의적 자세에 대
해 별도로 언급하고자 합니다. 일반적으로 신비주의 전통
에서는 자기만 옳다고 하는 독선적 주장이 별로 없습니다.
앞에서 지적한 것과 마찬가지로 신비주의 전통에서는 궁
극적 실재가 인간의 이성으로 완전히 파악될 수 없다는 것
을 너무나 잘 알고 있기 때문에 말이나 문자로 표현된 것

°　　김성수, pp. 179-180 재인용.

에 절대적 타당성을 인정하지 않습니다. 한 가지 예로 불교에서 말하는 '공空' 사상은 궁극 실재에 대한 우리 인간의 견해見解는 그 타당성이 전혀 없다, '비었다'는 것을 단적으로 말해주는 사상 체계입니다. 모든 견해가 이럴진대 나의 견해만 예외적으로 절대로 옳다고 주장할 수가 없습니다.

이와 함께 신비주의 전통에서는 단순한 이분법적 사고를 지양하고 사물을 더욱 깊은, 더욱 높은, 더욱 넓은, 더욱 많은 관점에서 보려고 노력하기 때문에 어느 특정 관점에서 본 한 가지 의견을 절대적이라고 주장할 수 없는 것입니다. 궁극 실재가 무한히 크면서 동시에 무한히 작다고 하는 '역설'의 논리, 혹은 '양극의 조화coincidentia opposito-rum'가 무리 없이 수용됩니다. 《장자》의 〈제물론齊物論〉에 나오는 '조삼모사朝三暮四' 이야기 중 원숭이 훈련사의 경우처럼 양쪽을 다 보는 '양행兩行'의 태도를 보입니다. 똑같은 커피 잔이 위에서 보면 둥글지만 앞에서 보면 네모라는 것을 아는 것입니다. 이런 태도를 요즘 말로 바꾸면 시각주의perspectivalism라고 할 수 있습니다. 모든 것은 어느 시각, 어느 관점에서 보느냐에 따라 달리 보일 수 있다는 뜻입니다. 자연히 함 선생님처럼 "글쎄요."의 태도를

가질 수밖에 없습니다.° 하나의 시각, 하나의 관점을 절
대화할 수 없고 다원적인 시각의 상대적 타당성을 인정할
뿐입니다.

이런 태도를 다종교多宗敎 현상에 적용하면 자연스럽게
종교 다원주의적 태도를 가질 수밖에 없습니다. 어느 한
종교의 가르침만을 절대적 진리라 주장하는 배타적 태도
를 견지할 수 없게 됩니다.°° 이런 의미에서 신비주의와 종

° 필자가 함 선생님과 개인적으로 대화하면서 제일 먼저 느낀 것이
   "글쎄요."라는 말을 아주 많이 하신다는 사실이었다. 이 사실을 《도
   덕경》 45장 "완전한 웅변은 눌변으로 보입니다大辯若訥."라는 구절
   을 해석하면서 언급한 적이 있다. 도에 입각한 말은 판에 박힌 이분
   법적 달변이 아니라 여러 관점을 동시에 보기 때문에 '글쎄요'가 나
   오지 않을 수 없다고 풀이한 것이다. 졸저 《도덕경》(현암사, 개정판
   2010), p. 212.
°° 종교 간의 관계에 대한 상이한 태도를 논의하는 책으로 Paul F.
   Knitter, *Introducing Theologies of Religions*(Maryknoll: Orbis Books,
   2002), 한국어 번역판은 유정원 옮김, 《종교신학입문》(분도출판사,
   2007) 참조. 여기에서 Knitter는 네 가지 기본태도를 논하는 데 그것
   들은 다음과 같다. ① 남의 종교를 내 종교로 대체해야 한다는 대체
   론Replacement model, ② 남의 종교의 모자람을 채워주어야 한다는 충
   족론Fulfillment model, ③ 서로의 공통점을 찾자고 하는 상호론Mutu-
   ality model, ④ 서로의 다름을 그대로 인정하고 그 다름에서 배우자고
   하는 수용론Acceptance mode.

교 다원주의적 태도는 동전의 양면과 같은 관계, 혹은 나무와 그 열매와 같은 관계라 할 수 있을 것입니다. 함 선생님이 세계 신비주의 전통과 맥을 같이한다는 말은 함 선생님은 세계 종교들을 다룰 때 다원주의적 입장을 견지할 수밖에 없는 분이라는 것을 의미한다고 생각합니다.[000]

여기서 이 문제를 길게 논의하는 대신 함 선생님의 말씀 하나를 인용하고 그칩니다.

> "나는 갈수록 퀘이커가 좋습니다. 좋은 이유는 ··· '우리 교회에 오셔요' '이것 아니고는 구원 없습니다' 식의 전도가 없고, 있다면 그저 밭고랑에 입 다물고 일하는 농부처럼 잘됐거나 못됐거나, 살림을 통해서 하는 전도가 있을 뿐입니다. ··· 그들은 자연스럽고, 속이 넓으면서도 정성스럽습니다. 누가 와도, 불교도가 오거나, 유니테리언이

---

[000] 신비주의와 종교 다원주의와의 관계, 특히 그리스도교와 불교가 신비주의에서 어떻게 만날 수 있는가 하는 문제는 졸저, 《불교, 이웃 종교로 읽다》(현암사, 2006), pp. 340-355 참조. 함 선생님의 다원주의적 태도를 좀 더 상세하게 다룬 것으로 김성수, 앞의 책, pp. 179-185를 참조할 수 있다.

오거나, 무신론자가 온다 해도, 찾는 마음에서 오기만 하면 환영입니다. 그러니 좋지 않습니까?"°

나가는 말

20세기 가장 위대한 가톨릭 신학자로 알려진 칼 라너 Karl Rahner (1904~1984)는 21세기 그리스도교가 신비주의적으로 변하지 않으면 아무것도 아닌 존재가 되고 말 것이라 예견했습니다. 그리스도교가 신비주의적 차원으로 심화되지 않으면 망하고 만다는 뜻입니다. 어찌 그리스도교뿐이겠습니까? 저는 모든 종교가 궁극적으로 도달해야 할 경지는 결국 신비주의적 차원, 좀 더 일반적인 용어로, 심층 차원이라 확신합니다.°°

물론 지금까지 이런 신비주의적 차원에 접한 종교인들

° 《함석헌 전집 8》, pp. 377-378. 김성수, 앞의 책, pp. 130-131에서 재인용.

°° 종교를 분류할 때 힌두교, 불교, 그리스도교, 유대교, 이슬람 등 각각의 전통에 따라 분류하는 것이 보통이지만, 이런 종교 전통 중에서 그 심천深淺을 기준으로 하여 표의적 종교와 밀의적 종교로 나눈 슈온의 분류법은 시사하는 바가 크다고 본다. Schuon, 앞의 책 참조할 것.

은 그 숫자가 극소수에 불과합니다. 거의 모든 종교의 신도들이 문자주의적, 교리 중심적, 기복주의적, 자기중심적, 배타주의적 종교에 속해 있으면서도 그것이 참된 종교가 이를 수 있는 구경究竟의 경지가 아니라는 사실도 모르고 있는 실정입니다. 이제 이런 비극적 사태가 개선됨으로써 더욱 많은 이들이 종교의 신비주의적 차원, 심층 차원에 접할 수 있어야 한다고 생각합니다.

독일 여성 신학자 도로테 죌레는 그의 책《The Silent Cry》에서 신비주의 체험이 역사적으로 특수한 몇몇 사람에서만 기대할 수 있는 무엇이라는 선입견을 버리고, 그것이 모든 사람에게도 보편적으로 가능한 것으로 인정해야 할 것이라고 역설하며, 이른바 '신비주의의 민주화democratization of mysticism'를 주창했습니다.[ooo] 저도 이 말에 전적으로 동감합니다.

현재 서양의 많은 젊은이들은 "I am not religious, but I

ooo The Silent Cry: Mysticism and Resistance(Minneapolis: Fortress Press, 2001), p. 11. 한국어 번역, 도로테 죌레 지음, 정미현 옮김,《신비와 저항》(이화여자대학교출판부, 2007).

am spiritual." 혹은 "I am spiritual, but not religious."라는 말을 많이 합니다. 자기는 비록 전통적인 기성 종교의 설명 체계나 종교 예식에서 의미를 찾지 못해 이를 거부하지만, 그렇다고 삶의 영적 차원이나 더 높은 가치를 거부하거나 거기에 무관심하다는 뜻이 아니라는 것입니다. 오히려 이런 영적 가치에 대해 더욱 큰 관심과 열의를 나타내고 있지만, 전통적인 종교는 자기의 영적 추구에 도움을 주지 못하거나 오히려 방해가 된다는 뜻입니다. 물론 여기서 말하는 '영적'이라는 말은 '신비주의적'이라는 말과 같습니다. 다시 말해 점점 많은 젊은이가 종교의 신비주의적 심층 차원에 관심을 기울이게 되었다는 뜻입니다.

하버드 대학교 정신과 의사 조지 베일런트George E. Vaillant는 '종교religion'와 '영성spirituality'의 차이점을 이야기하고, "종교적 지도자로서의 간디는 별 볼 일 없었지만, 영적 지도자로서의 그는 타의 추종을 불허할 정도다."라고 했습니다. 저는 이 말이 함 선생님에게도 그대로 적용된다고 믿습니다.° 저는 이번 이 글을 쓰기 위해 함석헌 선생

°   George E. Vaillant, *Spiritual Evolution: A Scientific Defence of*

님의 글을 다시 읽으면서 또 한 번 함 선생님의 신비주의적 사상이 바로 21세기를 살아가는 우리 모두를 이끌 수 있는 사상이며, 함석헌 선생님이야말로 이런 '신비주의의 민주화'에 앞장서신 분이었구나 하는 확신을 더욱 공고하게 할 수 있었습니다. 저는 여기에 바로 함석헌 선생님의 비교사상사적 의의가 있다고 주장하며 이 글을 마칩니다. 감사합니다.

Faith(New York: Broadway Books, 2008), p. 191. "As a religious leader, Gandhi was insignificant; as a spiritual leader, he was hard to surpass." 참조.

도마복음에 관한 것

- Capps, David F. *The Gospel of Thomas: A Blueprint for Spiritual Growth. Kamiah*, ID: Gnostic Wisdom Foundation, 2005.
- Dahrman, Bart D. *Lost Scriptures: Books that Did Not Make It into the New Testament*. Oxford: Oxford University Press, 2003.
- Davies, Stevan. *The Gospel of Thomas: Annotated and Explained*. Boston: Shambhala, 2004.
- DeConick, April D. *The Original Gospel of Thomas in Translation: With a Commentary and New English Translation of the Complete Gospel*. London and New York: T&T Clark, 2007.
- Funk, Robert W. et al. *The Five Gospels: What Did Jesus Really Say?* San Francisco: HarperSanFrancisco, 1993.
- Meyer, Marvin. *The Gnostic Discoveries*. San Francisco: HarperSan-

Francisco, 2005.

* ———— . *The Gospel of Thomas: The Hidden Sayings of Jesus*. San Francisco: HarperSanFrancisco, 1992.
* ———— . *Secret Gospels: Essays on Thomas and the Secret Gospel of Mark*. Harrisburg, PA: 2003.
* Pagels, Elaine. *Beyond Belief: The Secret Gospel of Thomas*. New York: Random House, 2003.
* ———— . T*he Gnostic Gospels. New York: Vintage, 1989.*
* ———— . *The Gnostic Paul. Harrisburg*, PA: Trinity Press, 1992.
* Patterson, Stephen J. *The Gospel of Thomas and Jesus*. Sonoma, CA: Polebridge Press, 1993.
* Riley, Gregory J. *Resurrection Reconsidered: Thomas and John in Controversy*. Minneapolis, MN: Fortress Press, 1995.
* Robinson, James M. Ed. *The Nag Hammadi Library*. San Francisco: HarperSanFrancisco, 1990.
* Ross, Hugh McGregor. *The Gospel of Thomas*. London: Watkins Publishing, 2006.
* Spong, John Shelby. *The Fourth Gospel: Tales of a Jewish Mystic*. New York: Harper Collins Pub., 2013.
* Uro, Risto. Ed., *Thomas at the Crossroads: Essays on the Gospel of Thomas*. London: T&T Clark, 2003.
* Valantasis, Richard. *The Gospel of Thomas*. London: Routledge, 1997.
* 김용옥,《도올의 도마복음 이야기 1-이집트 이스라엘 초기기독교 성지순례기》, 서울: 통나무, 2008.
* ———— .《도올의 도마복음한글역주 2, 3》, 서울: 통나무, 2010.
* 이재길 엮고 지음,《성서 밖의 복음서: 예수의 또 다른 가르침을 찾아

서》, 서울: 정신세계사, 2007.

영지주의에 관한 것

- Hoeller, Stephan A. Gnosticism: *New Light on Ancient Tradition of Inner Knowing*. Wheaton, IL: Quest Books, 2002.
- Karen L. King. *What Is Gnosticism?* Cambridge: Harvard University Press, 2003.
- Rudolph, Kurt. *Gnosis: The Nature & History of Gnosticism*. San Francisco: HarperSanFrancisco, 1987.
- Smoley, Richard. *Forbidden Faith: The Gnostic Legacy from the Gospels to the Da Vinci Code*. San Francisco: HarperSanFrancisco, 2006.